国家哲学社会科学基金重点项目
"互联网融资法律制度创新构建研究"（15AFX020）研究成果之一

浙江省哲学社会科学规划优势学科重大项目
"我国民间金融市场治理的法律制度构建及完善"（14YSXK01ZD）研究成果之一

浙江理工大学学术著作出版资金资助（2020年度）

互联网融资法律制度创新构建研究

金幼芳 ◇ 著

ZHEJIANG UNIVERSITY PRESS
浙江大学出版社

前　言

互联网融资是指借助互联网或者移动通信技术以实现金融的基本功能，即将资金从资本剩余者转移向资本需求者，是对传统直接融资模式的创新。互联网融资以 P2P 网贷（peer-to-peer lending）与股权众筹为代表，其核心在于资金融通的去中介化。[①] P2P 网贷的实质是一种个人对个人的直接借贷模式，拥有闲置资金、具备投资需求的人以及资金需求者将各自的信息发布到网络借贷平台，通过互联网信息中介机构而实现资金的供需配置。

一、P2P 网贷的历史沿革

（一）P2P 网贷在英美等国的发展

P2P 网贷与诺贝尔和平奖获得者穆罕默德·尤努斯具有紧密的联系，这位经济学家创办了小额贷款银行格莱珉银行，并提出穷人无须抵押即可贷款的概念，让世界看到普惠金融的巨大发展潜力与社会价值。随着互联网技术的快速发展与普及，2005 年，第一家 P2P 网贷平台 Zopa 在英国成立。随后，P2P 网贷平台迅速在全球发展壮大。美国最具代表性的 P2P 网贷平台 Prosper 和 Lending Club 分别在 2006 年和 2007 年成立。P2P 网贷平台风靡全世界的主要原因在于，银行无差别的金融产品和服务供给模式往往难以满足不同类型的金融消费者异质化的实际需求，而 P2P 网贷平台通过商业模式和产品服务创新，并借助互联网这一广阔平台，打通资金富余方与资金需求方之间的信息壁垒，满足小微投融者需求，降低交易成本，提

---

① 李有星，侯凌霄.论互联网融资法律制度的创新[J].贵州省党校学报,2018(6):91-100.

高市场透明度,实现普惠金融,分散金融风险,回归金融本质,以较低的成本实现资源优化配置。以美国最具代表性的 P2P 网贷平台 Lending Club 为例,该平台坚守信息中介的定位,不担保、不承担信用风险,收入主要来自向借款人收取的交易费及向投资人收取的投资人服务费。该公司于 2014 年12 月在纽交所上市,但上市后未实现盈利,因为通过交易收取手续费的盈利模式可持续性较差,需保持贷款交易规模高速的增长,并且手续费收入难以覆盖高昂的管理费用和产品开发成本。2020 年 10 月,Lending Club 认为继续提供 P2P 服务在经济上不现实,而宣布退出网贷行业,转型为数字银行。

(二)P2P 网贷在中国的发展

中国的 P2P 行业经历了 2006—2011 年的萌芽期,2012—2015 年的野蛮扩张期,2016 年起的整顿规范、清退期,并于 2020 年 11 月中旬完全清零,P2P 时代落下历史的帷幕。

随着英美 P2P 创新浪潮传入中国,2006 年,中国首家 P2P 网贷公司宜信成立;2008 年,中国首个 P2P 网贷平台拍拍贷成立,其后少有试水者,至2010 年仅有 10 家左右的 P2P 网贷平台。这一阶段,这些平台的业务模式主要为信息中介,借款人基于授信额度在平台发布借款信息,投资人自行选择投资。

2012 年后,市场需求推动 P2P 网贷平台数量快速增长。由于彼时我国金融市场尚不完善,且以间接融资为主,居民理财渠道有限,小微企业、个人融资难度大,而 P2P 网贷平台在一定程度上弥补了金融系统空缺,因此受到市场的广泛欢迎。随着平台数量规模的壮大,部分平台甚至衍生出"线下审核＋线上融资"的运营模式,出现信用中介的特点。2015 年 10 月,中国人民银行等十部门联合发布《关于促进互联网金融健康发展的指导意见》,奠定了互联网金融发展的总方针,提出"鼓励创新、规范风险、趋利避害、健康发展"的总体要求,明确互联网金融监管责任,将网络借贷业务划归银监会监管,并明确了 P2P 网贷平台的"信息中介"定位。但由于具体配套监管制度和行业自律管理规则的缺失,绝大多数 P2P 网贷平台异化为信用中介,资金池、期限错配、自融、欺诈、庞氏融资等违法违规金融行为在 P2P 金融创新的名义下大行其道,并出现"爆雷"潮,大量平台跑路、倒闭。据统计,截至 2015年底,我国 P2P 网贷平台共有 3858 家,其中问题平台 1263 家,跑路平台占问题平台比例达 52.83%。① 以影响较大的"e租宝事件"为例,与众多平台不同,e租宝标榜自身为 A2P(asset to peer)经营模式,并承诺保本及高预期年化收益以吸引出借人出借资金。但实际上 e租宝长期通过广告宣传对其从事的融资租赁项目进行虚设,将出借资金存入自身的账户或打入关联账户,最终达成对资金自贷自用的效果。e租宝还通过虚构项目投资标的,源源不断募集资金汇入自设资金池,采用借新还旧、自我担保等方式构建庞氏骗局。在平台"暴雷"后,超过 90 万名的受害者的本息无法得到兑付。除此之外,P2P 行业发生的暴力催收、套路贷等事件促使监管部门加快对 P2P 行业的治理。

2016 年 8 月,银监会会同工信部等部门联合发布《网络借贷信息中介机构业务活动管理暂行办法》,以部门规章的形式为 P2P 行业的整治提供法律依据,重申 P2P 网贷平台作为信息中介的法律定性,并采用负面清单方式列出了平台禁止从事业务的种类。随后,银监会等部门陆续出台《网络借贷信息中介机构备案登记管理指引》《网络借贷资金存管业务指引》《网络借贷信息中介机构业务活动信息披露指引》三大规范性文件。P2P 网贷平台的备案、存管、信息披露三大主要配套政策陆续落地,形成"一个办法三个指引"的监管体系。然而,以上监管体系无法对 P2P 网贷平台开展法律规范明令禁止的业务形成有效约束;不少 P2P 网贷平台一面宣称拥抱监管,大张旗鼓地接入第三方资金存管并积极运作备案事宜;另一面则将纳入监管作为宣传口号,发起更高利息的自动投标工具或债转产品,继续实施设立资金池、自融、期限错配等业务维持平台的违法运行。为提高对 P2P 行业的整治效率,互联网金融风险专项整治工作领导小组办公室在 2017 年 9 月发布《关于落实清理整顿下一阶段工作要求的通知》(即《"三降"通知》),要求待整改的 P2P 网贷平台"业务规模不能增长、存量违规业务必须压降、不合规业务不再新增"(简称"三降")。为了落实、呼应和强化《"三降"通知》,P2P 网贷风险专项整治工作领导小组办公室先后发布《关于做好 P2P 网络借贷风险专项整治整改验收工作的通知》《关于开展 P2P 网络借贷机构合规检查工作的通知》及《网络借贷信息中介机构合规检查问题清单》,强化 P2P 网贷平台的备案要求以及核查要求。

2018 年,金融风险的滞后性开始显现,P2P 行业开始进入大面积"爆雷"期,平台备案工作推进受阻,因此监管机构进一步提高了整治力度,并颁布

---

① 黄勇,徐会志. 论 P2P 网络借贷金融消费者权益保护[J]. 河北法学,2016(9):16-27.

《关于做好网贷机构分类处置和风险防范工作的意见》,提出"能退尽退,应关尽关"的整治标准,引发了 P2P 网贷平台的清退浪潮。2020 年,头部 P2P 网贷平台,如拍拍贷、你我贷宣布 P2P 业务清零,并分别转型为助贷平台和金融科技平台。在各种方式的强监管下,2020 年,P2P 行业迎来关键性转折,2020 年 11 月 27 日,银保监会首席律师刘福寿表示,目前国内的 P2P 网贷平台已经完全清零,从此 P2P 时代落幕。但众多 P2P 网贷平台的业务转型仍面临严峻挑战,尽管监管机构在 2019 年 11 月出台了《关于网络借贷信息中介机构转型为小额贷款公司试点的指导意见》,为 P2P 网贷平台转型小贷公司、持牌消费金融机构提供政策扶持。但在实际操作环节上,不少地方金融监管部门仍以 P2P 网贷平台妥善清退所有 P2P 业务(即偿还 P2P 出借人所有本金)为考虑支持它们申请获取小贷、网络小贷、持牌消费金融公司等业务牌照的前置条件。因此,多数中小 P2P 网贷平台由于资金、风控能力、合规操作等方面无法满足转型后公司的准入门槛而无法成功转型,只能在 P2P 业务清退后选择退出。

二、P2P 网贷平台"归零"后的反思

P2P 网贷平台从遍地开花到完全归零是外部环境与制度内部缺陷共同作用的结果。在外部环境上,首先,由于宏观经济下行,金融去杠杆持续推进,流动性全面退潮,信用风险压力提升,逾期率提高,加剧平台偿付危机。其次,P2P 行业乱象丛生后引发监管机关严厉整顿,备案流程时间长,导致平台流动性压力积聚,大量平台宣告清算或者卷款跑路。P2P 网贷制度内部缺陷可以总结为以下三点:第一,监管缺失导致商业模式异化;第二,P2P 商业模式存在天然缺陷导致难以持续发展;第三,征信体系体制不完善导致风控能力较弱。

具体而言,P2P 网贷作为一种金融业态属于需要持牌经营的特许经营行业,而 P2P 行业从蓬勃发展到黯然落幕始终缺乏一整套相应的金融监管制度,导致 P2P 行业长期处于"无证驾驶"及监管真空状态,容易造成大面积风险乱象,引发系统性风险。监管的缺失导致 P2P 网贷平台的商业模式偏离信息中介的定性,而向违规的类信用中介发展,并衍生出担保模式、超级债权人模式及类资产证券化的模式。在担保模式下,平台提供本金担保甚至利息担保,使得 P2P 网贷平台具有信息中介、资金中介、风险中介的职能,异化成金融机构。在多数 P2P 网贷平台风险控制能力较弱的情况下,极易引发平台跑路等道德风险,诱发庞氏骗局,甚至由于单一产品的风险暴露引发信任危机,造成连锁的挤兑事件。在超级债权人模式下,平台实控人直接向借款人提供借款,再通过债权拆分重组,将债权转让给投资人,存在期限错配、资金池、债权转让有效性等一系列潜在风险。在类资产证券化模式下,P2P 网贷平台绕开资产证券化过程中进行交易所挂牌等正规流程,而直接在资产端打包资产、证券化资产、信托资产、基金份额等,而后在 P2P 网贷平台上债权转让,容易产生跨行业风险积累。

P2P 网贷平台没有解决商业模式缺乏可持续性问题。P2P 网贷平台为风险承受能力低的群体对接高风险资产,无法兼顾资金的稳定、大规模和低成本及较低的坏账率,以实现规模扩张提升收益。具体而言,P2P 网贷平台的投资端为风险承受能力、风险识别能力较低的出借人,他们想要高收益,却难以承受高风险,甚至容易跟风产生羊群效应。而在资产端,次级资产横行,征信短板明显,风控近乎失效,虽然 P2P 网贷平台在一定程度上解决了信息不对称问题,但由于资产端信用下沉,实质上加大了金融风险。并且,P2P 网贷平台有天然的道德风险,一方面,缺乏监管的平台容易从信息中介发展成信用中介;另一方面,在信息中介定位下,平台通过交易佣金获得盈利,因此具有违规操作吸引投资人改善盈利的天然动力,导致三者之间形成明显无法补齐的漏洞。

我国征信体制仍在推进,部分自然人诚信意识有限,加之 P2P 网贷平台的借贷双方多为陌生人,公序良俗及道德难以对潜在失信人产生有效约束。即使部分 P2P 网贷平台以发布黑名单的方式惩罚违约者,对失信人的限制也十分有限。因为平台之间往往存在竞争关系,因此他们不愿共享征信信息,并且联网征信记录系统的缺失使得平台获取信息的渠道有限,导致征信信息的完整性存在缺陷,无法运用大数据实现有效风险控制的目的。在平台自身不具备大数据收集能力,同时难以获得外部数据库获得数据支持的情况下,很难形成有效的信用评估数据,导致平台风控能力较弱,易出现借款人多头借贷、大量违约的情形。

三、P2P 网贷历史的启示

P2P 网贷作为一种金融创新的存在,却"橘生淮南则为橘,生于淮北则为枳",在英美曾得到较好的发展,但在中国落得溃散。其中有监管失当,平台实际控制人初心不良、步入歧途,投资人识别能力有限以及信用文化、债信伦理有待加强等原因。虽然 P2P 网贷平台归零,但可以从该金融创新的实践中获得一些经验教训为将来互联网金融创新产品的法律规制路径提供借鉴。

对于监管者,需要形成体系化的监管体系,以实现审慎监管与行为监管的有机统一。中国的 P2P 行业是监管真空的产物,直到 2015 年才正式纳入银监会监管体系,并采用事后监管的方式。长时间的监管机构缺位以及监管策略与现实需求不对称导致 P2P 网贷平台定位偏移,并诱发违法违规金融行为,金融市场灰犀牛风险迭起。而其他国家,比如美国的监管模式相对成熟,采用严格监管、多部门协同的监管方式。美国 P2P 行业由证券交易委员会(SEC)监管,并以严格的准入注册制、强制履行披露借款信息义务、监管存管银行资金流向、破产隔离制度形成控制 P2P 网贷平台运营风险的监管框架。因此,在对其他互联网金融创新产品监管时,监管机构首先应明确监管主体与监管范围,针对金融创新及时跟进监管,从市场准入、经营范围、负面清单、风险控制、市场退出、监管制度等方面构建监管规则,完善金融市场统计制度,加强对风险防控薄弱环节的统计监测。在宏观审慎大方向下,保持警觉、加强预判,进一步完善各部门协同监管。从监管、行业、投资人之间的利益平衡出发,在创新和管制之间走一条中间道路,形成常态化、体系化监管,鼓励金融创新,防控金融风险。

对于金融创新产品的投资人而言,需要不断提高风险识别能力和投资专业性。目前,我国 P2P 网贷平台的投资人仅关心投资回报率,习惯于刚性兑付,很少关注底层借贷资产"真伪"。但实际上,高回报率意味着高风险,正如中国银保监会主席郭树清在陆家嘴论坛所言:"收益率超过 6% 就要打问号,超过 8% 很危险,超过 10% 就要做好损失全部本金的准备。"以高回报率为投资导向而怠于细究网络借贷平台运营情况的普通投资人,注定要为他们的盲目投资埋单。并且,投资人刚性兑付的固化思维加剧了 P2P 网贷平台的风险积累,新成立的平台为吸引客户、增加流量、迅速扩大规模,往往会承诺刚性兑付,进而陷入风险积累的恶性循环。因此,在面对新的金融创新产品时,投资人首先应当对该产品运营公司的金融资质进行确认,其次考察投资标的是否虚构,最后衡量回报率是否合理。投资人打破刚性兑付思维,独立判断投资风险,避免盲目跟风产生羊群效应才能真正提高博弈能力和自身合法利益维护能力。

不断推进征信系统的建设与完善,降低信用风险。目前,我国的个人征信体系仍不健全,自然人信用评级制度有待改进。因此 P2P 网贷平台普遍面临信息不对称问题,无法及时识别失信人,从而引发信用危机。而美国征信体制相对成熟,其三大征信局根据 FICO 公司提供的算法并利用各自数据库计算出相应的FICO(个人信用评分)。P2P网贷平台在FICO评分的基础上设置了更严格的准入条件,并根据借款人的评分、信用数据等对借款人分级,等级越高,利率越低,从而有效控制坏账率,形成有效的风控体系。因此,为进一步完善我国金融基础设施建设,在支持金融创新的同时维护金融稳定,官方应建立有效、高质量的数据信息透明通道,积极促进多行业、多系统的征信体系融合和对接,实现信用数据共通、信用评级、风险测度统一的征信体系,实现征信系统使用的公共化,加强信息共享。进而引导投资人正确选择投资标的,打击恶意逃避债务行为,从而提升互联网金融创新产品的风控效率。

四、互联网融资监管的未来展望

时光匆匆,互联网金融行业从未停下进化的脚步,有一点可以明确,科技与创新,依旧是左右行业未来趋势的主角。虽然P2P时代已落幕,但无可否认,P2P网贷作为金融创新方式曾产生过一定积极作用,它留下的经验教训也值得人们认真吸取。首先,普惠金融需要体系化的监管,如果脱离监管,结果只能走向失控;其次,完善市场的征信体系建设,加大对逃废债行为的征信威慑,提高金融平台的透明度;最后,正视科技驱动金融行业发展的效力。

目　录

第一章　互联网融资的基本范畴

第一节　互联网金融与互联网融资

(一)互联网金融含义及表现

互联网金融作为互联网信息技术与金融业融合产生的新型的金融服务模式,学术界一直未能对其做出一个统一的定义。有学者指出,互联网金融是不同于以银行为中介的间接融资和通过资本市场的直接融资的第三种融资方式。① 而在政策性文件中,根据 2015 年 7 月,"一行三会"、工商总局、工信部等十部委联合颁布的《关于促进互联网金融健康发展的指导意见》(以下简称《指导意见》),互联网金融是指:"传统金融机构与互联网企业利用互联网技术和信息通信技术实现资金融通、支付、投资和信息中介服务的新型金融业务模式。"从政策性文件的定义中,可以看出,互联网金融的参与主体主要包括两个方面,一是传统金融机构,二是互联网企业,由此,互联网金融的含义可以分为广义和狭义两个层面。其中,本书所提及的互联网金融,应当是属于狭义的互联网金融,特指互联网企业利用网络信息技术从事的金融服务业务,不包括传统金融机构借助互联网所开展的金融业务。根据业务模式的不同,互联网金融所涉及的金融业态可以被划分为货币层面、支付

---

① 谢平,邹传伟. 互联网金融模式研究[J]. 金融研究,2012(12):11-22.

层面以及资金融通层面的三大类业态,包括:互联网第三方支付、互联网理财、互联网融资。①

1.互联网第三方支付

互联网金融的纵深推进以及电子商务的迅速发展为我国第三方支付行业提供了良好的发展契机。第三方支付是移动互联网信息技术不断发展的产物,其不仅得益于网络金融的快速发展,也得益于社会对于便捷支付的迫切需求。能够运营第三方支付的机构一般具备一定实力和信誉保障,能够通过与银联对接而促成交易双方货币交易的网络支付形式。在具体的第三方支付体系中,买方选购商品后,通过使用第三方平台提供的账户进行货款支付,也就是将资金通过第三方平台支付给卖家,在支付的过程中,第三方支付机构会实时将支付信息传送给卖家,双方进行确认之后,第三方再将账款转入卖家账户,实现第三方支付体系的基本作业。② 根据内容不同可以将第三方支付分为狭义和广义两种概念。③ 狭义的第三方支付是指互联网企业在得到支付牌照的情况下,通过互联网信息技术,与银行合作接入银行系统,借助电子支付结算方式将银行系统与客户连接起来,为买卖双方提供信用保障和安全交易服务。广义的第三方支付是指非金融机构在产品交易时作为收付双方的支付中介提供的预付卡、银行卡收单等业务,以及央行明确的各项支付服务,已经形成了线上与线下两种支付渠道,应用场合更加多元化。

在现如今广泛应用的第三方支付体系中,除了支付宝,还有财付通、易宝、PayPal 等,它们不仅可以为网络购物提供金融支持,也是实施转账交易的主要应用平台。根据开展第三方支付的企业是否对支付业务担保,可以将其划分为两种发展模式:第一种模式是第三方支付平台不具备担保职能的模式,这种情况下,第三方支付企业与线上平台完全独立,平台为客户提供单纯的支付结算与安全交易服务,该种模式以银联和快钱支付为代表;第二种模式是有担保支付模式,第三方支付平台依托于电子商务,以自身的资金实力和良好信誉为交易双方提供担保,同时具备支付中介和信用担保中

---

① 李有星,陈飞,金幼芳.互联网金融监管的探析[J].浙江大学学报(人文社会科学版),2014(4):87-97.

② 刘俊杰.浅析我国第三方支付体系的运营模式[J].财经界(学术版),2020(11):102.

③ 陈一稀.互联网金融的概念、现状与发展建议[J].金融发展评论,2013(12):126-131.

介的角色,该种模式以支付宝和财付通为代表。①

2.互联网理财

近年来,中国的互联网理财行业取得飞速发展,自阿里巴巴旗下的支付宝(中国)网络技术有限责任公司推出余额宝平台以来,支付宝凭借良好的市场知名度与营销手段使余额宝受到广大用户追捧,带动了互联网公司与传统金融机构合力推出理财产品的发展模式。这些互联网理财产品门槛低、收益高且操作便捷,短期内吸收了大量散户的存款,在金融服务领域占据了重要地位。② 互联网理财主要是指互联网企业利用自身的交易平台,为传统金融机构(包括银行、基金、保险、信托等)提供分销服务。③ 根据开展的业务范围差别,互联网投资理财主要可以分为两种模式:一是仅涉及理财产品分销或代理,从事这类业务的互联网企业一方面为金融机构发布贷款、基金产品或保险产品信息,提供比价和信息检索服务;另一方面主要经营基金和保险的代销。二是同时涉及理财产品的开发、合作和销售,从事这类业务的平台公司除提供金融产品分销渠道外,还试图与金融产品开发商合作,融入互联网的特点因素,创新产品设计,余额宝即为这种模式的产物。在余额宝的业务模式中,客户可以借助支付宝平台的销售通道便捷地购买货币基金产品,并可以随时赎回用于购物付款,从本质上讲属于代理货币基金销售和代理基金清算业务。④

3.互联网融资

融资在互联网企业的发展过程中是重要组成部分,互联网企业想要做强做大,资金的支持是不可或缺的,因此融资起到了举足轻重的作用。⑤ 互联网融资的典型模式包括以 P2P 网络借贷为代表的债务融资以及以众筹融资为代表的股权融资。它区别于传统银行、证券市场中的融资活动,是一种更为民主化、去精英化的金融模式。有学者指出,互联网融资引起的经济效益和社会效益惠及普通民众,是一种真正意义上的"普惠金融(inclusive

---

① 钟伟,顾弦.第三方支付的创新趋势与监管思路[J].中国金融,2010(12):26-27.

② 李晏,许珊珊.互联网理财产品的法律风险与监管建议——以余额宝为例[J].沈阳干部学刊,2017(6):40-43.

③ 徐会志,刘建.互联网理财的法律监管[J].中国金融,2014(8):47-49.

④ 尹蔷.余额宝法律问题与解决建议[J].现代经济信息,2014(17):362-363.

⑤ 张汉阳.互联网企业融资模式创新探究[J].科技经济导刊,2020(14):177-178.

finance)"。① 互联网融资的定义,由芮晓武等在 2013 年《中国互联网金融发展报告》中首次提出,用于互联网金融归类分析,并指出互联网融资在实践中表现为网络微贷、P2P 借贷和众筹模式。② 也有学者将互联网融资的主要业务形态归纳为:P2P、众筹模式、电子商务贷款平台等。③ 虽然学者们在措辞上有些许差异,但无疑都将"P2P 借贷"和"众筹融资"认定为互联网融资的主要实践表现形式。

(二)互联网融资含义及表现

传统的金融融资渠道分为两种:一种是银行贷款(间接融资),另一种是通过证券公司发行债券和股票凭证进行资金融通(直接融资)。新兴的互联网融资依然是以实现金融基本功能,即将资金从资本剩余者转移向资本需求者为价值目标,基本上都属于对传统的直接融资模式的创新。其中,互联网融资的主要实践表现包括 P2P 网络借贷以及互联网众筹融资。从其基本的金融功能和经济目的来看,这两大类互联网融资模式具有三个层面的共性:第一,两者均以实现资金由富余者向短缺者转移的金融功能为使命,这是其区别于第三方支付、互联网理财等其他互联网金融业态的根本特点。第二,在经济目的上,均以解决中小微企业或者个人经营、消费融资难问题为根本宗旨,具有极大的社会经济效益。第三,在参与度上,皆有广泛的参与性,是一种较为"草根"的金融模式。

1. P2P 网络借贷

P2P 网络借贷起源于英国,壮大于美国,在我国用了近十年的时间获得了高速发展。在英、美国家,主流的 P2P 网贷平台的运营相对规范化,运营模式也较为单一,即最为原始的信息中介模式,平台仅起到信息撮合作用,而对投融资不承担任何信用中介责任。④ P2P 网络借贷其实质是一种个人对个人的直接借贷模式,拥有闲置资金、具备投资需求的人以及资金需求者将各自的信息发布到网络借贷平台,这样无须传统的金融中介,通过网络平

---

① 刘燕云. 互联网与普惠金融发展[J]. 中国金融,2015(9):85-86.

② 芮晓武,刘烈宏. 互联网金融蓝皮书:中国互联网金融发展报告(2013)[J]. 中国科技信息,2014(8):2.

③ 李真. 互联网金融体系:本质、风险与法律监管进路[J]. 经济与管理,2014(5):51-57.

④ Paul Slattery. Square Pegs in a Round Hole: SEC Regulationof Online Peer-to-Peer Lending and the CFPB Alternative[J]. Yale Journal on Regulation,2013(1):147-189.

台便可实现资金的供需配置。① 借款人发布借款信息,出借人了解对方的身份、信用等信息后,如果对借款人提供的利率满意便可直接与借款人签署合同,提供小额贷款,获得投资回报。根据资金借贷机制不同,P2P 网络借贷主要可以分为三种模式:

一是资金供需双方的借贷活动完全通过网络途径的纯粹线上模式。平台公司对借款人提供的银行账户资金明细、网络视频认证、身份信息等进行审核来对其资质进行评定,平台本身不参与借款,而是提供信息匹配、工具支持和服务等。②

二是线上对接线下审查相互结合的模式。该种模式下平台公司在线上公开借贷信息和相关流程,资金供需匹配成功以后,平台公司负责实地探访,调查借款人偿债能力和信用水平,从而避免和减少违约情况的发生。③

三是线下模式。该种模式下平台公司作为中间人经过资质审查之后先行放款给借款者,再将债权转让给投资人,借款者和投资人之间不直接签订债权债务合同,其实质是债权转让。④

2. 众筹融资

众筹(crowdfunding)即向大众小额筹资,是指希望获取资金支持的个人或团体利用互联网将其项目策划提交到众筹平台,平台完成信息审核之后,允许其构建融资信息页面,并向公众展示,在获取关注和支持之后筹集到所需资金,并在融资完成之后予以实物或股权回报的一种直接融资方式。根据项目成功后回报形式不同,众筹融资主要可以分为三种模式:

一是回报型众筹。该种模式在项目完成后的回报方式是项目产品或服务,其实质是一种团购加预售,它标明项目完成所需资金及募集截止日,在截止日内获取足够关注,筹集到所需资金项目才可生效,一旦超过截止日还未筹集所需金额,项目则宣告失败,需把已筹集钱款归还投资人。⑤

二是捐赠型众筹。该种模式下投资人以捐赠、赞助等形式向企业或项目提供资助,不追求实质回报,是具有赠与性质的公益行为。我国目前还未

---

① 王艳,陈小辉,邢增艺. 网络借贷中的监管空白及完善[J]. 当代经济,2009(24):46-47.

② 该模式以拍拍贷(https://www.ppdai.com)为代表。

③ 该模式以翼龙贷(https://www.eloancn.com)为代表。

④ 该模式以宜信(http://i.yixin.com/)为代表。

⑤ 该模式以点名时间(http://www.demohour.com/)为代表。

形成具有相当规模的公益众筹平台，只有少数由其他众筹融资平台发起的公益众筹项目。

三是股权众筹。该种模式以所投资项目的部分股权或未来利润作为回报，由于股权众筹涉及证券公开发行，触及非法集资的可能性较大，目前我国对其监管较严，在制度缺位的情况下，股权众筹仍处在探索发展期。[①]

与传统的融资方式相比，众筹更具开放性，只要项目能够在互联网上引起大众的关注和兴趣，就有机会通过众筹的方式获得资金。在现有学术研究的语境下，众筹被认定为一个"伞状概念"，包含上文所述的捐赠型众筹、回报型众筹和股权众筹。其中，股权众筹是互联网融资在股权融资领域较为典型的业务模式，同时，也因其涉及证券的公开发行，暴露出众多法律问题，成为严格监管的对象，本书也将互联网众筹融资的法律问题和创新的讨论重点放在股权众筹这一融资模式上。

在中国，"股权众筹"长久以来并无严格的定义，只宽泛地指"以股权为回报的众筹形式"。[②] 从严格意义上讲，中国并不存在股权众筹得以扎根的法律土壤和制度环境，[③]现有的所谓"股权众筹"，如创投圈、天使汇、大家投等运营的融资活动，通过限制投资人资格、人数或投资金额等方式避免被视为非法公开发行股票活动。因此，现阶段中国所谓的"股权众筹"实质上是一种私募或者说半公开的融资行为。尽管在《关于促进互联网金融健康发展的指导意见》（以下简称《指导意见》）中，将股权众筹的界定为"通过互联网形式进行公开小额股权融资的活动"，但在设定具体的监管规则时，其定性不尽相同。

梳理现有监管文件，我国对股权众筹的定性有几个阶段。2014 年 12 月，中国证券业协会出台的《私募股权众筹融资管理办法（试行）（征求意见稿）》将这种融资活动的性质划定为"非公开发行的私募融资活动"。同年 12 月 26 日，中国证监会在新闻发布会中指出股权众筹可依据面向合格投资人还是普通大众投资人，划分为非公开发行的"私募"和公开发行的"公募"两种类型。2015 年 7 月，中国人民银行、财政部、中国证券监督管理委员会等十部委发布的《关于促进互联网金融健康发展的指导意见》中，强调了股权

---

① 该模式以京东东家（https://dj.jd.com/index.html）为代表。

② 杨东，黄超达，刘思宇. 赢在众筹[M]. 北京:中国经济出版社，2015:3.

③ 杨东，文诚公. 互联网＋金融＝众筹金融:Internet＋finance＝we finance:众筹改变金融[M]. 北京:人民出版社，2015:196.

众筹融资的"公开小额"的特征。2015年8月中国证券监督管理委员会发布的《关于对通过互联网开展股权融资活动的机构进行专项检查的通知》对此做出了明确指示,提出股权众筹应当满足"公开、小额、大众"的特征,目前部分所谓的"股权众筹"活动仅仅是运用了互联网技术的证券私募,不属于《指导意见》规定的范围。

第二节　互联网融资的特性

互联网融资的高效性集中体现在成本和效率两个方面,具体就是指互联网融资服务的低成本和方便快捷而形成的高效率。低成本方面,由于互联网融资的业务运营和服务提供主要通过电子网络渠道,这便在很大程度上减少了传统金融机构需要投入的巨额网点建设费用以及管理费用。另外,互联网融资这一发展模式突破了时间和空间的限制,用户办理各项融资业务无须到营业网点柜台,可以随时随地通过手机、电脑等网络终端办理,这种方便快捷的特征使得金融服务效率大大提高。

互联网融资出现之前,传统金融服务的买卖双方长期处于信息不对称的境况之中,双方对彼此的信用情况和偿付能力都难以确切把握,存在极高的交易成本。由于互联网信息技术的不断发展,信息获取的便利性和信息透明度得到了较大程度的提高,在大数据和云计算的支撑下,融资服务的买卖双方都可以方便快捷地了解交易对手的实力和信用情况,从而在很大程度上减少了信息不对称可能导致的交易风险。另外,由于互联网的发展使得信息传递更加快捷,一旦交易一方违约,另一方便可以迅速知晓,这也可以有效降低违约损失。

互联网融资具有显著的"普惠性"特点。互联网融资以灵活性、便捷性、可得性为特征,打破传统金融行业的高门槛,为传统金融行业的"长尾市场"寻求突破方式,拓展了金融服务的广度和深度。它不仅为广大民众带来了新的投资渠道,也为市场"弱势群体"(中小微企业)开辟了新的融资途径,是一种能有效、全方位为社会所有阶层和群体提供服务的金融模式。

金融市场是一个存在着高风险的市场,同时,互联网行业也存在着技术安全等风险,互联网金融作为互联网通信技术与传统金融融合的产物,必然会使得这一市场中的风险变得更加复杂。大体可以将互联网金融的风险分为信用风险、市场风险等;一般性金融风险和包括技术安全、操作安全、法律风险等方面的特殊性风险。由于互联网本身传播速度极快,这类风险一旦爆发,其危害蔓延速度要远远快于传统金融行业,因此把互联网融资风险的规避与防控放在首要位置显得意义非凡。

第二章　互联网融资法律制度的构建逻辑

第一节　法律制度创新的内涵与表现

(一)互联网法律制度创新的内涵

创新是指新的管理制度的建立与发展,它既是一个过程,也是一个结果。创新是提出有别于常规思路的见解,利用现有的知识和物质,在特定的环境中,本着理想化需要或为满足社会需求,而改进或创造新的方法、路径。创新是产生新创意,并运用新的程序、产品和服务,将其运用于社会、商业实践的能力。对创新的规制,应秉持创新友好的理念。而法律制度的创新,则是在社会变迁的环境下,发现和设立新的规则。[①] 随着社会的发展,金融业也一日千里地变化着,金融法律也需要更完善的制度。

金融法律制度是规定并调整在金融市场中产生的法律规范的总称。法律制度一方面是构成金融市场环境的一种资源禀赋,另一方面是影响金融市场发展的一种制度结构,金融法制与金融市场由此而不断循环往复地进行着互动,[②]进而逐步优化交易成本,促进市场扩张。[③] 在这一动态过程中,

---

① 蒋凡,万志尧. 我国互联网金融服务实体经济发展立法创新问题研究[J]. 法制与社会,2017(34):32.

② 冯果. 金融法的"三足定理"及中国金融法制的变革[J]. 法学,2011(9):93-101.

③ 诺斯. 经济史中的结构与变迁[M]. 陈郁,等译.上海:上海人民出版社,1994:32.

法律制度的创新是金融法制变迁过程中"最为实质性的核心阶段"。① 互联网金融是互联网与金融的结合,是借助互联网信息技术实现资金融通、支付和信息中介功能的新兴金融模式。② 互联网融资法律制度创新的内涵,是出台调整互联网融资活动的法律制度,为国家提供领导、组织、管理互联网融资市场和保障金融秩序的手段和方法。

法律制度的产生都是基于社会的发展,如果社会一直处于同一历史时期,则制度都不会有变化,更不会产生新的制度,所以,法律制度的产生及创新也是随着时代的发展而产生的。然而,对于在现有市场发展的情况下,是否需要进行互联网融资法律制度创新,学界观点不一:一种观点认为,互联网金融与传统金融的功能相差无几,应该接受与传统金融一样的规制,③并从融资类业务、支付清算类业务、投资理财类业务等方面具体分析如何进行规制;④另一种观点认为,互联网金融与传统金融不同,互联网金融不同形态之间也各不相同,需要实行差异化的立法与规制,⑤同时,应权衡制度创新和规制收益的关系、金融风险与金融创新之间的关系。⑥

当今,法律制度与金融市场之间的相互联系更为紧密,市场创新与法制创新双向互动,一方面市场创新推动着法制的进化,另一方面法制进化可以诱致市场的变迁,两者相互作用,彼此促进。⑦ 规范和调整金融市场活动的金融法律制度在互联网金融创新的背景下也无法一成不变。从前文分析的互联网融资的创新模式来看,目前的互联网融资已在运营模式上脱离了传统金融的业态,仅依靠原有的金融法律制度难以全面规制现有的互联网融资行为,必须通过构建具有"变革性、新颖性、前瞻性"⑧的法律制度,回应现有市场发展情况下的制度需求。

---

① 韦森. 再评诺斯的制度变迁理论[J]. 经济学季刊,2009(2):373-398.

② 杨东. 互联网金融的法律规制——基于信息工具的视角[J]. 中国社会科学,2015(4):107-126.

③ 曹凤岐. 互联网金融对传统金融的挑战[J]. 金融论坛,2015(1):3-6.

④ 杨凯生. 互联网金融需要良好的文化支撑[J]. 中国金融,2014(4):46-47.

⑤ 谢平,邹传伟,刘海二. 互联网金融的基础理论[J]. 金融研究,2015(8):1-12.

⑥ 邓建鹏,黄震. 互联网金融的软法治理:问题和路径[J]. 金融监管研究,2016(1):64-73.

⑦ 冯果,袁康. 社会变迁与金融法的时代品格[J]. 当代法学,2014(2):128.

⑧ 殷德生. 制度创新的一般理论:逻辑、模型与扩展[J]. 经济评论,2003(6):33-36.

(二)互联网融资法律制度创新的表现形式

互联网融资法律制度创新,就是通过新制度的发现和设立,为调整互联网融资活动、规范互联网金融市场提供制度基础。从具体的表现形式上来看,互联网融资法律制度创新包括对现有基本金融制度的修正与完善,也包括针对互联网融资活动的专项监管规则的制定。

互联网融资的法律制度创新涉及基本金融法律制度的跟进与完善。例如,针对股权众筹在现有证券法律制度体系下的合法性问题,有学者指出,要发展股权众筹市场,发挥其服务实体经济的价值,就需要对现有《证券法》中的"证券发行"制度进行修改与完善,为股权众筹这一"小额、公开、涉众"的融资行为创设合法空间。① 而从基本金融制度的完善层面来看,根据我国《立法法》第八条规定,基本金融制度属于中央立法权范畴,由全国人大及其常务委员会制定。《立法法》第五十六条规定,国务院可根据宪法和法律制定行政法规。因此,一方面,可以调整现有基本金融法律;另一方面,也可以由国务院制定法律效力位阶较高的行政法规,对一些在现有基本金融法律制度下难以合法开展、缺乏法律规制的互联网融资创新活动,做出特殊的法律制度安排。

此外,相关金融监管部门,如一行三会(现为"一委一行二会"),以及地方政府,均可根据具体情况和实际需要,在不与基本金融制度相抵触的前提下,制定行政规章、地方性法规,对互联网融资创新进行地方性的、监管性的回应。

从地方对互联网融资进行专项立法的角度来看,《立法法》第六十四条规定,国家尚未制定法律或者行政法规的,省、自治区、直辖市和较大的市根据本地方的具体情况和实际需要,可以先制定地方性法规。因此,地方层面的互联网融资制度创新有其可行性,特别是近年的地方金融改革,也为地方尝试进行金融立法提供了难得的机遇和契机。② 地方立法机构能够在地方金融监管领域,从地方的实际出发,有针对性地制定相应的地方性法规,有效调整互联网融资的市场秩序和交易行为,弥补中央立法的空白和疏漏,并为未来的中央立法提供地方经验。

---

① 彭冰. 股权众筹的法律构建[J]. 财经法学,2015(3):5-14.

② 天津市、山东省和温州市已各自制定了有关"建立健全地方金融监管体系"的政策文件,相关地方金融监管立法也逐步推进。如浙江省人大已于 2013 年颁布了《温州市民间融资管理条例》;《山东省地方金融条例》已经通过生效实施。

从监管者立法的角度考虑，《立法法》第七十一条规定，相关部门可以在本部门的权限范围内制定规章。在互联网融资领域，根据 2015 年 7 月 18 日，人民银行等十部门发布的《指导意见》，网络借贷业务的监管由银监会负责，而股权众筹业务的监管由证监会负责，由此可见，根据政策意见，这两个部门将会是互联网融资活动的主要监管主体，同时，也应当承担起制定监管细则的制度创新任务。2017 年 7 月落地的《互联网金融指导意见》里正式提出互联网贷行业受银监会监管，银保监会合并之后，网贷行业正式归银保监会监管。

从国外立法实践来看，对互联网融资活动进行法律制度创新的主体也往往是具体的监管部门。如美国于 2016 年 6 月生效的《众筹条例》的指定机构为证券交易委员会（SEC），而英国负责替代性金融机构与金融活动监管的金融行为监管局（FCA）也出台了针对借贷型众筹、股权型众筹的相关监管规则。[1] 由监管机构进行立法创新，出台相应规则，往往更加具备针对性、及时性与有效性。[2]

综合考量互联网融资的法律制度创新，应当以中央立法与地方立法相结合、法律修正与立法创新相结合的形式进行。一方面，以相关法律的完善和设立的形式，出台支持互联网融资市场发展的基本法律制度；另一方面，也可以设立相应的地方性法规和部门规章，根据地方经济发展的特殊要求，及市场发展的具体诉求，由地方和相关监管部门设立具有针对性、有效性的监管规则。

第二节　调整网络借贷与众筹的法律制度

（一）调整网络借贷类

2015 年 7 月 18 日，为鼓励金融创新，促进互联网金融健康发展，明确监管责任，规范市场秩序，经党中央、国务院同意，中国人民银行、工业和信息化部、公安部、财政部、国家工商总局、国务院法制办、中国银行业监督管理委员会、中国证券监督管理委员会、中国保险监督管理委员会、国家互联网

---

① 刘明. 美国《众筹法案》中集资门户法律制度的构建及其启示[J]. 证券法苑，2014(3)：149-161.

② 彭冰. 股权众筹的法律构建[J]. 财经法学，2015(3)：5-14.

信息办公室联合印发了《关于互联网金融健康发展的指导意见》(以下简称《指导意见》)。该《指导意见》指出,互联网金融是传统金融机构与互联网企业利用互联网技术和信息通信技术实现资金融通、支付、投资和信息中介服务的新型金融业务模式。互联网与金融深度融合是大势所趋,将对金融产品、业务、组织和服务等方面产生更加深刻的影响。《指导意见》指出网络借贷包括个体网络借贷(P2P 网络借贷)和网络小额贷款。个体网络借贷是指个体和个体之间通过互联网平台实现的直接借贷。在网络借贷平台上发生的直接借贷行为属于民间借贷范畴,受《民法典》等法律法规以及最高人民法院相关司法解释规范。个体网络借贷中介机构要坚持平台功能,为投资方和融资方提供信息交互、撮合、资信评估等中介服务。个体网络借贷中介机构要明确信息中介性质,主要为借贷双方的直接借贷提供信息服务,不得提供增信服务,不得非法集资。《指导意见》提出了客户资金第三方存管制度。除另有规定外,从业机构应当选择符合条件的银行业金融机构作为资金存管机构,对客户资金进行管理和监督,实现客户资金与从业机构自身资金分账管理。客户资金存管账户应接受独立审计并向客户公开审计结果。人民银行会同金融监管部门按照职责分工实施监管,并制定相关监管细则。但在实践中如何落实上述要求,尤其如何体现在法律制度上一直难产。

2016 年 8 月 24 日,中国银监会、工业和信息化部、公安部、国家互联网信息办公室联合制定、发布的《网络借贷信息中介机构业务活动管理暂行办法》(以下简称《暂行办法》)承袭了《指导意见》关于网络借贷中介机构作为信息中介的指导要求。《暂行办法》第二条、第三条明确指出,网络借贷中介机构是依法设立、专门从事网络借贷信息中介业务活动的金融信息中介,为融资方与出借人(投资方)实现直接借贷提供信息搜集、信息公布、资信评估、信息交互、借贷撮合等服务,维护出借人与融资方合法权益,并在《暂行办法》第十条以兜底列举的方式详细列出了 13 种禁止行为,具体可划分为以下三类:一是融资类禁止行为,即网络借贷平台不得直接发放贷款、不得做出保本保息的承诺、不得通过变相渠道完成自身融资、不得直接或间接地将借款方资金归集到专门的资金池中。实际上这些规定表明了网络借贷平台完全不能涉及银行和融资担保公司的业务。二是推介和分销禁止行为,网络借贷是一种依托互联网技术而产生的新业务方式,因而过去线上线下相结合的综合营销手段被列入禁止清单之列。新规指出线上借贷平台不得在门店等固定场所开展宣传、推介业务。另外,新规还强调网络借贷平台不得对借贷项目进行债权拆分、期限错配。三是其他禁止行为,过去类似以股权众筹的名义,实为借贷的模式被叫停。2016 年 10 月 13 日,国务院办公厅印发了《互联网金融风险专项整治工作实施方案》(以下简称《专项整治方案》),再次落实《指导意见》要求,明确指出网络借贷中介机构要落实信息中介性质。虽然监管部门在官方层面上已明确将网络借贷中介机构定性为信息中介,平台不得直接或变相提供担保或承诺本息保障,亦不得开展融资活动、不得归集资金,但在理论上和实践中仍对此存在不少争议。

《暂行办法》出台后,按照网络借贷行业"1+3"(一个办法三个指引)制度框架设计,银监会会同相关部门分别于 2016 年底和 2017 年初,发布了《网络借贷信息中介机构备案登记管理指引》(以下简称《备案登记指引》)、《网络借贷资金存管业务指引》(以下简称《资金存管指引》),随后,银监会研究起草了《网络借贷信息中介机构业务活动信息披露指引》(以下简称《信息披露指引》)、《信息披露内容说明》,吸收和采纳了国家有关部委、地方金融监管部门、网络借贷中介机构和有关自律组织的意见修改完善后,正式印发实施。这些制度设计为网络借贷中介机构的法律制度构建提供了一定思路和指引。

(二)调整众筹类

我国现有法律制度尚未将股权众筹纳入规制体系中,针对股权众筹的监管规则多见于近年出台的各项监管政策文件,现将相关文件按时间顺序梳理如下:

2014 年,我国证券业协会出台《私募股权众筹融资管理办法(试行)(征求意见稿)》,欲将股权众筹纳入证券法的监管范围,对其适用范围、投资人范围、平台准入、平台职责、平台禁止行为制定了规范。其中明确了私募股权众筹融资的定义,即"投资人在股权众筹互联网平台上开展非公开发行而付出股权,并获得资金"。其中,对个人投资者的资质规定门槛较高,须满足金融资产价值不低于 300 万元人民币或最近三年个人年均收入不低于 50 万元人民币,且投资单个融资项目的最低金额不低于 100 万元人民币的条件。对股权众筹平台也有一定资质要求,规定其净资产不得少于 500 万元人民币,业务管理制度应当较为完善;还对平台的经营业务范围和禁止性行为做了规定,要求平台必须组织参与双方实名认证,要对项目合法性开展必要审核,设立专口账户来保障资金安全,妥善保管双方信息、融资记录等项目资料,常态化开展众筹知识普及活动,平台不可滥用自身优势为自身、关联方融资或误导投资人,不得为促进项目融资成功而对项目提供对外担保或股权代持,不得提供股权或其他形式有价证券的转让服务,不得向非实名注册用户宣传或推广融资项目,不得兼营个体网络借贷或网络小额贷款业务,如不具有相关业务资格则不得从事证券承销、投资顾问、资产管理等证券经营机构业务。

2015年7月,中国人民银行、工商总局、工信部等十部委发布的《指导意见》中提出,中国证监会正在加快研究制定股权众筹的监管规则,积极推进股权众筹试点的顺利进行,以发挥股权众筹的融资作用,完善我国多层次资本市场,并更好地为创新创业企业搭桥铺路。

2015年8月,中国证监会网站发布的《中国证监会致函各地方政府规范通过互联网开展股权融资活动》一文,对股权众筹的特征、性质做出了详细解释。股权众筹是指通过互联网进行公开小额股权融资的活动,也就是初创企业或者小微企业通过股权众筹平台公开募集资金作为企业股本的活动,"公开、小额、大众"是这种融资活动的特征,它不仅牵涉公众的利益,还与国家的金融安全密切相关,因此需要对它加以监管。除了获得国务院证券监督管理机构批准的单位和个人外,一律不得开展股权众筹融资活动。该文还指出,目前市场上部分自称"股权众筹"的活动,并不属于《指导意见》规定的股权众筹,仅仅是通过互联网进行的非公开股权融资行为。[①]

2015年9月,国务院《关于加快构建大众创业万众创新支撑平台的指导意见》再次强调"稳步推进股权众筹融资试点,鼓励小微企业和创业者通过股权众筹融资方式募集早期股本"。

目前,国内还没有关于股权众筹的正式法律文件,这意味着股权众筹作为新生事物,只能在传统法律框架之下挣扎发展。但是从政策性文件的态度中,也可以看出监管者充分认识到股权众筹对于社会经济发展的积极意义,也在政策上进行鼓励和引导,对股权众筹的立法监管呼之欲出。

第三节 互联网融资法律制度构建的必要性

(一)满足中小企业融资需求

以网络借贷、股权众筹为代表的互联网融资市场,是主板市场、中小板

---

① http://www.csrc.gov.cn/pub/newsite/zjhxwfb/xwdd/201508/t20150807_282509.html.

市场、创业板市场、新三板市场及区域性股权交易市场的延伸,是我国多层次资本市场的重要组成部分,也被定义为未来我国"新五板"市场。据推算,在 2020 年,我国将有 20 万户小微企业需要通过证券市场融资,其数量远超现行资本市场的服务能力,①因此,需将互联网融资作为传统金融补充,与新三板市场进行对接,形成覆盖大型、中型、初创小微企业的资本市场体系,以满足不同规模企业的融资需求。当下中小企业融资难、融资贵已经成为不争的事实,网络借贷、股权众筹发展能够优化市场结构,缓解间接金融市场风险过度集聚,正确引导民间资本流动,培育市场创新意识,实现"大众创业、万众创新"的目标要求。因此,构建配套的互联网融资法律制度,鼓励互联网融资健康、规范发展,对于支持事业发展、填补我国中小企业融资缺口具有重大意义,也是经济社会发展的必然要求。

(二)防范互联网金融风险

任何新兴事物的发展初期必定会存在诸多不足,甚至是弊端,作为金融创新的互联网金融也绝无例外。目前互联网融资平台野蛮生长,乱象丛生,风险频发。这不仅严重影响了正常的金融秩序,增加了金融风险,也给互联网融资本身带来了负面影响。有关法律法规等监管制度的缺失更是凸显了问题的严峻性。互联网融资活动的乱象已成为目前互联网金融面临的最为突出的风险问题。

互联网融资活动的主要风险包括互联网融资立法相对落后和模糊导致的交易风险;②相关法律法规缺失而导致的融资平台违法、违规风险等。③其中,更为典型的问题是融资行为本身的合法性问题,即非法集资问题。④《非法金融业务活动和非法金融机构取缔办法》第四条规定:"非法金融业务活动,是指未经中国人民银行批准,擅自从事的下列活动……未经依法批准,以任何名义向社会不特定对象进行的非法集资。"央行在《关于取缔非法金融机构和非法金融业务活动中有关问题的通知》中进一步明确界定:"非法集资是指单位或者个人未依照法定程序经有关部门批准,以发行股票、债券、彩票、投资基金证券或者其他债权凭证的方式向社会公众筹集资金,并

---

① 江逸.互联网金融视角下科技型小微企业融资问题研究[J].中国市场,2018(3):34-36.

② 张玉喜. 网络金融的风险管理研究[J]. 管理世界,2002(10):139-140.

③ 赵继鸿. 基于服务主体的互联网金融运营风险比较及监管思考[J]. 征信,2013(12):10-14.

④ 杨东. 互联网金融监管体制探析[J]. 中国金融,2014(8):45-46.

承诺在一定期限内以货币、实物以及其他方式向出资人还本付息或给予回报的行为。"由于互联网天然的涉众性，P2P借贷和众筹融资在某种程度上与生俱来就具有"面向不特定人群"的特性。如再参与资金的中转，互联网融资活动在目前法律语境中较容易触及非法集资的红线。

在此情况下，针对互联网融资活动进行法律制度的创新构建，一方面需要通过融资制度的调整，赋予互联网融资活动一定程度上的"安全港"，保障其合法性，避免过度的刑事干预抑制互联网融资产业发展；另一方面也需要通过监管制度的创新设立，赋予互联网融资活动合规的标尺，促使互联网融资产业健康、有序发展，有效管控其中的风险因素。

(三)保护互联网投资人权益

互联网融资活动中的投资人呈现出"无国界""隐蔽化""全球化"特征，人数众多，范围广阔。[①] 作为普通大众投资人，互联网投资人欠缺专业风险分析和识别能力，容易被互联网金融平台通过高收益率诱惑而投资，进而面临超出其风险承担能力的融资风险。由于缺乏法律监管，近两年来，互联网金融平台成交量快速上涨，发展迅速，涉嫌诈骗投资人资金的平台也越来越多。另外，互联网金融投资人遭遇诈骗时，由于信息不对称、力量弱小、诉讼费用高昂，很难付诸集体行动来进行维权。由于互联网融资领域的立法缺失和相应监管制度的空白，互联网投资人无法得到外部公正第三方，即互联网金融监管机构介入，帮助其保护自身权益。因此，有必要对互联网融资法律制度进行创新，规范互联网融资活动中的投资人保护环节，对互联网融资者与平台中介机构设定准入门槛，规范平台经营过程、退出机制等，以保护中小投资人的合法权益。

(四)完善我国金融法律制度体系

互联网金融不是传统意义上的正规金融，而是民间金融的一部分，互联网金融合法性问题实际是民间金融合法性问题的延伸。金融层面的互联网金融则受到诸如"以非法集资立法为主要内容并对债权交易进行规制的民间借贷立法，以及非法发行证券立法，通过变相吸收公众存款罪和擅自公开发行证券罪"的限制。[②] 解决之道是"立法和监管机构首先要改变长期为片

① 杨东.互联网金融监管的五个维度：以金融消费者保护为核心[J].清华金融评论，2014(10)：41-43.

② 杨东.互联网金融风险规制路径[J].中国法学，2015(3)：80-97.

面维持正规金融稳定而对民间借贷和融资打压的思维,系统性地清理、调整现行阻碍包括众筹、P2P网贷等在内的互联网金融正常发展的政策法规"①。

目前,国内互联网金融交易规范具有一定的基础,《民法典》《电子签名法》等基本民商事法律制度仍适用于互联网金融,互联网金融活动在交易层面不是无法可依。但与此同时,目前国内互联网融资监管规范几乎空白,对互联网金融创新暴露出的问题基本束手无策,这对整个金融市场构成极大的潜在风险。

对金融活动实施审慎监管,是大多数国家为防范金融风险所普遍采取的做法,互联网融资也不例外。欧美主要国家已陆续对互联网融资活动着手规制。有学者指出,我国在互联网融资立法领域有一定的实践基础与立法路径优势,应当紧跟世界范围内的互联网融资立法浪潮,学习美国现有互联网法律制度创新,进一步完善我国相关领域的金融法律制度体系。② 现有的境外立法实践,既是我国互联网融资立法创新的机遇,同时也是一种挑战。一方面,我国可在借鉴现有实践经验的基础上,发挥立法"后发优势",降低制度试错成本;另一方面,我国也应奋起直追,设立配套制度,避免在互联网金融创新浪潮中落后于世界市场的金融法制发展。

第四节　互联网融资法律制度构建的可能性

(一)现有政策的基础

党中央、国务院高度重视互联网金融的规范化发展。2015年3月,李克强总理在政府工作报告中首次提出实施"互联网＋"行动计划;7月,国务院《关于积极推进"互联网＋"行动的指导意见》正式出台,将"'互联网＋'普惠金融"作为11项重点行动之一。同年7月,经过党中央、国务院批准,中国人民银行等十部委联合印发的《关于互联网金融健康发展的指导意见》指出,对创新就要有鼓励的理念勇气,要遵循"鼓励创新、防范风险、趋利避害、健康发展"的总体要求,遵循"依法监管、适度监管、分类监管、协同监管、创

---

① 邓建鹏.互联网金融时代众筹模式的法律风险分析[J].江苏行政学院学报,2014(3):115-121.

② 杨硕.股权众筹的国外立法框架比较与我国本土化路径安排[J].江西社会科学,2018(1):162-164.

新监管"的原则,科学合理界定各业态的业务边界及准入条件,落实监管责任,明确风险底线,保护合法经营,坚决打击违法和违规行为。该《指导意见》提出了一系列鼓励创新、支持互联网金融稳步发展的政策措施,积极鼓励互联网金融平台进行产品和服务创新。以网贷为例,虽然《暂行办法》在理论上和实践中仍对此存在不少争议,但其对网络借贷中介机构的规制思路提供了一定研究基础。在《暂行办法》出台后,按照网络借贷行业"1+3"(一个办法三个指引)制度框架设计,吸收和采纳了国家有关部委、地方金融监管部门、网络借贷中介机构和有关自律组织的意见修改完善后,正式印发实施。这些制度设计为网络借贷中介机构的法律制度设计提供了一定思路和指引。

(二)国际立法经验的借鉴

随着互联网融资在国际市场的高速发展,各国纷纷针对互联网融资的新业态、新问题进行法律制度的调整与创新。如美国、英国对 P2P 借贷和众筹融资在内的互联网融资活动均有立法跟进与监管调整。

在 P2P 借贷监管方面,美国目前 P2P 借贷的监管体系由多个监管机构组成,许多联邦和州层面的监管机构都对 P2P 借贷行使监管权。这些监管机构包括新成立的消费者金融保护局、联邦贸易委员会、司法部、证监会、各种联邦银行监管机构以及各州对应的相关部门。[1] 美国证监会和州证券监管部门主要通过信息披露来行使对贷款人保护的职责;联邦存款保险公司和州监管部门针对营利性 P2P 借贷平台,行使对借款人保护的职责;新成立的消费者金融保护局也主要是行使对借款人保护的职责。[2]

在众筹融资监管方面,美国于 2012 年通过旨在推进小企业发展的《初创期企业推动法案》(简称"JOBS 法案"),其中包括一项针对众筹融资的重要举措,在美国《证券法》第四条第六款中,新增"股权众筹豁免"的内容,即允许众筹发行人通过被授权的互联网中介从合格投资人处筹集资金,但在12 个月内筹集总额不得超过 100 万美元,且投资人需要符合一定的投资限

---

① 李有星,陈飞,金幼芳. 互联网金融监管的探析[J]. 浙江大学学报(人文社会科学版),2014(4):87-97.

② 柴珂楠,蔡荣成. 美国 P2P 网络借贷监管模式的发展状况及对中国的启示[J]. 西南金融,2014(7):65-69.

额要求。① 同时,在其他国家资本市场,股权众筹立法也有较大进展,英国、日本、法国、德国、加拿大、韩国、新加坡等近年内对股权众筹立法都有所发展与创新。

上述世界范围内的网络借贷、股权众筹等互联网融资相关立法活动,为我国开展互联网融资法律制度构建与创新提供了翔实的实践经验。在他国立法经验的基础之上,借鉴他国互联网融资法律制度创新的有益经验,重视他国制度创新过程中产生与面临的问题,并提前做出应对,有助于我国更好地开展互联网融资法律制度创新活动,大大提高了制度创新构建的可行性。

(三)证券法修订的契机

公募和私募是根据证券发行对象不同进行的分类。现行《证券法》规定,公募是指向不特定对象发行证券的行为,或者向累计超过 200 人以上的特定对象发行证券的行为。公募发行须经监管当局核准注册。私募是指向累计 200 人以下的特定对象发行证券的行为,私募须依法登记备案。公募的最大优势在于发行人能够最大范围地筹集到较多资金,这是融资企业渴望的。但是公募的核准程序烦琐,发行条件严苛、成本高、周期长,这又是融资企业特别是小微企业难以承受的。实践中,大量处于初创期、规模小、融资需求迫切的小微企业被公募核准拒之门外,融资困难、发展受限。建立一定程度上的小额公开融资豁免制度,即"小公募"制度,是解决上述问题的有效路径。在近年开展的《证券法》修订过程中,这一公募豁免制度已得到立法者的重视和考量。在 2015 年 4 月,《证券法》修订建议被提请十二届全国人大常委会第十四次会议审议,其中包括:"建立公开发行豁免注册制度,规定向合格投资人发行、众筹发行、小额发行、实施股权激励计划或员工持股计划等豁免注册的情形。"②

美国基于其传统的证券法逻辑,将网络借贷视作公开发行证券行为。我国修改《证券法》时,可以考虑扩张"证券"的概念,把 P2P 网络借贷、众筹融资和债权权益凭证的发行,纳入证券法调整范围,从而确立中国证监会的

---

① 袁康. 互联网时代公众小额集资的构造与监管——以美国 JOBS 法案为借鉴[J]. 证券市场导报,2013(6):4-13.

② 证券法修订草案放松管制 加强监管 [EB/OL]. (2019-3-10) http://www. shfinancialnews. com/xww/[2018-05-20] 2009jrb/node5019/node5072/n5409/u1ai145005. html.

主监管人角色。国际上大多国家选择证监会监管网贷融资,如美国的Prosper、Lending Club平台受SEC监管。[①]

《证券法》是有关融资的基本法,在互联网金融创新的浪潮下,《证券法》的修订是创新构建互联网融资相关法律制度的绝佳时机。利用这一契机,包括互联网一对多借贷、股权众筹等涉众的直接融资模式,均可能得到创新的制度供给。

(四)金融监管体制改革的机遇

2018年5月,由央行牵头,发展改革委员会、科技部、工业和信息化部、财政部、农业部、商务部、银保监会和证监会等九部委共同编制的《"十三五"现代金融体系规划》出台,其中提出:逐步扩大宏观审慎政策框架的覆盖范围,探索将影子银行、资管产品、互联网金融等更多金融活动纳入宏观审慎政策框架,实现宏观审慎管理和金融监管对所有金融机构、业务、活动及其风险全覆盖。

2018年3月,全国人大审议了《国务院机构改革方案》,对金融监管体制改革做出了重大部署,主要强调了三个方面:一是坚持金融业综合经营方向,顺应综合经营发展趋势,"组建中国银行保险监督管理委员会",集中整合监管资源,充分发挥专业化优势,落实功能监管并加强综合监管,提高监管质量和效率。二是分离发展与监管职能、分离监管规制与执行,"将中国银行业监督管理委员会和中国保险监督管理委员会拟订银行业、保险业重要法律法规草案和审慎监管基本制度的职责划入中国人民银行",使监管部门专注于监管执行,提高监管的专业性有效性。三是强化中央银行宏观审慎管理职能,人民银行落实"三个统筹",为"打好防范化解重大风险攻坚战"奠定重要基础。

结合当前金融监管体制改革的浪潮,分业监管体制下监管真空和重复监管并存的问题可以得到一定程度的解决。一方面,互联网融资活动中存在的监管缺失、监管空白的问题,可以得到填补和解决;另一方面,部门之间监管规则不一致导致机构的监管套利问题,也需要进行统一的监管规则安排,这也意味着在原有分业监管框架下的大量金融监管规则和法律制度需要根据改革需求进行调整。对于互联网融资监管而言,功能性与行为监管

---

①　李有星,金幼芳.互联网金融规范发展中的重点问题探讨[J].法律适用,2017(5):31-38.

可以有效覆盖各类互联网融资活动。另外,原有的金融监管法律制度也不再适配现有金融监管体制,针对互联网融资活动的专项监管制度也有可能在这一时期出台。

第三章　网络借贷的基本认识

第一节　网络借贷及借贷中介概念界定

　　早在互联网金融、网络借贷出现之前,中国的金融抑制体制将金融区分为正规金融和非正规金融(民间金融)两类,[①]后者不仅原则上得不到官方正式承认,还一直是被打击的对象。[②] 因此,法律学者将互联网金融推定为一种有别于传统金融的新金融。P2P 网络借贷(peer-to-peer lending)是近年来随着互联网兴起而出现的一种新型网络借贷模式,因为其较低的参与门槛,并且借贷双方可以随时通过网络平台进行快捷、便利的交易,使 P2P 网络借贷迅速吸引了不少金融消费者的参与。[③] P2P 网络借贷为有闲置资金投资需求的个人提供了较便捷的投资方式。[④] 在英国与美国,P2P 网络借贷

---

　　① 王相敏,张慧一. 民间金融、非正规金融、地下金融:概念比较与分析[J]. 东北师范大学学报(哲学版),2009(6):66-68.

　　② 高晋康. 民间金融法制化的界限与路径选择[J]. 中国法学,2008(4):34-42.

　　③ A Ashta, D Assadi, S Johnson. Online or Offline?:The Rise of "Peer-to-Peer" Lending in Microfinance[J]. IGI Global, 2010(3):26-37.

　　④ A Bachmann, A Becker, D Buerckner, et al. Online Peer-to-Peer Lending—A Literature Review[J]. Journal of Internet Banking & Commerce,2011(2):1-18.

已经成为除储蓄与传统投资外个人闲散资金的新投资选择。①

网络借贷中介机构涉及的术语中，集中涉及民间借贷、P2P 网络借贷、互联网借贷、借贷中介机构等，有必要厘清这些概念。

（一）民间借贷与网络借贷

1. 民间借贷

民间借贷是相对于银行金融机构的借贷业务，其可以发生在自然人与社会组织机构之间，也可以发生于自然人与自然人之间，通过资金的相互融通产生借贷往来活动。② 民间借贷的产生在我国已经有一定的历史，且为社会广泛熟悉，民间借贷这一称谓已约定俗成。民间借贷定义为自然人、法人和其他组织之间因资金融通而发生的行为。这个界定体现出了民间借贷行为特有的本质和主体范围，从称谓的形式上明晰了与国家金融监管机构间的区别，也从借贷主体的适用范围上与金融机构作了区分。③ 传统的民间借贷主要是基于人缘、地缘和血缘关系而在熟人之间开展的借贷活动，一般不需要借贷中介机构，而是出借人和借款人之间直接完成，这种借贷通常不被第三方知道，出借人和借款人的借款金额、借贷利率、借款用途、借款时间等要素都不被他人知悉，因而信息披露无法开展。所以，民间借贷的实际规模有多大、借贷的总体利率是多少等数据无法准确获得。这一切，随着互联网技术、金融科技的发展而发生改变。

2. 互联网借贷

互联网借贷其实是民间借贷通过互联网开展的一种借贷方式。互联网借贷可以定义为自然人、法人、其他组织之间及其相互之间通过互联网技术和信息通信技术实现资金融通的行为。该定义具有以下特点：一是借贷主体是自然人、法人或其他组织之间，借款人和出借人主体十分广泛；二是出借人为非持牌金融机构，持牌金融机构如银行发放贷款等业务，受专门法律

---

① B Slavin. Peer-to-peer lending：An industry insight［OL］.（2007-6-21）［2018-2-12］，http：//www.bradslavin.com/wp-content/uploads/2007/06/peer-to-peer-lending.pdf.

② 最高人民法院《关于审理民间借贷案件适用法律若干问题的规定》第一条，本规定所称的民间借贷，是指自然人、法人和非法人组织之间进行资金融通的行为。经金融监管部门批准设立的从事贷款业务的金融机构及其分支机构，因发放贷款等相关金融业务引发的纠纷，不适用本规定。

③ 杜万华. 最高人民法院民间借贷司法解释理解与适用［M］. 北京：人民法院出版社，2015：48.

规范调整;三是出借人与借款人成交依赖于借贷平台的撮合,因为出借人与借款人通常没有面对面的接触,而是借助网络借贷中介机构实现交易;四是借贷交易运营依赖互联网技术和信息通信技术实现,互联网借贷指的是借贷当事人身份注册、核验、借贷撮合、资金交付、信息披露、信用审查等主要核心内容均发生在网络虚拟世界里,因此,受到《中华人民共和国网络安全法》等法律制度的约束,对从事互联网借贷活动的经营者提出了很高的技术安全要求;五是互联网借贷要求是小额的借贷活动,借助互联网技术可以把大额出借资金分成若干小额出借给不同的借款人以分散风险,反之,通过限制出借人的出借资金规模或额度,可以实现一个借款人的额度资金来自多个出借人。[①]

在互联网借贷的概念下,有的地方使用网络借贷的概念,原则上互联网借贷和网络借贷可以通用,没有本质区别,其内涵和外延具有一致性,只是不同时期、不同机构出台的文件或规定中表述不同。在互联网借贷或网络借贷概念中,细分为个体网络借贷(P2P 网络借贷)和小额网络借贷。

3. P2P 网络借贷

P2P 是互联网新兴词汇,是一种端对端的关系发生方式,基于互联网产生的信息交流形式,互联网技术所具有的高速性使得 P2P 借贷更加便捷,并迅速传播开来,通过网络的跨地域性,个体与个体之间快速地进行资金交易往来。因此其诞生初期被称作"人人贷"(person to person)。P2P 平台经营方与借款人、出借人约定,由其为两者提供服务,帮助他们寻找合适的潜在交易对象,并通过技术手段(比如网页展示、条件搜索和排序)撮合可能的交易,作为服务的代价,一般由借款人在交易实现后依约向平台经营方付费。[②]根据《民法典》,此种合同关系属于居间合同。P2P 网络借贷交易若符合《民

---

① 《网络借贷信息中介机构业务活动管理暂行办法》第十七条规定,网络借贷金额应当以小额为主。网络借贷信息中介机构应当根据本机构风险管理能力,控制同一借款人在同一网络借贷信息中介机构平台及不同网络借贷信息中介机构平台的借款余额上限,防范信贷集中风险。同一自然人在同一网络借贷信息中介机构平台的借款余额上限不超过人民币 20 万元;同一法人或其他组织在同一网络借贷信息中介机构平台的借款余额上限不超过人民币 100 万元;同一自然人在不同网络借贷信息中介机构平台借款总余额不超过人民币 100 万元;同一法人或其他组织在不同网络借贷信息中介机构平台借款总余额不超过人民币 500 万元。

② 赵渊. 直接融资视角下的 P2P 网络借贷法律问题研究[J]. 交大法学,2014(4):146-158.

法典》债权转让和居间合同的规定,可被认为是民间借贷的网络化。^① 我国发布的《人人贷有关风险提示的通知》,首次提出人人贷(peer to peer,简称P2P),并对P2P网贷平台的风险做出提示。^② 最早提出P2P网络借贷正式定义的官方文件是中国人民银行等十部门于2015年7月发布的《关于促进互联网金融健康发展的指导意见》,指出网络借贷包括个体网络借贷(P2P网络借贷)和网络小额贷款。个体网络借贷是指个体和个体之间通过互联网平台实现的直接借贷。网络小额贷款是指互联网企业通过其控制的小额贷款公司,利用互联网向客户提供的小额贷款。2016年8月24日,银监会等四部门联合发布的《网络借贷信息中介机构业务活动管理暂行办法》指出,网络借贷是指个体和个体之间通过互联网平台实现的直接借贷。个体包含自然人、法人及其他组织,即P2P网络借贷是指个体和个体之间通过互联网平台实现的直接借贷,属于民间借贷范畴,受《民法典》以及最高人民法院有关司法解释规范。综上所述,网络借贷分为个体网络借贷和网络小额借贷,但实践中,个体网络借贷成为互联网金融科技主要的业务方式,因此就有网络借贷、个体网络借贷和P2P网络借贷混用的情况,^③或简称网络借贷、P2P网络借贷,但很少使用个体网络借贷的概念。

(二)网络借贷信息中介与信用中介

网络借贷是通过借贷中介完成的,因此这个借贷中介,有的地方称之为

---

① 杨东. 互联网金融风险规制路径[J]. 中国法学,2015(3):80-97.

② 认为存在的问题和风险:一是影响宏观调控效果。二是缺乏监管,平台容易受金钱利诱演变为非法金融机构。整体行业准入门槛低,外部的监管相对较为松散,这种P2P机构可能会演变为吸收存款、发放贷款的非法金融机构,更为甚者会转变成非法集资。三是业务风险难以控制。P2P的这种交易方式,从根本上就存在很大的风险。这些做P2P贷款的公司往往没有资质去对借款人进行征信核查,针对贷款后的管理也不能很好地实施,倘若发生欺诈行为,或者是采用这种方式进行洗钱,这就演变成了一种犯罪。四是不实宣传影响银行体系整体声誉。比如,部分银行只是为P2P借贷提供开户服务而已,而P2P公司则宣传说银行是其合作伙伴。五是这种模式风险相对偏高,贷款质量远远劣于普通银行业金融机构。这种借贷的起源是小额贷款,它将一些小额度的资金进行聚集,然后将其借给贷款人,这种商业模式有三个方面的主要作用,分别是大幅度提高闲散资金的利用率、发展个人信用体系、满足个人资金需求。

③ 《网络借贷信息中介机构业务活动管理暂行办法》答记者问中,有关网络借贷概念的回答是:《暂行办法》落实了《指导意见》的有关要求,规定网络借贷是指个体和个体之间通过互联网平台实现的直接借贷,即大众所熟知的P2P个体网贷。

互联网借贷平台、网络借贷平台、网络贷款平台①以及网络借贷中介机构。而互联网借贷中介抑或网络借贷中介又可主要分为信息中介和信用中介，因此就有网络借贷信息中介机构和网络借贷信用中介机构的称谓。在整个网络借贷活动中，网络平台既不是债权人，也不是债务人，而是为双方牵线搭桥的角色。因此，民间借贷网络平台定位为从事金融理财服务业的准金融机构。② 当前我国网络借贷平台性质界定不明晰，理论界说法不一，存在信息中介、信用中介、融资中介等观点，争议较大。而实践操作中，平台亦发展出多种模式，代表性模式有借贷撮合型、债权转让型、债权收益权型、代销型等。

网络借贷信息中介的模式为，有资金的出借人和有资金需求的借款人在平台上进行沟通，进行风险定价与期限协商，完成配对。在这个过程中网络借贷平台所起的作用仅仅只是将出借人和借贷人的信息进行配对，对其进行价值、身份的认定，但是其不接触资金、不参与交易。网络借贷中介机构在金融综合与服务领域扮演着重要的角色。民间借贷与网络借贷的差异在于民间借贷以熟人社会的信用交易模式为交易规则，而网络借贷融资在中国更像是依托互联网技术发展起来的民间借贷，其主要特点在于作为信息中介的网络借贷平台。网络借贷中介机构在网络借贷融资中的地位尤其重要，其性质和行为可以直接决定借贷行为的有效性和其最终的交易成功与否。不过现今也存在着一种信用中介的模式，网络借贷平台不仅提供两者之间的信息配对服务，而且其还会形成资金池，从事期限错配和资金错配业务，这样其就和金融机构就没什么区别了。这种信用中介的模式存在很大的法律风险。

2016 年，中国银监会等发布的《暂行办法》第二条、第三条明确了网络借贷平台作为信息中介的法律地位，指出网络借贷中介机构是依法设立、专门从事网络借贷信息中介业务活动的金融信息中介，为融资方与出借人（投资方）实现直接借贷提供信息搜集、信息公布、资信评估、信息交互、借贷撮合

---

① 最高人民法院《关于审理民间借贷案件适用法律若干问题的规定》第二十二条规定，借贷双方通过网络贷款平台形成借贷关系，网络贷款平台的提供者仅提供媒介服务，当事人请求其承担担保责任的，人民法院不予支持。网络贷款平台的提供者通过网页、广告或者其他媒介明示或者有其他证据证明其为借贷提供担保，出借人请求网络贷款平台的提供者承担担保责任的，人民法院应予支持。此处用网络贷款平台概念，同时，在解释中采用网络借贷平台的概念。

② 李爱君. 互联网金融的本质与监管[J]. 中国政法大学学报，2016(2)：51-64.

等服务,维护出借人与融资方合法权益,不得提供增信服务,不得直接或间接归集资金,不得非法集资,不得损害国家利益和社会公共利益。并于第十条以兜底列举的方式详细规定了平台禁止从事的义务活动。2016年10月13日,国务院颁布的《互联网金融风险专项整治方案》,进一步明确了网络借贷平台的信息中介性质,要求其不得设立资金池,不得发放贷款,不得非法集资,不得自融自保、代替客户承诺保本保息、期限错配、期限拆分、虚假宣传、虚构标的,不得通过虚构、夸大融资项目收益前景等方法误导出借人,除信用信息采集及核实、贷后跟踪、抵质押管理等业务外,不得从事线下营销。

从整体上讲,《暂行办法》最重要的贡献是肯定了P2P网络借贷地位的合法性,并将P2P网贷平台定性为单纯的"信息中介",此举是对P2P网贷平台创设的正本清源,并且有助于P2P网络借贷业务的合法开展和监管部门对P2P网络借贷平台有效监管。① 然而在征信体系不完善、市场发展诉求难以有效满足以及投资人风险承受能力较差的情况下,单纯将P2P网贷平台定性为"信息中介"缺乏制度和现实上的支撑,此举只能导致P2P网贷平台制度上的不合规或违法犯罪。除非从法律上否认P2P网贷平台的客观或合法存在,否则,对于"信息中介"和"信用中介"两个角色,不能以简单粗暴或采用"一刀切"的方式单纯将其认定为"信息中介",而应结合P2P网贷平台的不同运营模式进行分类认定、差别对待。

P2P网贷平台是仅仅作为信息中介,还是也提供了信用中介的功能,这主要涉及P2P网络借贷中的担保问题。典型的P2P网贷平台不提供担保,借款人的信用风险完全由出借人承担,平台并不承担信用风险,此种模式下,平台仅作为信息中介。基于中国的信用环境,中国多数P2P网贷平台都通过提供担保的方式来降低出借人所面临的信用风险,担保方式包括平台自行提供担保、设立风险准备金、由第三方小贷公司提供担保、由第三方融资担保公司提供担保等几大类。② 目前比较明确的是平台不能自行提供担保,或通过其关联公司提供担保。但对于平台通过第三方来提供担保的方式,目前来看似乎还很难一概禁止。而融资性担保机构在目前的金融监管体制下是一种合法的准金融机构,由它来提供担保,在中国尚属合法。此种模式中,平台和第三方担保机构一起构成了信用中介。

---

① 刘志伟. 非法集资行为的法律规制:理念检视与路径转换[J]. 江西财经大学学报, 2016(1):110-117.

② 彭冰. P2P网络借贷与非法集资[J]. 金融监管研究, 2014(6):13-25.

虽然监管部门在官方层面上已明确将网络借贷中介机构定性为信息中介,而不是信用中介机构或复合中介机构,因此不得吸收公众存款、归集资金设立资金池、不得自身为出借人提供任何形式的担保等,但在理论上和实践中仍对此存在不少争议。在信息中介机构的定性下,若网络借贷中介机构开展承诺担保增信、错配资金池等业务,则已由信息中介异化为信用中介。最高人民法院于 2015 年 8 月 6 日公布了《关于审理民间借贷案件适用法律若干问题的规定》,其中第二十二条是关于互联网借贷平台责任的规定。该规定认定 P2P 平台属于民间借贷,其具有金融中介居间和担保的性质。[①] P2P 网贷平台为借贷交易提供信息数据、风险评估、技术支持等,实际就是金融消费者的服务中介,具有民法上"居间人"的性质。从目的和作用上看,网络借贷平台就是一种媒介居间。同时,由于其业务具有金融属性,应将其纳入金融机构范畴。鉴于我国既有金融机构类型均不符合 P2P 网贷平台的特征,建议增加"金融服务机构"一类以定位 P2P 网贷平台,并规定准入、风险、监管等方面的特殊要求。

(三)网络借贷参与主体及特点

网络借贷涉及面广,参与主体众多,《暂行办法》中列举的网络借贷参与主体多达 19 个,主要为三大类:一是监管部门及行业自律组织 8 个,如银保监会及其派出机构、公安部、工信部、互联网信息办公室、省级人民政府、地方金融监管部门、工商行政管理机关、中国互联网金融协会(网络借贷专业委员会);二是网络借贷主体 3 个,如出借人、借款人和网络借贷平台;三是为网络借贷提供服务的中介机构 8 个,如资金存管银行、会计师事务所、网络信息安全测评认证机构、律师事务所、担保人、金融信用信息基础数据库运行机构、征信机构、第三方数字认证机构。

从狭义角度看,网络借贷主体是指出借人、借款人和网络借贷平台。出借人和借款人两者的需求导致平台的建立,平台作为网络借贷中介机构的作用就是为出借人和借贷人提供相关的借贷信息和借贷项目,将两者进行撮合配对,最终促使交易的完成。

网络借贷平台的优势在于其借贷周期相对较短,门槛也不像银行贷款那么高,借贷方式也更具多样性,成本也较低。在借贷过程中,由于网络信息的不对称性以及网络借贷融资的特殊性,借贷双方都不是特别了解对方,

---

① 黄砚丽. P2P 网贷平台的法律问题研究[J]. 法律适用,2015(11):25-29.

其所了解的信息仅仅来源于平台提供的信息。为交易顺利和交易安全,需要针对借款人、出借人以及借贷中介机构所具有的特点和应具有的作用而确定有利于商业的规则,以实现商事活动效率的最大化,同时兼顾公平和社会公共利益、秩序。

在网络借贷交易中,借款者的财务情况、信用记录、社交信息等,都会影响借款者成功借款的概率和获得的借贷利率。[①] 网络借贷平台为了控制风险,审核的主要内容就是借款人的信息是否真实,是否具备按期还款的能力。对出借人而言,在虚拟的网络环境下,由于信息不对称,出借人往往承受着较高的风险。作为资金来源方,出借人的参与度高低是网络信贷模式能否成功的前提,而网络借贷中介机构的服务质量和安全保障等因素和平台项目、借款人的可信任度都会显著影响出借人的出借意愿。

网络借贷中介机构通过设计相应的交易制度,为借贷双方提供如信息发布、资质判定、交易撮合等中介服务,从而向借贷成功的双方收取固定比例的服务费,这样其就达到了盈利目的。[②] 网络借贷采用了网络借贷中介机构的信息,这样的方式比传统的借贷方式更加快速、简便,使跨地区的交易甚至跨国交易成为现实,不过在快速发展的同时也伴随着风险和隐患。由于这种借贷方式是新成立的,传统的监管方式对于这种新的借贷方式进行监督存在着困难,因此频频出现网络借贷中介机构倒闭、跑路等现象。

第二节　网络借贷各方所涉法律关系

(一)借款人与出借人之间的借贷法律关系

P2P 网络借贷平台是一种新型的金融服务中介机构,其以互联网为媒介,为借款人、出借人提供信贷服务,借款人和出借人双方是平等的,基于电子信贷合同产生借贷法律联系。网络借贷的本质是出借人与借款人之间的民间借贷,网络借贷平台只是交易的中间方。因此,借贷合同也是借款人和出借人之间的合同,两者形成合同的法律主体,达成的借款合同的主要内容

[①] L Puro, J E Teich, H Wallenius, et al. Borrower Decision Aid for People-to-People Lending[J]. Decision Support Systems, 2010(1):52-60.

[②] N Ryder, C Chambers. The Credit Crunch-Are Credit Unions Able to Ride Out the Storm? [J]. Journal of Banking Regulation, 2009(1):76-86.

由《民法典》合同编对其进行规制。借款人与出借人通过网络借贷平台签订的借款合同,主要考虑两个法律问题,其一是民间借贷的合法性,其二是电子合同的效力认定。

最高人民法院 2015 年 6 月通过的《关于审理民间借贷案件适用法律若干问题的规定》第一条显示,民间借贷是指自然人、法人、非法人组织之间进行资金融通的行为。这就指出了民间借贷的定义,同时该法规的第二十六条规定了民间借贷的年利率上限,但是双方约定的利率超过合同成立时一年期贷款市场报价利率四倍的除外。从这点上,可以了解到,我国认可民间借贷,合规的民间借贷具备合法性。

对于电子合同的效力,无论是《民法典》合同编[①]还是《民事诉讼法》[②]都肯定了其合法性。根据《电子签名法》及现行法律的相关规定,我国认可电子合同,并认为其具有与纸质合同同等的法律效力,依照《民法典》合同编,只要合同双方当事人具有民事行为能力,合同内容表示真实,不违背法律也不损害社会公共利益,那么双方签订的合同便是有效的。

(二)借款人、出借人与平台之间的居间法律关系

根据《民法典》第九百六十一条的规定:"中介合同是中介人向委托人报告订立合同的机会或者提供订立合同的媒介服务,委托人支付报酬的合同。"根据《民法典》,居间合同又称为中介合同或中介服务合同。向他方报告订立合同的机会或提供订立合同的媒介服务的一方为居间人,接受他方所提供的订约机会并支付报酬的一方为委托人。在网络借贷中,网络借贷平台是居间人,出借人为委托人,而借款人则是第三人。在借款合同中,网络借贷中介机构提供借贷机会,提供借贷项目,同时还提供借贷服务,具体包括借款信息的发布、资料的审核、融资需求的发布。在借款交易完成时,网络借贷中介机构将关注交易进展,监控项目的风险以此获取一定的报酬。网络借贷中介机构在整个借贷过程中担当着居间人的角色,是促成借贷交易顺利完成的第三人,因此其成为居间法律关系中的居间人,处于提供撮合

---

① 《民法典》第四百六十九条规定,当事人订立合同,可以采用书面形式、口头形式或者其他形式。书面形式是合同书、信件、电报、电传、传真等可以有形地表现所载内容的形式。以电子数据交换、电子邮件等方式能够有形地表现所载内容,并可以随时调取查用的数据电文,视为书面形式。

② 2012 年修改的《民事诉讼法》第六十三条明确规定,电子数据可作为证据使用,从而肯定了电子合同的效力。

服务的一种状态,而这种服务也就构成了法律中的居间法律关系,主要为网络借贷平台和借款人之间、网络借贷平台和出借人之间的居间服务关系。根据《民法典》第九百六十二条规定,中介人有就合同订立的有关事项向委托人如实报告的义务。网络借贷中介机构的核心义务是保证提供信息的真实性和有效性,对网络借贷中介机构而言,其居间人的义务体现在对委托人的如实告知,假使借贷双方任意一方在网络借贷平台上提供虚假信息,以此为基础订立合同,导致另一方利益受到损害,那么,网络借贷中介机构需承担利益损失责任。

(三)借款人与担保人之间的担保合同关系

在借款过程中,常常会涉及担保这一概念,这是有担保人或担保机构参与,按照《民法典》合同编,设立担保人需要借款人与第三方签订相应的合同,从而明确各方关系,保障各方的利益。担保机构多是指网络借贷中介机构本身或专业化的担保机构。在借款人没有按时履行还款义务时,担保人就需要承担还款义务。很多网络借贷中介机构会为投资人提供担保服务,但是该担保服务并不是由网络借贷中介机构自身提供,而是与第三方机构合作为借款人提供担保,或是借款人提供抵押物进行担保。担保方在借款期限到期而借款人未还款的情况下必须偿还借款。我国法律规定,担保方代为还款的,有权向借款人追偿。

在网络借贷担保合同的效力认定中,首先要分清合同主从性,应当从主从合同的性质上认定其效力。若主合同没有时效性,那么从合同也就没有时效性;若部分主合同还存在时效性,那么从合同相对范围内的内容要承担一定责任;若主合同全部存在时效性,那么从合同也具有全部时效性。但是在这种情况下,必须严格审查担保人的资格是否符合我国法律关于担保人资格的规定。网络借贷中介机构的担保人可以是网络借贷中介机构本身,也可以是网络借贷中介机构的附属财务公司,或者担保公司。其中有一种担保模式,就是网络借贷中介机构设立相应的风险准备金,虽然网络借贷中介机构并不是担保人,但设立风险准备金是网络借贷中介机构居间义务的一部分,故在这种借贷过程当中,应重点关注网络借贷中介机构是否将风险准备金委托给第三方进行管理,是否实现了将网络借贷中介机构的资金和风险准备金相互隔离,是否通过这种第三方的委托对网络借贷中介机构的资金进行一种相对的控制;除此之外,也应当关注网络借贷中介机构是否通过协议明示对逾期的赔付以准备金账户为限,这样就可以将责任理清楚,防止纠缠不清。

(四)出借人与第三人之间的债权转让法律关系

债务权利的转让指的是,债的法律关系不丧失同一性,债权人以合同形式将其债权转移给第三人的现象。根据《民法典》第四百五十六条规定:"债权人转让债权,未通知债权人的,该转让对债务人不发生效力。"这表明,我国在债权让与对债务人生效的问题上采用通知原则。债权的转让和物品所有权的转让是不相同的,物权转让的表现形式主要有转移占有、登记等,而债权转让则是相对普通的,一般不需要采取特别的公示方式进行,但必须经过办理批准登记等手续的仍要办理相关手续。在我国进行的债权转让是通过转让合同来实现的,这同时也是债权让与合同的效力体现之处。

在这种债权转让模式当中,执行交易的双方是不直接和对方签署借贷合同的,做法是优先让拥有资金的第三方将资金交给借贷人,之后再将这些债务权利分别转给不同的资金拥有者。这种模式可以将借贷的额度和期限进行交错配对,故这种方法适合于大批量业务的发展,这种模式也被广大的网络借贷中介机构所采用,例如e租宝。债务权利的转让在某种程度上缓解了网络借贷中介机构缺少资金流动的问题,更有助于投资人在有资金需求时能够通过债权转让的形式出让持有的资产,但因其债权债务关系复杂,不可控的风险因素很多。从《暂行办法》的相关条款中可以分析得到,相应的监管部门对网络借贷中介机构进行大规模的调查,将跑路网络借贷平台的特征加以规整,对于网络借贷中介机构的债权转让模式已经有了明确意见,即该模式脱离了网络借贷中介机构信息中介的本质,予以禁止。

第三节　网络借贷中介机构运营模式及存在问题

(一)国外网络借贷中介机构运营模式

1. 英国网络借贷中介机构运营模式

英国传统的P2P模式下,平台仅仅作为信息中介角色,并不直接参与交易。在具体交易时,借贷双方构成借贷法律关系,借贷双方与平台中介之间构成的是居间关系。平台在交易过程中不直接参与借贷,不是借款人,也不是出借人,而是为借贷双方提供相应信息服务,并收取相应的中介费用,这种借贷模式与我国P2P网贷平台拍拍贷相似。该模式业务流程如下:第一,出借人和借款人在平台上注册,成为平台用户;第二,平台对借贷双方进行审核和信用评估;第三,借款人发布借款信息,出借人根据借款人的情况,结合自身实际情况自主进行投资,出借人投资资金和借款人还款资金则是直接通过两者账户进行的;第四,平台根据具体交易收取相应的报酬。

为了能够更好保护借贷双方的权益,提高风险防范能力,英国很多网络借贷平台创建了定期还款、分批贷款、风险准备金等制度。Rate Setter 是英国第一家引入风险准备金的网络借贷中介机构。风险准备金是指以借款人的信用等级为依据,在借款人缴纳服务费时按比例收取,该准备金属于出借人,完全独立于网络借贷公司,该项费用主要用于在出现违约情况时,赔偿借款人对投资方所造成的资金损失。再如,英国最早的 P2P 网贷平台 Zopa 公司,是一种集服务和监督为一体的综合性营利平台。其经营模式主要有两大特征:第一,针对借款人进行信用等级划分,进而充分发挥信用度在借款中的作用,使其成为借贷的重要评估要素。第二,使用多种手段,加强投资风险的控制。为了分散风险,Zopa 平台将出借人投资资金拆分成若干部分,分别出借给不同风险的借款人。Zopa 平台设定每个出借人贷给某个借款人的贷款资金不得低于 10 英镑,但每一个出借人都不得将资金完全提供给一个借款人,必须保证将这笔资金提供给 50 个以上的借款人。另外,为了便于资金分配,Zopa 平台将出借人的资金以 10 英镑为单位进行分割,然后再赋予出借人灵活的资金分配权,同时要求借款人需按期还款。Zopa 平台会对还款日期、还款金额、附带利息、手续费以及回款专用账户等做出明确规定,从而使出借方获得稳定的收益。

2. 美国网络借贷中介机构运营模式

整体来说,美国网络借贷中介机构可以划分为两类:非营利性模式和营利性模式。其中,根据网络借贷中介机构经营目标和职能的不同,可以将营利性的网络借贷中介机构分为复合型中介和单纯型中介,单纯型中介机构不直接参与借贷交易,复合型中介机构具有多种职能:制定利率、联合追款、提供担保等。目前,美国最大的两个网络借贷中介机构 Prosper 和 Lending Club 属于营利性模式。

(1)Lending Club 模式

Lending Club 于 2007 年成立,目前已经成为美国网络借贷市场最大的 P2P 网贷平台,到 2014 年 3 月为止,该平台总交易金额高达 40 亿美元,在美国借贷市场所占份额高达 75%,投资人通过该平台获得的收益高达 3.8 亿美元。Lending Club 商业模式如下：借贷双方首先在 Lending Club 平台中注册，并登记真实个人信息，例如银行账户、手机号和身份证号码等，此外还需要第三方征信部门登记个人信息；借款人要将自己的借款期限、资金用途和信用分数登记到平台中。在借贷时，首先需要借贷人发布借贷申请，并注明借款金额、还款期限、资金用途和所能接受的最高利息。出借人和借款人之间架设着两个主体：商业银行 Web Bank 和 Lending Club 平台，包含着各种复杂的契约关系。出借人主要通过购买 Lending Club 平台发行的票据参与投资，并非直接出资人。在对借款人进行贷款时，贷款资金首先由 Web Bank 提供，所有贷款都会生成相应票据作为收益权凭证，然后 Web Bank 再将债权转让给 Lending Club 平台，Lending Club 再将这些贷款以收益权凭证形式出售给投资人。Lending Club 平台并不承担担保服务，只进行信息中介服务，如果借款人还款逾期，投资人则独自承担各种风险。Lending Club 平台在借贷交易中收取相应的服务费，同时抽取部分佣金，收取对象为高收入投资人和有债务重组需求的借款者。在进行网贷交易时，Lending Club 平台利用具有独立性的第三方机构对用户信用等级和分数进行评价，并将该信息在平台公布，以便出借人了解客户。Lending Club 通过利用借款人的个人信息、还款能力、贷款金额和 FICO 信用评分来确定贷款利率，将贷款利率划分为 7 个等级，分别为 ADCDEFG，每一等级中都包含 5 个分项目，利率总个数为 35 个。[①] 借款人的信用等级由 A1 至 G5 逐级递减，等级越低，表明风险越大，利率相应逐级递增。

（2）Prosper 模式

Prosper 是美国第一家 P2P 网贷平台，在 2006 年 2 月成立，该模式不直接参与交易，只为借贷双方提供交易平台，为单纯中介型网络借贷平台。相对于 Zopa 来说，Prosper 提出了"客户组"这一概念，这是一个重要创新，进而将个人信用度和整个客户群组相连接，进而实现小组成员之间相互监督，对出借人的利益做出进一步保障，有利于维护平台信誉度。此外，为了更好地保障消费者权益，Prosper 通过与联邦存款保险公司 FDIC 合作，对平台账户资金设立相关的保险作担保，从而防止资金被挪用。

---

① Jiaqi Yan, Leon Zhao. How signaling and search costs affect information asymmetry in P2P lending：The economics of big data[J]. Financial Innovation，2016(10)：1-11.

Prosper 的借贷模式与拍卖比较类似,借款人可以选择借款利率最低的出借人,同时出借人可以选择借款利率最高的借款人,借贷双方主要是通过信用评分这一指标进行参考的。[①] 投资人首先将资金存到 Prosper 平台,之后根据步骤实施竞拍,出借人在平台中能够获得借款人信用等信息,还能够向借款人提出相关问题,最终确定自身的放款金额和利率。若集资总金额满足借款人借款金额的需求,Prosper 平台则会将款项按照最高利率放款给借款人。出借人会得到相应的债权,Prosper 平台会根据借款金额发行同等价值的债券,并归出借人所有,借款者按照规定定期还款。Prosper 平台的主要工作就是保证借贷交易的公正和安全,要求借贷过程中资金征集和贷款支付必须符合相关规定。平台会根据借贷交易收取相应的服务费用,其中服务费用按借款人获得的每笔贷款交易金额的 $1\%\sim3\%$,出借人的年总出借款的 1% 收取。借贷双方通过借贷平台进行自主交易,Prosper 平台不会对交易进行任何干预。为了更好地控制风险,Prosper 平台会对全部借款人进行信用评价,并根据信用评价确定贷款利率。

(二)国内网络借贷中介机构运营模式

P2P 网络借贷是一种通过互联网进行贷款的新型借贷模式,而提供 P2P 网络贷款的中介机构被称为 P2P 网贷平台。[②] 关于网络借贷模式,不同学者给出了不同的分类。根据平台和借贷双方的关系,P2P 网络借贷可以分为"中介模式"和"债权转让模式",两种模式下平台的法律地位有所不同。[③] 根据平台的转让方式不同,债权转让模式又可分为"直接转让"和"间接转让"。根据网络借贷平台在借贷过程中所扮演的角色,网络借贷的运营模式可以分为收益型与零收益型,其中收益型又分为单纯中介型和复合中介型。[④] 也有将国内平台运作分类为纯线上模式、纯线下模式、线上线下相结合以及第三方担保四种模式。[⑤] 也有学者将我国的 P2P 借贷平台的运营

---

① R Iyer, A I Khwaja, E F P Luttmer, K Shue. Screening in New Credit Markets: Can Individual Lenders Infer Borrower Creditworthiness in Peer-to-Peer Lending? [J]. Scholarly Articles, 2009(9):31.

② 刘璐,张明霞,张胜满. 我国网络借贷行业的问题与对策研究[J]. 中国物价,2016(5):43-46.

③ 刘然. 我国 P2P 网贷平台的法律性质[J]. 法学杂志,2015(4):133-140.

④ 卢馨,李慧敏. P2P 网络借贷的运行模式与风险管控[J]. 改革,2015(2):60-68.

⑤ 蓝紫文. 对网络新生态——P2P 融资新模式的研究[J]. 财经问题研究,2014(2):36-38.

模式分为五大类:第一种是以拍拍贷为代表的纯中介性质的平台,代表性平台有人人贷等;第二种是以安心贷为代表的复合中介型平台,这类平台是由网下到网上;第三种是以红岭创投为代表的复合中介型平台,这类平台是由网上到网下;第四种是以宜农贷为代表的公益性质的借贷平台;第五种是以宜信为代表的单纯线下平台。①

1.纯中介模式

纯中介模式下,平台只扮演信息中介角色,其实际上就是借贷,仅仅是传统借贷模式的延伸,只是形式从线下转换为线上,平台在不介入投资人与借款人关系的前提下,提供信息咨询、资源共享、风险评估等服务,对不同类型的借贷需求进行归整,从而收取各项服务费用、中介费用作为盈利来源,同时避免承担过多的资金风险责任。虽然在这种形式下,平台看似站在天平的中央,但是不良平台提供错误信息、圈钱跑路等隐患依然存在。再者,中国社会信用体系的不完善导致平台管理成本过高,单一的线上模式对平台的操作性提出了很大的挑战。拍拍贷②是国内首家纯信用无担保网络借贷平台。

2.复合中介模式

复合中介模式下,平台利用自身或者引入第三方作为担保,保证投资人的未来预期收入(本金和利息)。与纯中介模式不同的是,该模式深度介入

---

① 张职.P2P网贷平台营运模式的比较、问题及对策研究[D].上海:华东理工大学,2013.

② 2007年,拍拍贷公司在上海成立,是我国首家P2P网贷平台,该平台业务模式为单纯中介模式,实现借贷交易的主要方式为"竞标",平台在借贷交易过程中不提供担保服务,而是用户根据自身的信用度来提供担保。为了能够准确、全面地对用户信用水平做出评价,拍拍贷特别重视信用认证和信用评级的问题。拍拍贷会严格审核用户的个人信息,同时该平台将用户信息的完整性和真实性与用户信用水平相连接,进而对用户进行信用资质评价并将用户的信用水平在平台发布。在信用评定和认证之后,借款人按照自身信用水平发布相应的借款信息,包括:借款金额、借款最高利率、还款期限、最高逾期期限。借款人发布借款信息后,出借人会对借款人借款信息和信用水平进行审核,并发布借款利率进行竞标,根据自身资金状况在不超过借款人最高借款利率基础上进行部分借款投标或者是全额投标。若出借人和借款人达成借贷协议后,那么平台将自动生成相应的电子凭证。这就是拍拍贷主要的运作模式。拍拍贷平台并不会对出借人进行担保,也不会对出借人的经济损失进行赔偿;针对出借人出现还款逾期现象,也只是进行电话提醒,或者将该借款人拉入黑名单。可以得知,拍拍贷平台运作模式为单纯中介运作模式。

了出借人与借款人关系。复合中介模式将线下线上双线发展作为主要业务形式。在此基础之上,该模式还可以进一步细分。第一种形式以平台提供担保作为其参与形式,但目前已被监管部门禁止,不再赘述。第二种形式的典型代表是人人贷,平台将其作为一个中介通道用于提供风险准备金,以期维护投资人的利益。平台和第三方担保共同形成借贷平台是第三种形式的主要参与方式,在这样的运营体制下,平台不仅仅是纯粹的中介通道,还蕴含着风险转移的重要功能。该类平台代表性的有安心贷[①]等。

3.债权转让模式

该模式下的 P2P 网贷平台是一种类存款机构通道,主要业务模式是线上审核、线下征信,宜信平台是该模式的创始人。债权转让模式下的借贷行为有别于其他模式,首先不再直接从平台中获取借款而是通过第三方来获取资金,这个第三方就是与平台有着密切关系的"专业放贷人",专业放贷人的角色一般由信贷机构来扮演,之后投资人就从放贷人手上获取债权。与第三方的关联关系可能会使得平台不得不构造虚假信息,虚高放贷信用。而目前对于平台和专业放贷人的经营资质,监管审核仍处于灰色地带。如果借贷双方的债权债务合同关系是非真实的,并在此基础之上发生了债权

[①] 相比拍拍贷,安心贷与其具有异同点。其中,最主要的两个相同点如下:第一,两者实施 P2P 借贷都采取了线上和线下相结合的运作模式。第二,两者在运作模式中均采用专业放款人和流转人等概念。在 2014 年 2 月,安心贷针对流转贷发布了具体的处理方法和公告,逐步停止前期流转贷,尽管安心贷平台已经终止了流转贷,但对其存续期间的运行模式的研究也是非常有意义的。安心贷平台的流转贷主要步骤如下:第一,平台通过线下寻找需要借款的资金需求者,之后对借款者进行审查、信用评估和担保后,流转人先将资金借出,此时借款人和流转人两者之间就构成基本的债权债务关系。需要注意的是,通常状况下,安心贷并不会对流转人进行各种资格限定,安心贷用户和其工作人员都可以成为流转人。安心贷平台合作的第三方担保公司会提供不可撤销的连带责任。第二,安心贷平台通过线上竞标将债权转让给其他投资人。安心贷通过线上和线下相结合的渠道来经营这些产品,同时安心贷与担保公司相合作,借款人提供抵押担保等以控制风险,由于有担保公司的加入,提供本付息的抵押或担保服务,其已超出一般信息中介的职能。在 2014 年 2 月,安心贷官方正式停止这种以流转人为基础的流转贷,由此也可以得知针对流转贷的法律界定存在一定的争议。

转让行为,那么平台可能会陷入非法集资的危险。该类运营模式以宜信①为代表。

4.资产证券化模式

资产证券化模式下的平台性质为特殊目的实体(SPV)通道,且平台与第三方担保机构或者小额信贷公司合作,该模式的雏形是债权转让,且两者的业务形式相同。资产证券化运行模式可参照信贷资产证券化,P2P 网贷平台为投资人提供产品,这些产品的主要类型一般为担保产品和小额信贷资产,主要来源就是担保机构(或者小额贷款公司)自己成立或者合作的 P2P 网贷平台。该模式的特殊性使投资人面临的风险复杂程度远高于其他模式的平台,平台一方面会受到担保机构(小额信贷公司)经营不善的牵连,另一方面突破杠杆限制的担保数额会加大经营风险,此外监管套利也是该

---

① 宜信公司于 2006 年成立,其最大的特征就是"债权转让模式"。这种模式的运行引入了专业放款人这一概念。在借贷交易中,借款人和出借人两者并不是利用宜信平台提供的信息进行直接借贷,其是利用第三方债权转让和买卖来实现的。宜信主要运作流程如下:借款人向宜信 P2P 平台提出借贷申请,宜信平台通过在全国范围内的网点来对借款人进行审核和评估,当通过审核后,专业放款者(唐宁)和资金需求者签订相应的债权债务合同;此时债权归唐宁所有,唐宁将债权进行打包,形成理财产品,转让给其他投资人。这种模式可以使投资人根据自身资金状况,灵活地选择理财产品和投资期限,借款人也能够及时得到借款。需要注意的是,宜信公司这种通过专业放款人进行的债权转让,过程中并不会增加利息,利率也不会产生任何变化,唐宁不会从转让过程中赚取任何利息差价利润。然而,宜信这种债权转让模式会收取相应的服务费,结合债务人资质,服务费为 1%~10%,该收入归宜信公司所有。

宜信公司目前所经营的债权转让模式和其成立之初所实施的以专业放款人为基础的债权转让模式具有很大差异。该债权转让模式,用户可以根据自身需求利用平台实现债权的转让,当债权成功转让后,债权持有者便发生改变,但其他属性如保障计划、借贷期限、利率等不变。该债权转让不会对身份进行限定,也不再属于唐宁的个人债权,平台中的所有用户均可以根据需求进行债权转让,因此对于投资人来说更具有灵活性,资金流动性大大增强。但是出让人要想转出其债权,必须满足债权持有时间和债权剩余时间的具体要求。

模式面临的一个严重问题。PPmoney① 是我国最早尝试进行资产证券化的网络借贷平台。

(三)国内外网络借贷中介机构模式比较

我国和外国网络借贷平台两者的运营模式具有的相同之处,主要体现在网络借贷平台的主要作用是将借款人和出借人两者联系起来。此外,两者经营的基本流程也十分相似,首先是借款人发出借款申请,平台针对借款人进行信息评估和审核,然后出借人进行竞标,最终借款人得到借款。但两者也有不同之处,主要表现如下。

1. 网络借贷中介机构的担保功能

美国的 P2P 平台不提供本金保障的担保服务,Prosper 和 Lending Club 其职责仅仅为信息中介服务,不向借贷双方提供担保和抵押等业务,其内在原因是借款人的信用有记录,平台及借款人的信息按照证券法规定的标准进行真实、准确、完整、及时的披露,受信息欺诈和借款人欺诈的概率低,出借人可以通过公开信息决策选择借款人,借贷安全程度高。国内网络借贷中,借款人和平台自身的信用记录不足,对借款人的信用评价评估较为困难,平台发布的信息失真、虚假的概率较高,对信息披露的法律约束和责任缺乏。出借人不相信借款人也不相信平台披露的信息,出借人没有动力花精力去研究信息做出借贷决策,而是委托网络借贷中介机构选择借款人,平台保障出借人本息安全、按期收回本息。② 英国 Zopa 公司开始没有担保,

---

① PPmoney 成立于 2012 年 12 月,是我国最早尝试进行资产证券化的网络借贷平台,然而,现阶段我国针对证券化要求必须持有牌照,因此 PPmoney 只是说是对资产收益权分配的类证券化的操作。2014 年 2 月,PPmoney 公司与金润小贷公司以及广东太平洋资产管理集团签订相关合同,在产权交易所进行挂牌转让信贷资产收益权,来对这两家企业提供融资,这种资产收益权产品名称为"安稳盈系列小额信贷资产收益权投资计划"。在 PPmoney 公司经营的这个类资产证券化产品中,金润小贷公司是产品的最初发起人(也被称为原始权益人),主要职责就是将满足要求的信贷资产进行包装打包,并将产品成交到证券交易所实施挂牌转让。交易所作为登记托管和监督机构,主要职责是管理登记和进行监督,并针对交易资金状况和资质实施监管和审核,能够提高资产包信用水平。之后,与之相关的第三方保理公司负责摘牌,并由太平洋资管公司接管资产包。太平洋资管公司利用自身的线上平台和线下私募渠道将资产所有权进行销售。资产包到期后,小贷公司对资产包实施回购,主要有平台、担保公司和公司股东负责本息担保。

② I Galloway. Peer-to-Peer Lending and Community Development Finance [M]. Community Development Investment Center Working Paper. 2009 (Win):19-39.

2010 年英国的 RateSetter 公司首先通过建立风险储备金或预备基金（provision fund）为投资人提供本息保障：如果借款人违约，可动用风险储备金为投资人垫付本息。此后英国的网络借贷平台纷纷追随这一策略，通过建立风险储备金、设立关联子公司、寻找合作担保公司等方法，为投资人建立一种"本息无忧"的投资环境。① 最早的英国平台 Zopa 公司不采用担保模式，但在发展中建立了安全基金（Zopa safeguard trust）从而转向了担保模式。

在这种情况下，我国 P2P 平台会承诺保证本息安全，或建立风险保障金或者与担保公司进行合作，对出借人进行担保，其结果是出借人本应"出借风险自担"②的借款本息损失风险转嫁集中到了网络借贷中介机构或第三方担保人。若 P2P 网络借贷通过自身来为出借人提供相应担保服务，等于直接参与到借贷交易中，与融资担保企业具有同等性质。平台担保模式对出借人收回本息安全性较高，能够吸引更多的投资出借人，但也给网络借贷中介机构自身增加风险。一旦坏账金额高于可担保的总金额或可负担范围，导致挤兑、资金链断裂、流动性困难，会给 P2P 网络借贷中介机构带来致命打击和经济损失，甚至导致其破产倒闭或"跑路"。事实上，国内因为限制提现、倒闭、卷款跑路等原因停止运营的问题平台基本上与"平台担保"直接关联。

2. 网络借贷中介机构的资金监管

美国的 P2P 网贷平台是利用银行向借款人发放贷款，与其进行合作的银行会严格遵守美国联邦存款保险公司（FDIC）的相关要求，将借款人基本信息和信用水平进行披露。通过 Lending Club 运作模式可以得知，美国 P2P 借贷平台中，银行具有重大作用，借款人和出借人两者交易过程中必须有 Web Bank 参与，资金由银行直接贷款给借款人。这种交易模式的本质就是银行贷款和贷款证券化，Lending Club 应该被理解为一个票据交易市场，也就是通过证券形式将银行贷款分散到出借人中。

英国金融行为监管局（FCA）2014 年 3 月出台了全球第一部针对 P2P 网络借贷监管的《关于互联网众筹及通过其他媒介发行不易变现证券的监管方法》（The FCA's Regulatory Approach to Crowdfunding over the

---

① 张海洋. 信息披露监管与 P2P 借贷运营模式[J]. 经济学季刊，2016(4):371-392.

② 借款人与出借人遵循借贷自愿、诚实守信、责任自负、风险自担的原则承担借贷风险。

Internet and the Promotion of Non-readily Realisable Securitres by other Media"(PS 14/4)(下文简称《监管方法》),将纳入监管的众筹分为借贷型(借贷)和股权投资型两类并制定了不同的监管标准,创建上述两类公司均需获得授权。英国行业协会(P2PFA)成员需要履行 10 项《P2P 金融协会运营原则》(P2PFA Operating Principles)(下文简称《协会原则》)。在 P2P 网络借贷客户资金管理方面,《监管方法》规定,借贷类众筹平台持有的客户资金需要独立存管于银行,并承担对存于银行的客户资金尽职调查义务,且需有人员管理。《协会原则》规定,公司必须将客户资金与自营资金分离,存放在单独的银行账户里,该部分资金账户每年由公司聘请的外部审计进行审查。

在早期,网络借贷资金直接由网络借贷中介机构自己管理或由第三方支付机构监管,后期要求网络借贷资金交银行存管,银行对网络借贷资金进行监督。根据《暂行办法》第二十八条规定,网络借贷信息中介机构应当实行自有资金与出借人和借款人资金隔离管理,并选择符合条件的银行业金融机构作为出借人与借款人的资金存管机构。银行作为存管人接受委托人的委托,按照法律法规规定和合同约定,开展网络借贷资金存管业务,不对网络借贷交易行为提供保证或担保,不承担借贷违约责任。因此,资金支配权仍在 P2P 网络借贷中介机构,只是其不直接接触资金,整个资金的处理流程经由银行管理,银行对出借人的资金安全及对网络借贷中介机构的监控作用有限。[①]

3. 网络借贷中介机构的投资人准入资格

无论是美国的 Lending Club 和 Prosper 还是英国的 Zopa,都对投资人在平台注册时设立了一定的门槛,拒绝了一部分不合格的投资人。之所以要重视投资人的资格审核,主要有两方面的原因,一方面是防止犯罪分子利用网络借贷融资平台进行犯罪洗钱活动,另一方面是保障投资人的基本生活,后者主要体现在平台的投资都是具有一定风险的,而且国外的平台运作中借款无法回收的风险基本是由投资人本人承担,平台和银行等机构不承担任何风险。因此,限定投资人的准入资格,禁止一部分低收入和不稳定收入者在网络借贷融资平台进行投资是有必要的。

---

① 存管人不承担借款项目及借贷交易信息真实性的审核责任,不对网络借贷信息数据的真实性、准确性和完整性负责,因委托人故意欺诈、伪造数据或数据发生错误导致的业务风险和损失,由委托人承担相应责任。

　　关于投资人准入资格问题,美国法律做出明确要求:参与 P2P 平台网贷的出借人必须满足投资额、年收入和净资产所应占净资产比例等要求,进而对投资人或金融消费者进行限制和筛选。以 Lending Club 为例,该平台有着严格的准入门槛。Lending Club 主要是服务于在其平台注册的用户,客户群体主要集中在中产阶级。① Lending Club 平台具有高门槛、严准入和高标准的特点,进而能够更好地对 P2P 借贷交易中的风险进行控制。美国的 Prosper 在操作中就对投资人的资格审核提出了一系列较为严格的具体内容,该平台从投资人的年收入出发,要求其年收入不得低于 7 万美元,除此之外还对其拥有的净资产价值有一定的要求,但是仅仅限定自身拥有的资产和收入是不够的,平台还限定了其在 Prosper 上购买的证券价值不可以超过自己收入或是拥有的净资产值的一定百分比。这样的资格审核条件可以有效地帮助低收入人群合理使用自己仅有的资金在 Prosper 平台上投资,避免在盲目投入资金发生违约情况时导致生活困难。

　　英国的 Zopa 平台也对投资人的资格进行了一定的审核。网络借贷融资平台的共同点就是要求其注册客户(无论是借款者还是投资人)都是本国公民且拥有社保号或是信用记录。在资格审查中加入这个限定条件后,有利于平台通过国家相关的征信机构查取借款人和投资人的信用状况,以此进行后期的审核认定以判断出其所适用的利率并降低违约风险。② 英国规定网络借贷中介机构平台公司自身可以成为投资人,但需要向公众公布投资信息,且公司自身不能成为借款者。

　　我国金融法在融资者一端,对涉众型融资进行了严格规制;在投资人一端,通过适当性原则对投资人提出了较高的入市门槛。涉众型监管及适当性原则的合理性,在于其已经考虑债权及股权资产的风险比例、投资人收益及风险承受能力之间的匹配问题。我国的 P2P 网络借贷,因为不是私募融资,没有对网络借贷的出借人和出借金额总额、上限或下限做出规定,对出

---

　　① 此外,Lending Club 极为重视借款人的信用水平和 FICO 信用评分,因此能够成功在其平台上注册并申请贷款成功的借款人比重仅仅为 10% 左右。现阶段,该平台中违约率基本保持为 3.5% 左右,平台会员信用评分平均已经超过 700 分。

　　② 投资人、出借人和金融消费者是有差异的,在股权式融资中的主体通常称投资人,其本质是投资无法承诺保本交易,如公司股权投资必须等到公司产生利润分红。出借人称谓是在借贷关系中使用,出借人有收回本息的权利,借款人有还本付息的义务。金融消费者主要是以消费者身份购买金融产品或接受金融服务,如网络借贷中的资产证券化产品、理财产品等。但为方便起见,标明出资方时可以混用。

借人的出借金额所占其净资产的比重也没有做出相应要求,但是,要求出借资金为来源合法的自有资金。《暂行办法》第十四条规定,参与网络借贷的出借人,应当具备投资风险意识、风险识别能力、拥有非保本类金融产品投资的经历并熟悉互联网。《暂行办法》第二十六条规定了"网络借贷信息中介机构应当对出借人的年龄、财务状况、投资经验、风险偏好、风险承受能力等进行尽职评估,不得向未进行风险评估的出借人提供交易服务。网络借贷信息中介机构应当根据风险评估结果对出借人实行分级管理,设置可动态调整的出借限额和出借标的限制"。

4. 网络借贷中介机构的信息审核

美国用来规范网络借贷融资平台行为的法律主要是《萨班斯奥克利法案》和《美国 1933 年证券法》。美国网络借贷融资平台的审核之所以如此严格谨慎,很大的原因是法律对其的要求十分苛刻,因此需要其自身履行审核义务提高对自身多方面的要求。《萨班斯奥克利法案》针对的是财务信息披露,而《美国 1933 年证券法》更是从多方面规定了作为其监管对象的网络借贷融资平台需要履行的义务,其大量严苛的要求从全方位给予了借贷融资平台的压力。除此之外,美国实行联邦监管与州监管并行的模式,平台对自身的严格审核正是基于这种严厉环境下最好的解决方式。首先从自身存在风险的每一个方面进行审核,排除风险,降低违约率,无论是对合法合规性还是平台自身的盈利能力而言都是极有帮助的。针对贷款项目是否真实,美国 P2P 平台通常不会对真实性做出核实,交易双方选择过程中均在线上进行,出借人可以直接向借款人做出提问,但是针对借款项目是否具有真实性并不进行审核。比如,Lending Club 依赖于美国目前已经相对完善的信用体系,在线上就能够针对借款人进行很好的审查和筛选。其违约率一直保持较低水平,不超过 4%。即使没有平台来严格审核项目的真实性、利用风险和利率的适配性,P2P 网贷平台依然可以较好地控制风险,保证投资人利益。

英国网络借贷的借款人的个人信用由专业第三方评级机构(Equifax)评级;Zopa 提供参考利率,借款人选择是否接受(平台负责利率制定)。英国对于借贷性众筹更强调监管网络借贷平台上发生的交易行为,注重的是对网络借贷平台上出借资金的投资人保护,且强调 P2P 网络借贷必须发生在个人之间,如果是商业借贷则适用不同的监管要求。因为利率是由平台为借款人量身定做,所以平台对借款人的资格审查显得尤为重要,需要在充分审核个人信用信息的前提下才能为其制定出合理的利率。Zopa 也有自己的信用评级方式,根据借款人的个人信用记录将其信用等级分为 A＋、A、B、C 四个等级,不同等级的借款人可以获得对应的利率。英国完善的征信体系可以帮助网络借贷融资平台对借款人和投资人进行有效的审核。

我国《暂行办法》第九条规定,网络借贷信息中介机构应当"对出借人与借款人的资格条件、信息的真实性、融资项目的真实性、合法性进行必要审核"。对出借人与借款人进行资格条件审核有利于平台筛选出优质的客户群,保证在其平台的借贷项目真实且成功地完成;信息的真实性审查是中介平台需要特别重视的一个方面,由于网络平台的信息不对称问题突出,借贷双方因了解不完全而很难判断信息的真实性,这时作为中介的平台有绝对的义务为双方提供真实有效的信息,审核信息真实性是平台的义务;融资项目的真实性、合法性审核更是需要平台制定有效的审核措施才能判定,一个项目的真实性、合法性不仅仅需要平台在线上进行信息的审核,很多时候需要其进行线下的实地考察才能判定,而这样一个复杂的过程如果没有完善的自我审核体系显然是不能够达到预期要求的。[①] 实践中,负责任、有能力的网络借贷中介机构通过自身和第三方的信用评级,以及线上和线下结合进行审核。市场上也有一些金融科技公司从事大数据征信,就个人和企业信用进行评分,例如芝麻信用和腾讯信用,许多 P2P 网络借贷中介机构平台会对接征信机构,根据征信分值进行信用评级,筛选合适的借款人和出借人。相关的政策法规也只是从一个大致的方向上规范了平台的审核义务内容,缺少具体完善的法律规章,平台操作起来依据有所不足。因此,网络借贷融资平台目前应自我细化相关的审核义务内容,才能在未来的具体规范出台后依然可以合规经营,健康发展。网络借贷中介机构的必要审核的具体标准目前还没有定论,尚存争议。

(四)我国网络借贷中介机构存在的问题

网络借贷的出现引起众多研究者对其风险的关注。随着互联网的不断发展,网络借贷平台暴露了不少问题,主要有:网络借贷中介机构市场准入标准缺乏;网络借贷中介机构权利范围不清晰;网络借贷中介机构征信评估能力差;网络借贷中介机构信息披露不足;网络借贷中介机构风险管控能力差;网络借贷中介机构退出机制不完善;网络借贷中介机构监管体制遭质

---

① 周文辉.网络借贷融资平台审核义务研究[D].杭州:浙江大学,2017.

疑,等等。

1.网络借贷中介机构市场准入标准缺乏

我国对 P2P 网贷平台的监管,主要是通过《暂行办法》和《备案管理登记指引》为核心的部门规章性质的规范体系来体现,鲜有国家层面的法律规范。由于缺少事前的准入监管,我国 P2P 网络借贷市场一度鱼龙混杂,许多网络借贷机构性质发生异化,网络借贷平台携款潜逃、非法集资的风险很大,导致消费者合法权益受到损害。《暂行办法》第五条,针对网络借贷基本性质进行限制,将平台定位为信息中介机构,要求其不可以私自设置资金池和承诺担保增信等,对于全部的 P2P 网贷平台在获得营业执照后,必须在当地监管部门进行备案登记,且不设置任何条件和门槛。这一规定模糊、不精确,使得门槛准入标准过低。

2.网络借贷中介机构经营范围不清晰

对于单纯的信息中介机构来说,其职责只是进行贷款信息发布,推动借贷交易成功。在该模式中,借款人利用平台发布所需借款申请,出借人根据借款人的基本信息和信用水平,结合相关资料来确定是否进行投资。平台只起到信息中介角色,主要工作就是不断挖掘数据、利用数据,尽可能更多披露借款人真实有效的信息。

但对于我国来说,我国国情决定我国 P2P 网贷平台并不适合这种纯中介信用模式,我国 P2P 网贷平台通过线上和线下相结合的运营模式,将传统信用业务进行切割,由第三方担保公司来承担更多风险,进而保障出借人的资金安全。在我国,P2P 网贷平台在发展中发生了异化,出现与正规金融和普惠金融相偏离的现象,进而逐步发展为与传统纯信用平台不同的经营模式,这种经过异化的 P2P 网贷平台伴随而来的是各种规制问题和风险。许多网络借贷平台从事信息中介服务不赚钱,赚钱的是放贷以及催收环节追究借款人违约和逾期责任。

3.网络借贷中介机构征信评估能力差

我国信用体系结构不完整,个人征信体系落后,针对客户信用缺乏有效评价手段。目前来说,我国信用机构主要以银行为主,目前最大的征信数据库为央行数据库,因此数据来源渠道相对狭窄,同时还不能针对个人信用变化状况进行动态监测,信用数据参考价值不足。并且,央行征信系统主要是对金融机构开放,P2P 网贷平台并未与之对接,因此,网贷平台还无法与我国央行征信系统实施联网共享,也无法利用官方信用系统和渠道针对借款人进行相应的信用水平查询和审核。此外,网络借贷平台也无法将借款人的贷款交易中信用记录与央行的征信系统相连接,同时不同平台之间信用和信息共享机制还未建立①,加上在市场中不同平台之间存在的兼容性问题和竞争,进一步阻碍了不同平台之间信息的共享和交换,此外市场中还不存在商业化和专业化的征信机构来对 P2P 平台中的借款人进行第三方信用审核和评估,针对借款人的信用风险控制全部是通过自身平台进行,且不同平台各有一套信用评价标准。恶意借款人可在不同网络借贷平台甚至是金融机构申请贷款,但是对这种违约的个体或企业并没有进行严格的处罚,增大了整个信贷行业的风险,导致平台信用度降低。由于贷款人缺乏匿名网络环境下贷款的经验,贷款风险很高。② P2P 网贷平台主要是利用借款人自己提供的信息和材料来评估借款人的信用水平,不仅使得网络借贷平台经营成本大大提高,也导致信用评价结果公开性和精确度得不到保障。对出借人来说,目前也没有其他有效途径来对借款资料和信息进行审核,出借人并不能全面、真实了解借款人真实状况,出借人对借款人的了解更多的是通过平台得知的,这也成为出借人作为投资决策的主要依据。

　4. 网络借贷中介机构风险管控能力差

　在 P2P 网贷平台模式下,借贷双方利用 P2P 平台来进行各种借贷信息交流,进而完成借贷交易。在具体实践中,普遍存在 P2P 平台先将投资人资金存入自身平台账户中,构建"资金池"。③ 在商户借款和还款过程中,平台账户中都会出现大量资金,由于缺乏对资金的有效监管,这部分资金与平台资金难以有效区分,其本质已经构成非法集资,在具体实践中,平台会频繁挪用客户的资金,甚至出现集资后跑路现象。尽管《暂行办法》中对第三方资金管理做出了相应规定,P2P 网贷平台也曾相继开始与银行进行合作,但

---

　① 2013 年 7 月,中国人民银行征信中心旗下上海资信搭建的网络金融征信系统(MFCS)上线,但目前只有不到 200 家网络借贷平台接入这一系统,覆盖面相当有限。

　② S Berger, F Gleisner. Emergence of Financial Intermediaries on Electronic Markets: The Case of Online P2P Lending[D]. Working Paper, University of Frankfurt, 2008.

　③ 具体如下:平台参与者应该遵守平台规则和要求,向平台缴纳部分风险准备金和保证金;网络借贷则成为一种特别借款人,为保证借贷交易的顺利完成,先将自身资金拨付给借款人,之后再将借款项目进行差分,并发布到借贷平台中,出借人中标后资金直接流入平台账户中;在进行资金募集期内,网络借贷平台要求出借资金直接汇入平台账户中,当募集结束后,平台对所有资金统一分配给借款人,在还款时同样借款人先将资金还款到平台账户中,平台在对还款资金进行统一分配给出借人。

是效果较差,利用线上银行来管理资金的平台还较少。首先,利用银行进行资金的存管需要实施各种前期准备工作,工作量极大,包括对工作人员进行培训、资金管理流程和制度的建设、对接平台的完善和建设等,需要投入很大成本,因此导致银行缺乏进行合作的积极性,所以进行资金存管的网贷存管数量相对较少,再者,部分网贷 P2P 平台尽管为资金设定存管机构,但是更多的是形式,很难对业务真实运用状况实施有效的监督管理。①

同时,从实践来说,在我国 P2P 网贷平台所进行的信息披露内容真实性和全面性不足,其信息披露更多是与客户收益相关的信息,进而很难真实和全面地反映借款人经营能力和资金状况,甚至出现一些平台夸大和虚构项目收益前景,隐瞒项目中出现的风险以及瑕疵,或者利用一些模糊语言进行虚假宣传,故意散播和捏造一些虚假信息,对借款人和出借人进行误导;另外,有网络平台在运营过程中为了快速争取客户,发展和拓展业务,将审核流程不断简化,没有对借款人的还款能力、经营状况、财务、基本信息等征信信息严格审核,也不能准确对贷款进行评价,这样的情况加大了网络借贷的风险,也破坏了市场环境。

网络借贷平台作为信息中介,其准入门槛较低,与正规金融相比,平台的风险准备金制度并不完善,缺乏完善的信用资源,风险评估能力不足。

5. 网络借贷中介机构退出机制不完善

针对 P2P 网贷平台的退出问题,目前我国缺乏政策指引。平台主要有两种退出机制:恶性退出和良性退出。良性退出一般是指经过清算后,对投资人进行清偿和兑付之后解散。但平台在缺乏完善退出安排的情况下终止网络借贷业务,投资人作为借贷链条的最末端,则成为风险的最后承担者。当大量投资人利益受损甚至血本无归时,网络借贷赖以生存的根基将会严重受损,进而影响整个互联网行业的健康发展。因此,迫切需要设立完善的退出机制,进而对投资人进行资金保护,当网络借贷平台出现破产或解散后,用户可以根据该制度来维护自身合法权益。

现阶段,我国尚无 P2P 网贷平台退出的专门规定,现行法律对于平台退出的规定分散在《暂行办法》《资金存管指引》《信息披露指引》中。《暂行办法》关于网络借贷平台退出的规定较为原则性,对于几项重要问题进行了基本安排,对构建和完善系统的网络借贷平台退出机制具有一定指导意义。

---

① 路伟果. 新形势下促进 P2P 网贷平台健康发展的思考[J]. 绿色财会,2016(5):53-56.

其中第八条规定了 P2P 网贷平台退出的基本程序,第二十四条对平台退出前的通知、退出后的借贷合同效力、存续借贷业务处理、出借人与借款人所有权归属等问题进行了安排。《资金存管指引》在《暂行办法》的基础上,规定了存管机构在网络借贷平台退出时的义务,主要是配合完成网络借贷资金存管专用账户资金的清算处置工作。① 《信息披露指引》没有对网络借贷平台的退出进行直接规定,仅在第十条要求平台在出现破产、被责令停业、业务停顿等退出情形时,在 48 小时内将事件起因、状态、影响以及措施进行披露。现行法对于 P2P 网贷平台退出的信息披露、存续借贷管理及客户信息处理等重要问题的规定不够具体明确,需要进一步进行补充与完善。2017 年 9 月 29 日,深圳市互联网金融协会出台《深圳市网络借贷信息中介机构业务退出指引(征求意见稿)》,成为网络借贷平台退出方面的第一则地方性行业规定。然而时至今日其官方网站上也未有正式文件发布,网络借贷平台的市场退出仍然处于无法可依的状态,构建网络借贷平台退出机制迫在眉睫。

6.网络借贷中介机构监管体制遭质疑

我国 P2P 网络借贷出现之时,本无监管部门,参考了美国和英国的监管主体和监管体制,提出了中国的监管主体,由于视角不同,对于谁担任网络借贷的监管主体存在争议。争议集中在中国人民银行、中国证监会,以及中国银保监会三者之间的选择,各有理由,但争议最大的是在中国银保监会和中国证监会之间的选择。

关于监管模式,网络借贷行业一般都是跨地区开展业务的,且存在较大的风险外溢性,监管模式一般采用机构监管和行为监管并行实施,《暂行办法》主要按照"双负责"基本原则,明确要求银监会承担对网络借贷平台的监管职责,主要工作包括:制定和完善监管管理制度、统一发展政策和措施;针对网络借贷平台基本运作和业务进行监管;明确地方监管机构对其管辖范围内的网络借贷平台的监管,主要职责是对管辖范围内的网络借贷平台实施规范、做好备案管理工作、做好风险防控工作和处置工作等。此外,作为新兴行业,网络借贷平台业务管理需要多个部门共同进行,因此需要各个部

---

① 《资金存管指引》第十九条:"委托人暂停、终止业务时应制定完善的业务清算处置方案,并至少提前 30 个工作日通知地方金融监管部门及存管人,存管人应配合地方金融监管部门、委托人或清算处置小组等相关方完成网络借贷资金存管专用账户资金的清算处置工作,相关清算处置事宜按照有关规定及与委托人的合同约定办理。"

门进行协同监管。由此设立了中国银保监会与地方省级政府对网络借贷这一民间借贷金融现象的"机构监管与行为监管分离"的双负责制度。然而，机构监管与行为监管分属缺乏理论支持。实际上，目前混业经营业务不断繁荣，监管机构部门会对自身监管责权进行界定，但是跨市场行业的发展，又使得这种权利边界变得模糊。同时，地方机构监管备案标准不一，存在监管套利空间。此外，地方金融监管力量薄弱差距大。银行监管部门是对P2P平台实施监管的主要负责人，地方金融机构更多的是进行具体机构性监管。然而，在我国不同地区的金融办具有不同的组织框架和职能，而且地方金融办也比较分散。地方金融管理部分执法缺乏法律法规依据，很大部分装备、行政人员和科技相对匮乏，因此这些部分是否能够严格落实《暂行办法》来履行自身职责，尚存异议。

综上，我国 P2P 网贷平台最核心的风险源自平台异化风险、非法集资风险、信用风险、运营风险等。[①] 目前存在相当数量的 P2P 网贷平台实为小贷公司或企业的资金入口，它们利用理财和投资的名义变相集资。[②] 当前 P2P 网络借贷处于无明确的准入门槛、无行业量化标准、无明确的监管机构的"三无"状态，加之网络平台具有隐蔽性、匿名性、即时性，容易被犯罪分子利用。[③] 国外学者们提及 P2P 网络借贷风险时一般聚焦于借贷交易本身，即借款人的信用风险。[④] 同时认为 P2P 网络借贷的借款人与出借人之间存在信息不对称问题，原因可能来自逆向选择和道德风险。不少问题平台都有设立资金池的问题，有些 P2P 网贷平台的资金虽有存管机构，但基本上流于形式，很少能做到对业务的真实性和运营的真实情况进行监管。[⑤] 在平台准入备案制度方面，不同地区之间的备案标准不统一，存在监管套利空间。在平台退出方面，监管部门在 P2P 网贷平台的退出环节并未起到真正的监督管理作用。[⑥]

---

① 陈孝明，陈慧中. P2P 网贷平台的风险识别与监管研究——基于信息中介视角[J]. 浙江金融，2017(10):11-18.

② 叶湘榕，彭冰. P2P 借贷的模式风险与监管研究[J]. 金融监管研究，2014(3):71-82.

③ 马伟利. P2P 网络借贷洗钱风险剖析及策略选择[J]. 金融会计，2014(1):74-78.

④ Seth Freedman, Ginger Zhe Jin. Learning by Doing with Asymmetric Information: Evidence from Prosper. Com[J]. Nber Working Papers, 2011:203-212.

⑤ 路伟果. 新形势下促进 P2P 网贷平台健康发展的思考[J]. 绿色财会，2016(5):53-56.

⑥ 程南，刘少军. 经济法理论的反思与完善:源于经济活动本体的体系化研究[M]. 重庆:西南交通大学出版社，2014.

第四节 网络借贷中介机构定位理论分析

网络借贷中介机构的定位是一个基础性问题,它直接影响网络借贷模式的设计及如何构建其法律制度。网络借贷交易模式突破了传统民间借贷双方面对面的熟人社会交易状态,出借方信赖平台的信用和能力,可以说是相信网络借贷平台所传递的信息而对借款人提供借款。换言之,网络借贷中介机构实际要承担的功能和作用远远超出信息传递的作用,更有承担保护出借人的金融消费者权益的义务和能力。从网络借贷的运行模式看,平台的法律地位存在三种可能性:信息中介、信用中介或复合中介。网络借贷中介机构的法律定位不同,直接决定其市场准入与退出、经营范围、风险管控、监管体制的设计和内容不同。网络借贷中介机构要承担起保护投资人、消费者的看门人角色,对其的法律制度构建应该更加契合网络借贷的特性。

(一)现行法律规定:网络借贷信息中介机构

网络借贷新规《暂行办法》针对网络借贷平台已做出明确界定,即网络借贷平台是依法设立、专门从事网络借贷信息中介业务活动的金融信息中介,不能提供归集资金、非法集资等所谓增值服务。网络借贷平台作为信息中介,仅仅具有撮合借款的中介业务属性。《暂行办法》对网络借贷平台的经纪业务以外的业务进行了相应的限制,进而将网络借贷平台和典当行、小贷公司、商业银行、融资担保机构和信托公司加以区分。

从法律关系来看,网络借贷中介机构纯中介模式的运作是在居间合同关系和借款合同关系两者基础上进行的。借款合同其本质就是实现邀约与承诺的过程,邀约是借款人通过借贷平台发出借款需求请求,出借人通过竞标筹集到满足借款人需求的金额,当完成资金募集后所有借款行为即是类履行承诺行为,至此正式形成借款合同。借款合同中,网络借贷平台并不是直接参与。根据《民法典》第九百六十一条规定,在网络借贷融资中,用户与网络借贷平台之间属于居间关系。这种居间关系中网络借贷平台主要起到媒介服务作用,在通常状况下,对于借贷人的债务偿还并不承担任何责任。根据《民法典》合同编相关条款中规定,在居间关系中,网络借贷平台的盈利模式就是利用这种居间关系在双方完成借贷交易后收取相应的服务费。在这种运作模式中平台作为纯中介机构,必须严格明确自身的职责权限和义务,不能超越自身权限范围。

这种居间模式中,居间人有两种方式从事缔约中介活动:第一,居间人主要发挥传达功能,委托人将制定好的要约通过居间人传递到第三方,也是通过居间人来传达第三方的承诺;第二,居间人主要作用是提供缔约信息,而缔约是由缔约双方直接进行的。以拍拍贷为例进行分析,拍拍贷业务模式为第一种,由借款人和出借人两者在拍拍贷平台上签订借款合同,同时生成相应的电子借贷合同。居间人必须严格履行该义务,维护出借人相关利益,网络借贷平台需要借款人提供详细的个人信息,进而保证借款人具有足够的偿还能力。网络借贷交易中,平台具有保障信息真实性和有效性的基本义务,一旦因虚假信息导致出借人产生损失,则平台需要承担相应责任。

在网络借贷融资形成之初,缺乏完善的法律法规和相应的监督制度,因此其运营模式多样化。随着相关制度和法规不断出台和完善,对网络借贷平台进行了狭义层次的定义,即信息中介。此外,政府机构针对信息中介相关业务和活动出台相应管理办法,明确规定网络借贷中介机构各种业务主要是在互联网基础上进行的,主要职责是向借贷双方提供真实信息以及进行信息的搜集、公布、交互等,此外还负责资信评估和借贷撮合,但不得擅自进行自我融资以及展开其他增信服务。可以说,法规层面将网络借贷中介机构定位于获取与处理信息的信息中介,从而与金融中介、信用中介等作区分。

(二)实践异化形式:网络借贷信用中介机构

平台作为互联网金融中的核心,通常状况下,借贷双方并不直接进行对接,然而两者之间却形成直接的债务关系,这种借贷关系形成的关键就是借贷主体对平台的信任,也取决于平台经营模式和交易规则。由委托代理理论得知,网络借贷中介机构作为中介参与到借贷交易中,一定条件下也构成相应的委托代理关系,也就是代理人,因此有责任和义务为买方提供交易风险控制服务,也就是必须保证信息的真实性和有效性,并收取相应服务费。相对于出借人来说,平台扮演着"看门人"这一角色,为借贷双方提供风险控制等服务,保证投资人能够更加便利、快速地做出准确定位。网络借贷平台所收取的手续费等主要取决于平台客户交易量,而平台客户交易量又取决于平台的网络借贷水平和信誉度,因此提供多元化、个性化的服务和产品是提高平台成交量和信誉度的有效手段。网络借贷平台只进行信息中介服务,很难保障平台的持续发展。现实中,我国多数网络借贷中介机构会建立或引入第三方合格担保公司进行担保,一定程度上"异化"为信用中介模式。

在信用中介模式中,网络借贷中介机构不仅为借贷双方提供和传递信息,而且还提供相应的资金保障,以使出借人更具有资金保障,进而获得出借人更多的信任。信用中介模式在发展过程中出现担保模式,即第三方或网络借贷平台为借贷交易提供相应的担保。从法律层面分析,在居间合同和借款合同中担保模式与中介模式两者具有很高的相似度,其不同点在于平台与借贷双方的担保关系。在国内,很多网络借贷平台都采用担保模式,主要是由于这种担保模式能够保障借贷双方的安全。目前,主要有三种保障方式:网络借贷平台自身担保、第三方机构担保和设立风险备用金。

1. 网络借贷平台自身担保

网络借贷平台自身为出借人提供相应担保,若到借款期限后,借款人未归还本息,那么网络借贷平台需要向出借人支付相应的本息,因此构成担保合同关系。在法律关系上,网贷活动其本质具有双重关系:借贷双方和网络借贷平台两者的居间关系、出借人和网络借贷平台两者的担保关系。

平台自身担保是否具有合法性?我国《民法典》担保物权分编明确规定,是否具有足够的债务偿还能力是判断公民、法人或非法人组织是否具有成为担保人资格的主要根据。所以,以单个行为来说,网络借贷平台具有足够的债务偿还能力,那么该平台具有成为担保人的法律资格。然而,从民事法律来说,《民法典》担保物权分编主要规范以非营利性为目的的民事行为,作为以营利为目的的商事行为,还需遵循商事法律的特别规定。在网络借贷中,网络借贷平台提供担保服务具有职业性和营利性,具备商事法律行为的特征,因此还需严格遵循《融资性担保公司管理暂行办法》的相关规定。该管理办法中规定经营融资性的担保业务必须得到监管机构的许可和批准,一般来说网络借贷平台主要注册为咨询公司、投资管理公司等,这些类型公司的担保业务并没有得到监管机构的许可和批准,因此该担保业务是不合法的。

2. 设立风险备用金

风险备用金是由 P2P 网贷平台建立的一个资金账户,平台从借款人的借款金额中提取一定比例(通常是贷款总额的 2%)存放在网络借贷平台下方账户,形成风险准备金,用以保障出借人的资金安全。目前很多平台会设立风险准备金为投资人提供资金担保,弥补投资人的风险损失。业界对于风险备用金性质的认定具有不同定义,主要争议点在于 P2P 网贷平台专门向出借人提供的是一种担保形式还是平台向出借人提供的是一种资金安全保护计划。若平台账户金额足够,那么就会对出借人提供安全的资金保障,这种情况下,两者的实际意义基本相似;然而当平台账户资金不足时,那么在法律意义上两者就有明确的法律意义。通常来说,风险储备金主要是针对出借人所制定的资金保障计划,而不是担保,平台赔付的金额以风险备用金账户余额为限,当账户余额不足时,平台按照当期所有出借人应赔付金额的比例进行分配,承担赔付责任主体不涉及 P2P 网贷平台本身。

3.第三方机构担保

具体实践中,我国严禁网络借贷平台自身开展增信服务,所以很多平台通过和第三方进行合作,由第三方来提供增信服务。P2P 网贷平台主要通过两种形式来与第三方合作:与小额贷款企业合作和与融资性担保企业进行合作。若借款人没有在规定时间内按时还款,那么担保公司需要代其向出借人支付本息,之后债权归担保公司所有,由担保公司向借款人追债。

应该说,不管是平台自身担保还是第三方担保机构担保,其本质上都是按各个借款人承担的风险收取相应的服务金。若借款人超过还款期限 30天仍未还款,平台则需要动用风险备用金支付给出借人本息,进而将出借人风险转化为担保企业风险和平台风险,使出借人的资金更加安全。然而,按照法律层次进行分析,平台自身担保和担保机构担保两者的差异主要体现在平台自身提供担保服务过程中,平台自身直接参与借贷利益链中,进而发挥了担保机构和中介机构的双重职能,具备信用中介性质;但是在担保公司提供担保中,由第三方企业负责担保,平台只承担提供信息的单一职能,符合信息中介的本质。

(三)合理定位选择:网络借贷复合中介机构

目前法律规定 P2P 网贷平台为"纯"中介范畴,其功能就是提供降低信息与交易成本的中介服务,而不能提供创造流动性的中介服务。P2P 网贷平台之所以定位为信息中介的重要理由,是互联网所具有的将私有信息公开化的功能可以降低信息成本。持这种观点者认为:将其与商业银行中的间接融资和市场直接融资相区分开的主要标准就是网络借贷是在互联网金融模式下进行的各种信息处理,因而成为第三种融资模式。互联网金融模式下的借贷,因为借贷双方主要是利用社交网络进行信息沟通和交流,借贷信息也是通过社交网络来传播,再将各种信息重新组织加工后,被标准化,最终形成具有动态性和连续性的信息流,从而能对所有借款人进行违约概率估算和风险评价,且不需要很大成本,所以互联网金融模式很好地满足了金融交易信息要求。由此,不难推出,"互联网所具有的将私有信息公开化的功能可以降低信息成本"这一命题需满足两个前提:一是所有公开化的私人信息都是真实可靠的;二是所有信息使用者都具有甄别有用信息的能力。因此,我们需要分析这两个前提能否确保成立。

相较传统市场,电子市场中的质量不确定性与信息不对称状况更为严重。以银行为例,一方面,其可以通过自己生产借款人的信息来保证借款人信息的真实性;另一方面,又可以通过刚性兑付来解决信息不对称问题,保护投资人。而随着 e 租宝、中晋、快鹿等一个个互联网融资平台出现问题,P2P 网贷平台的风险不断暴露,所暴露的问题集中反映在两个方面:一是平台以虚设借款合同向投资人提供虚假信息,二是投资人不具备有效甄别信息的能力。由此可见,P2P 网贷平台信息不对称问题极为突出,成为信息中介需要满足的两个前提假设条件在现实中很难满足。因此,人们对 P2P 网贷平台中的信息中介角色的定位提出质疑:互联网技术能否真正在降低信息成本的基础上将信息不对称现象消除掉,若是能够消除,那么现实中为何还会出现严重的信息不对称现象?

笔者认真研究了英国、美国和我国网络借贷中介机构的特点,发现美国网络借贷中介机构是纯信息中介,不提供担保和增信服务,投资人"责任自负、风险自担"。美国选择信息中介定位有其特殊基础:①对借款人的信用评估有强大的征信数据和信用记录为基础,能够准确评价借款人信用等级;②有完善的证券法律规定约束,按照证券法规定美国的网络借贷平台由 SEC 监管;③有证券法律规定的严格的证券发行信息披露标准和法律责任约束,具有反信息欺诈的制裁手段,可以保证披露信息的真实、准确和完整。可见,美国的网络借贷行业具有可靠的信用记录、完善的配套法律和证券发行信息披露标准,足以帮助投资人根据公开信息决策投资。显然,我国将网络借贷中介机构定位为信息中介机构,但不具有作为信息中介所需要的基础条件。

英国的 Zopa 平台是世界上最早的 P2P 网贷平台,基于英国的信用和法治基础,其网络借贷中介机构属于复合中介性质,其机构的合法取得、金融活动行为均受英国的行为监管局监管和英国网络借贷行业协会的自律监管。P2P 网络借贷中介机构除具有信息中介的基本职能外,还可以设立风险备用金、安全保障基金等增信措施,强制要求出借人出借金额小额化;根据借款人的信用评分决定其借款利率,借款人违约时中介机构有权先行垫付而取得出借人债权,或者有权直接代为催收借款人或担保人;另外网络借贷中介机构还可以自投资,但要公开披露信息。显然,我国网络借贷中介机构实践与英国的复合中介定位比较一致。

曾经,我国数千家网络借贷中介机构都在设立风险备用金、提供担保、自投资行为、债权转让、出售理财产品和债权资产证券化等,这并非偶然,与信用和法治环境有关。2016年的《暂行办法》没有顺势而为,没有定性网络借贷中介机构为复合中介性质,而是将其定位为信息中介。而本研究认为,网络借贷中介机构所涉及的"为投资方和融资方提供信息交互、撮合、资信评估等中介服务"的营业范围,不是理论上的信息中介或信用中介能够涵盖的,而是要综合我国目前的基本法律制度、金融监管体制、社会信用环境和投资人素质、投资人权益保护和解决"融资难、投资难"等因素划定。

第四章 网络借贷的法律制度构建基础

  网络借贷不同于传统的线下民间借贷和银行借贷业务,既有规则无法满足其规制需求,应进行法律制度创新和法律制度重构。网络借贷中介机构的法律制度构建应当按照"理论－原则－重点"的思路进行。网络借贷中介机构的法律制度构建应当彰显鼓励创新的理念;贯彻激励性、公平性、风险性和差异性原则;采取法律关系类型化的策略锁定规制点。① 其中,网络借贷中介机构的市场准入、业务范围、信息披露、资金存管、风险控制、市场退出、监管体制是网络借贷中介机构法律制度构建的核心内容。

  曾经,我国关于网络借贷中介机构的法律制度存在着不适当性(运用传统正规金融制度逻辑规制网络借贷中介机构)与不完全性(缺乏针对网络借贷中介机构自身特点的制度)并存的情形。今后若构建有关网络借贷中介机构的法律制度,应当秉承创新包容的理念,提炼符合网络借贷特点的制度原则以避免不适当性和不完全性,针对网络借贷中介机构的事实特征和法律属性展开"制度创新"。

---

① 蒋大兴,王首杰.共享经济的法律规制[J].中国社会科学,2017(9):141-162.

第一节 网络借贷的法律制度构建所涉理论

(一)信息不对称理论

20 世纪 70 年代,美国的三位经济学家约瑟夫·斯蒂格利茨、乔治·阿克尔洛夫和迈克尔·斯彭斯提出了信息不对称理论,这也是微观经济学的主要内容之一,在 80 年代被广泛应用于金融市场的研究。信息不对称指的是不同的经济个体之间所拥有的信息是不对称的,也是不均匀的,即参与市场经济活动的各方对有关信息的知悉程度不同。通过这个理论的阐述,在市场的交易过程当中,卖东西的商家比购买物品的买家对于商品的信息更加了解;在这种交易过程当中,实际上就是卖家向买家提供其所需要的信息,来获取相应的利润;市场交易过程中,拥有信息少的一方会通过各种方法从信息多的一方获取其所需要的信息。任何有欺诈可能的交易中的缔约方之间都可能存在信息不对称。① 在网络借贷交易过程中,参与者对于信息的拥有程度是不一致的,若一方会有另一方所不具备的信息,即拥有优势信息,他就会有较好的地位。这种现象在交易过程中经常存在,这也造成了网络借贷的风险。信息不对称会导致市场交易产生"逆向选择"和"道德风险"。

逆向选择指的是当市场参与者处于信息劣势时所做出的选择。在网络借贷平台上,借款人需要提供其所有财产、收入的相关证明还有其对这次款项偿还能力的证明。然而对于出借人来说,其所提供的信息相对较少。对于某些资金紧缺的借款方,往往为了能够成功借款而隐藏对自己不利的信息,甚至提供部分假证明,以帮助其在网络借贷平台获取较高的评分,也比较容易得到贷款。对于出借人而言,了解的借款人的信息是有限的,必然导致出借人选择利率高的借款人,这样就形成了逆向选择。

所谓道德风险,指的是在合同签订以后,其中一方为了自己的利益而改变约定好的行为,从而带来风险,这也就是在经济市场当中,某些人为了自己利益最大化而损害他人利益。在网络借贷交易过程中,道德风险往往发

---

① MR Darby, E Karni. Free Competition and the Optimal Amount of Fraud[J]. Law & Economics,1973(1):67-88.

生在事后,就是在相应的贷款发放之后,借款人做出了违约行为,损害了出借人的利益。由于网络借贷中介机构出于对出借人资金的保护,会将出借人的资金分散借给不同的借款人,每个借款人获得资金金额较小,这样就会限制后续出借人对于借款人的监督。借款人出于机会主义,会将获取的资金投入高风险行业中,这就增加了出借人无法收回出借款的风险。因此,网络借贷交易双方信息不对称,缺乏严密有效的监管,借款人基于机会主义和自身利益最大化考虑,很容易产生道德风险。

(二)金融消费者权益保护理论

随着金融市场的迅速发展,保护消费者的权益已经是当今金融监管的一个重要目标,"消费者主权"也变得相对重要起来,英国经济学家迈克·泰勒于1995年提出的双峰理论中就提出了这种转变。双峰理论发展了社会分层理论,阐述了金融监管的目标不应该是单一的,而应当注重"双峰",一方面是实施审慎监管,维护金融机构稳定,防范系统性风险;另一方面是实施行为监管,保护消费者和投资人的利益。上述两方面的监管必须由不同的监管机构进行,从职责上划分的话可以分为审慎监管和行为监管,对于金融风险的监管属于审慎监管,而行为监管侧重于对金融机构行为的监管。双峰模式的监管化解了监管目标不同带来的矛盾。但这种模式也不尽完美,因为监管目标的优先性选择难以摆脱主观性,有时候两种目标是没有办法同时兼顾的,这样就导致了监管成本的提高、效率的下降。在国际金融危机发生以后,这个理论又得到了新的发展,各个国家更加重视对重要金融机构的监管,而相应的机构监管理念也持续发展,对于消费者的保护也更重视。以往的金融危机告诫我们,对于金融的监管必须对消费者权益、金融风险同时把控,如果仅仅只是重视金融风险而忽略消费者权益保护,那么监管的目标也就无法达到。

金融消费者与投资人的关系问题,存在争议。有学者认为金融消费者消费的动机是实现资金的保值增值或是实现盈利,而不是满足生活需要,消费者保护法应当保护的是消费者的正常生活需要,资金增值和盈利不属于正常生活需要,因此应当将投资人排斥在金融消费者范畴之外。[①] 但也有学者认为,应当本着倾向消费者利益保护的标准来确定消费者的定义。消费者在正常消费之外将个人资产投资获取收益,最终目的还是满足家庭生活

---

① 黄勇,徐会志. 论 P2P 网络借贷金融消费者权益保护[J]. 河北法学,2016(9):16-27.

需要,从这个意义上说投资是一种延迟的消费,不能简单地在投资人与消费者之间划出明确界限。① 当然,应区别专业投资人和一般投资人,一般投资人在金融交易中处于弱势地位,应当将其纳入消费者概念,并给予特殊性保护。因为,与普通消费者不同,一般投资人进行金融交易除了是为获取收益,其在金融交易中所处的弱势地位与普通消费者是一样的,完全有可能因为金融产品信息不对称而承受经济损失,而专业投资人不同于一般投资人,其在金融交易中并不一定处于弱势地位。② 而借款人是否属于金融消费者,业界也存在争议。徐孟洲教授认为,在具体交易中,应重点考虑对金融消费者进行界定的基点,即与金融机构相比相对弱势的另一方交易主体。在P2P网贷交易中,借款人虽享受到了P2P网贷交易平台提供的金融服务,但其对信息的掌握程度与P2P网贷平台并不对等,故借款人亦应属于P2P网贷交易中的金融消费者。③

权利与义务作为一对孪生社会规范与制度范畴,其在理论和实践上唇齿相依、彼此交叉缠绕而缺一不可。④ 金融消费者保护的适度性也是一项重要原则,保护消费者固然不能无视"买者自负"这一基本法则,但也必须实现与消费者自己责任之间的恰当平衡。在还没有提出消费者权益的时候,消费者在不同金融领域不同部门当中的称谓也是不同的,金融交易的过程当中个体必须针对之前所签订的合同的要求对其行为负责,必须对其所存在的风险和产生的损失进行承担,即遵守买方负责的原则。⑤ 然而,一般的投资人的专业水平有限,不能很好地适应当下高速发展的互联网金融市场,加剧了信息不对称的劣势,应该对买者自负原则的使用范围进行区分,不然会导致相应公平公正的交易市场遭到破坏。⑥ 所以,从监管理念上来看,买者

---

① P Cartwright, K Law. Consumer protection in financial services [M]. Hague: Kluwer, 1999:3.

② 陈洁. 投资人到金融消费者的角色嬗变[J]. 法学研究, 2011(5):84-95.

③ 徐孟洲,殷华. 论我国互联网金融消费者纠纷解决机制的构建[J]. 财经法学, 2015(5):48-58.

④ 姚建宗,方芳. 新兴权利研究的几个问题[J]. 苏州大学学报(哲学社会科学版), 2015(3):50-59.

⑤ R C Clark. The Soundness of Financial Intermediaries[J]. Yale Law Journal, 1976(1):1-102.

⑥ F Akinbami. Financial Services and Consumer Protection after the Crisis [J]. International Journal of Bank Marketing, 2011(2):134-147.

自负的原则应当随着社会的发展而改变,目前金融经营者和消费者的地位不平衡,导致权利义务不对等,故当下的监管理念就是将两者进行调和,同时更加强调对消费者的保护。

(三)公共利益理论

"公共利益论"植根于 A.C.庇古和保罗·萨缪尔森的福利经济学理论,它认为任何市场都会出现市场失灵现象,从而诱发系统性风险。欧文和布劳第根将制度规制看作是服从公共需要而提供的一种减弱市场运作风险的方式,也表达了法律制度体现公共利益的观点。[①] 如果自由市场在有效配置资源和满足消费者需求方面不能产生良好绩效,则政府将规制市场以纠正这种情形。[②] 公共利益的实质应是一种制度化的普遍正当利益,因此,公共利益的制度化是保障其发挥实践功能的重要手段。[③]

为了防止垄断、外部性、公共产品以及不完全信息等现象的出现,导致价格、产量和分配的扭曲,政府对市场进行监管,目的在于保护消费者利益。[④] 为了弥补市场机制的不足,维护社会公共利益,政府需要干预金融市场的运行。政府通过开展金融监管来规范市场以提高金融市场运行的效率,同时以公共利益代表者的身份进行金融监管,确保金融体系的稳定,降低行业的系统性风险,避免市场失灵造成公共利益的普遍受损。金融监管注重考虑具有最广泛性的公共利益保护,即金融系统性风险的防控,这就形成了要求政府进行金融监管的理论基础。

制度的设计不是对利益的争夺,而是寻求一种由正义原则所规定的尊重各方利益的最佳途径。[⑤] 为了最大限度地发挥社会正外部性对网贷行业的影响,减少市场失灵所带来的损失,应加大政府的干预作用,设立完善的法律法规体系来规范网贷行业的发展,积极发挥行业自律协会的约束作用,从完善相关法律法规并提高行业自律的角度入手,解决我国网贷行业监管

---

① B M Owen, R R Braeutigam. The Regulation Game: Strategic use of the Administrative Process[J]. Southern Economic Journal, 1978(2):391-394.

② 于立,肖兴志.规制理论发展综述[J].财经问题研究,2001(1):17-24.

③ 彭诚信,刘海安.论征收制度中认定公共利益的程序性设计[J].吉林大学社会科学报,2009(1):102-109.

④ 周春喜,黄星澍.地方金融的监管逻辑及规范路径[J].浙江工商大学学报,2014(5):86-94.

⑤ 彭诚信.从利益到权利——以正义为中介与内核[J].法制与社会发展,2004(5):73-88.

不足的问题。① 但同时应当注意,公共利益是一个动态的概念,"一个时代的某种特定的历史偶然性或社会偶然性,可能会确定或强行设定社会利益之间的特定的位序安排,即使试图为法律制度确立一种长期有效的或刚性的价值等级序列并没有什么助益"②。政府在监管过程中应不断检讨行为的合乎公共利益性,适时调整监管政策和方式,只有这样才会真正做到为公共利益而动,否则,难免有借维护公益之名,行侵害公益之实。③

(四)双边市场理论

双边市场理论的建立是以网络经济学为基础,同时和博弈论、信息经济学相互结合,对现今网络中存在的复杂的经济学进行了比较系统的解释。双边市场具有交叉网络外部性、价格非对称性的特点,这些特征不同于传统市场,因此网络借贷平台的运营方式很难用传统的理论进行解释。④ 不同的学者对于双边市场有着不同的定义。马克·阿姆斯特朗从用户数量的相互影响进行定义:双边市场指平台两端的用户进行交易时,一端用户在平台的收益和用户数量取决于另一端用户的数量。⑤ 赖特则从双方价值增值的互补作用进行定义:双边市场的一端用户通过平台与另一端用户相互作用而获得价值。⑥ 黄民礼则从交易价格方面进行定义:如果双边市场平台可以通过改变双边的价格结构影响交易量,则总价格保持不变。⑦ P2P网络借贷平台是吸引投资方和需求方,通过网络技术应用,从而完成双方借贷交易。

通过网络借贷平台,借款人和出借人不需要见面,出借人可以通过平台

---

① 张琛. 中国 P2P 网贷行业的监管问题研究[D]. 大连:东北财经大学,2014:415.

② E. 博登海默. 法理学:法律哲学与法律方法[M]. 北京:中国政法大学出版社,1999.

③ 曾宝华. 金融监管公共利益理论及其质疑[J]. 金融经济学研究,2006(6):39-42.

④ 比如,在现今的双边市场当中,对于一方用户的收费,网络平台给出的价格比成本还要低甚至可能不收费,但这种现象又不能归结为掠夺性的定价;对于某些定价远高于成本的也不一定是胡乱定价,也不一定是滥用权力,而有可能是倾斜式的定价;部分网络借贷平台会对两边用户进行相应补贴,但是这种方式不是为了垄断市场,而是由于相对的交叉网络所进行的策略行为;现今的网络借贷平台所形成的这种盈利方式与传统的方式完全不同,这种模式就是"免费-赚钱"。当下,网络借贷平台涌现出各种不同的类型,所以现今社会需要不同的视角来对这些现象进行解释。

⑤ Mark Armstrong. Competition in Two-sided Markets [J]. RAND Journal of Economics,2006(3):668-691.

⑥ J Wright. Access Pricing under Competition: an Application to Cellular Networks [J]. The Journal of Industrial Economics,2002(3):289-315.

⑦ 黄民礼. 双边市场与市场形态演进[J]. 首都经济贸易大学学报,2007(3):43-49.

所提供的借款人的信息对其进行筛选,再决定是否要将资金借给借款人。在这种交易过程当中,网络借贷平台对于价格的界定将会影响交易是否成功。从本质上进行分析,这些平台公司只是为借贷双方提供信息服务,除此之外没有其他服务,他们会对借款人和出借人进行匹配,然后从中抽取部分服务费用,以达到盈利目的。

现实中,大部分平台都不会对出借人收取费用。从网络借贷平台的双边用户来看,增加一个出借人所带来的效益比增加一个借款人要高,所以这就说明了出借人具有更强的网络外部性;根据不同借款人的需求,网络借贷平台会对其制定不同的融资方案,所以不同借款人所被服务的差异性相对较大,但出借人的差异就会相对较小;在网络借贷平台上,投资人拥有资金,其可以选择投资的方式比较多,而借款人能够借贷的渠道相对较少,并且其借款频次较高,所以相对较为积极,对平台的依赖性也比较大,信用风险也较高。因此,出借人的网络外部性较强,网络借贷平台对出借人的服务差异化程度较小,同时由于投资渠道和平台选择的原因,对平台的需求价格弹性相对比较小,这样就会导致网络借贷中介机构定了高价格给借款方,而对出借方的定价就相对比较低或是免费提供服务。

第二节　网络借贷的法律制度构建原则

网络借贷作为创新的新事物,对其禁止已不可能,看来只能是允许、鼓励并规制。对网络借贷中介机构要采取备案制等比较宽松的准入方式,在经营中要坚持业务范围法定原则,按照权利义务对等原则,安排好网络借贷各方当事人的权利义务和责任,防止创新者以创新之名行违法之实,坚持对出借人的资金安全尽职,充分披露借款人、借款项目等有利于保护出借人利益的信息,防止客户资金被挪用,建立合理的市场退出制度,设计好行政监管与行业自律制度,以保护消费者、公共利益和公共秩序。

在明确了对 P2P 网络借贷的允许与禁止问题,并提出创新鼓励包容的理念后,具体的问题就是针对网络借贷的复杂性提炼出 P2P 网络借贷及网络借贷中介机构的法律制度原则,用以指导具体的法律制度的构建。网络借贷中介机构的法律制度构建应遵循以下原则。

(一)激励性原则

激励性是网络借贷中介机构法律制度构建的核心原则。网络借贷是一种新的金融模式,不同于传统的线下民间借贷金融。理论界认为,以互联网为代表的现代信息科技将对人类的金融模式产生颠覆性影响。可能出现既不同于商业银行间接融资、也不同于资本市场直接融资的第三种金融融资模式,称为"互联网直接融资市场"或"互联网金融模式"。① 互联网金融是基于互联网技术的金融创新,是围绕信息展开的一系列金融产品创新及其产业链的重塑。② 以互联网金融科技为核心的跨界金融,不应比照传统金融施加市场准入限制。法律学者几乎一边倒地认为互联网金融是一种新金融模式,因为,如果互联网金融属于传统金融,则应一体适用现有的市场准入规定,互联网金融自身的合法性问题也就失去了理论上的可争议性。

亚当·斯密曾说:"法律不应妨害天然的自由,而应予以扶持。"③这是对常态法律基本功能的精辟概括。④ 从法律制度的整体架构分析,规范民间借贷必须正视我国民间借贷的现实发展状况,充分考虑其信息约束条件的双重性,转变民间借贷法律治理的传统思维,引入激励性理论范式,以建立信息不对称条件下的多方合作博弈机制为核心,选择市场准入、经营范围调整、信息保护等激励工具,优化法律制度设计,构建差异化、多样性的法律制度,形成科学的法律激励结构。⑤

(二)金融公平原则

法律学者对网络借贷等互联网金融提出了"金融效率、金融安全、金融公平"价值取向的法律规制原则。金融公平指"在金融活动中,各类主体不因自身经济实力、所有权性质、地域和行业等因素而受到差别对待,能够公平地参与金融活动,机会均等地分享金融资源,形成合理有序的金融秩序,并通过金融市场实现社会整体利益的最大化"⑥。法律学者也认为,互联网

---

① 谢平,邹传伟,刘海二. 互联网金融模式研究[J]. 金融研究,2012(1):11-22.

② 贾甫,冯科. 当金融互联网遇上互联网金融:替代还是融合[J]. 上海金融,2014(2):30-35.

③ 斯密·亚当. 国民财富的性质和原因的研究(上卷)[M]. 郭大力,王亚南,译. 北京:商务印书馆,1994:34-35.

④ 彭诚信,邹潇. 义务观念的现代理解[J]. 学习与探索,2005(5):103-107.

⑤ 岳彩申. 民间借贷的激励性法律规制[J]. 中国社会科学,2013(10):121-139.

⑥ 邓建鹏. 互联网金融时代众筹模式的法律风险分析[J]. 江苏行政学院学报,2014(3):115-121.

金融比传统金融更具涉众性,风险面更广,传染性更强。① 在面临风险威胁时,应当更加关注如何保护投资人和金融消费者的利益。② 不少学者认为,互联网金融的监管及法律规则的构建应将互联网金融消费者利益保护置于首位,并在此前提下,力求达成金融效率与金融公平兼顾,金融创新与金融安全并举之目标。③

为更好地保护消费者权益,需要对金融机构进行行为干预和产品干预,提高信息披露的有效性,推进金融知识普及和金融消费者能力的建设等。通过对网络借贷中介机构和网络借贷平台的市场准入,日常业务、审慎监管、行为监管、对金融消费者的保护等制度,实现网络借贷金融运行中各方利益保护的最大公平。

(三)金融风险原则

经济法领域的各类具体制度,都要有助于防范和化解相关风险,包括财政风险、税收风险、金融风险、竞争风险、产业风险、消费风险等,这样,才能更好地实现经济法的具体立法目标。从金融安全的角度看,风险的存在必然要求建立相应的防范与化解机制。④ 防止网络借贷平台异化为信用中介机构、担保公司、影子银行等,防止出借人资金被网络借贷中介机构挪用,防范网络借贷中介机构自身非法吸收公众存款以及帮助借款人搞非法集资,防范借款人欺诈借款以及多平台借款而导致出借人本息无法收回的损失风险等等,均需要借助经济法的风险规制理论,从而创新性地构建法律制度。

风险理论离不开相关的信息理论,充分有效的信息是化解风险的必要前提。因此,经济法的各类制度都会涉及信息规制问题。对网络借贷进行法律规制的前提条件是规制机构需要大量信息用来监督法律法规的执行情况。⑤ 规制机构与借贷主体间的命令控制关系加重了规制的信息不对称,导

---

① 彭岳.互联网金融监管理论争议的方法论考察[J].中外法学,2016(6):1618-1633.

② 李有星,陈飞,金幼芳.互联网金融监管的探析[J].浙江大学学报(人文社会科学版),2014(4):87-97.

③ 安邦坤,阮金阳.互联网金融:监管与法律准则[J].金融监管研究,2014(3):57-70.

④ 季立刚,张梦.跨国银行破产法律制度基本原则之探讨[J].政治与法律,2004(5):86-91.

⑤ 丹尼尔·F.史普博.管制与市场[M].余晖,等译.上海:上海三联书店,上海人民出版社,1999:98.

致法律制度低效率甚至无效率,①积聚并隐藏了监管部门难以发现的金融风险和社会风险。只有加强信息规制,确保相关主体能够获取真实、有效的信息,才能解决信息偏离的问题,促进各类市场失灵问题的解决。与金融活动相关的信息对于保护投资人、金融消费者的权益,防控金融风险,保障金融安全至为重要。

(四)差异性原则

为弥补形式平等和均一化的不足,经济法秉持了实质平等的思想,它以差别性假设为基础,将其所规范的市场主体假定为不平等、非均质、各有具体个性的人,②因此,采取了差异化的路线,由此,形成了经济法上的差异性的制度构建原理。经济法的差异性原理强调:①在现实的经济和社会生活中,各类主体在地位、信息、能力、时空、利益等方面存在着诸多差异,并由此带来了市场失灵、经济失衡等问题,影响了经济的稳定增长、社会公益和基本人权的保障,需要通过法律的调整来加以解决,并且,尤其需要经济法的调整。②传统的民法是以主体的均质性或无差异性为前提的,因而在制度功能上不能有效解决这些差异问题,需要有新兴的法律制度来弥补其调整的不足,而经济法等现代法则具备解决差异问题的功能,因而经济法的调整对于解决各类突出的差异性问题具有重要的价值。③依据差异性原理,主体的各类差异的现实存在,是经济法产生、发展、变迁、调整的前提和基础,是经济法制度设计和理论展开的重要基础。④差异性原理是经济法至为重要的原理,是其他原理的重要基础,因而与其他原理密切相关,并由此可以推衍出其他的原理。③

任何一个标准的确定,包括正义、公平等,都不能确定量化而应开放,或者用哈特的话说采用流动的或可变的标准。④ 差异性原则尤其体现在网络借贷中介机构的市场准入设置方面。在公共利益范式下,准入限制是维护公共利益和减少系统性风险的手段,对民间借贷保留适度的准入限制是必要的。在法律上给予网络借贷获得合法地位的机会并通过市场准入条件设置,是减少信息不对称并对其实施有效规制的前提条件。因此,应当加强

---

① 安东尼·奥格斯. 规制:法律形式与经济学理论[M]. 骆梅英,译. 北京:中国人民大学出版社,2008:30.

② 王全兴. 经济法基础理论专题研究[M]. 北京:中国检察出版社,2002:120-121.

③ 张守文. 经济法原理[M]. 北京:北京大学出版社,2013:8-10.

④ 哈特. 法律的概念[M]. 张文显,等译. 北京:中国大百科全书出版社,1996:182.

民间借贷的准入制度供给,合理设定准入条件,拓宽业务范围和市场经营空间,发挥准入制度的激励性作用,促进约束与激励的均衡。

第三节　网络借贷的法律制度构建重点

针对网络借贷的制度构建理念和原则,可以对网络借贷中介机构的制度内容做出安排,重点就网络借贷中介机构的法律定位、市场准入、业务范围、风险管控、市场退出、监管体制做出安排。

(一)网络借贷中介机构的市场准入

我国 P2P 网贷平台出现的种种问题,都与网络借贷中介机构的市场准入和退出制度缺乏有关。党的十八届三中全会也指出,"要紧紧围绕使市场在资源配置中起决定性作用深化经济体制改革",因此在对我国 P2P 网贷平台进行准入监管设计时,也必须以此为出发点,处理好政府和金融市场的关系。2018 年 3 月 4 日公布的《中共中央关于深化党和国家机构改革的决定》,提出了"减少微观管理事务和具体审批事项,最大限度减少政府对市场资源的直接配置,最大限度减少政府对市场活动的直接干预,提高资源配置效率和公平性,激发各类市场主体活力"。

我国法律在认可 P2P 网贷平台后,对其设立较为严格的准入门槛,可考虑实行牌照制,对满足条件的 P2P 网络贷款平台发放牌照。[①] 在市场准入上,可以区分为纯信息中介平台和准信用中介平台。纯信息中介平台可以宽松,只要在行业协会注册或备案即可,而准信用中介平台相当于准金融机构,采用银行金融监管的审慎监管,采取严格的审批准入制度。相关部门应当在注册资本、发起人资质、组织结构、内控制度、技术条件等方面,对 P2P 网贷平台设置行业市场准入标准。为防止 P2P 网贷平台非法集资风险的聚集,监管者应充分履行监管职能,建立 P2P 网络借贷平台备案机制,并定期取得有关报告。从节约监管成本、促进金融创新的角度看,对于外部效应较小的准金融机构,宜采用较为宽松的非审慎监管模式,即不对其注册资本、存款准备金等做高门槛的硬性要求。民间借贷网络平台的监管应采用多个

---

① 冯果,蒋莎莎.论我国 P2P 网络贷款平台的异化及其监管[J].法商研究,2013(5):29-37.

部门联合分工监管的模式。

(二)网络借贷中介机构的经营范围

《中共中央关于深化党和国家机构改革的决定》指出"全面实施市场准入负面清单制度,保障各类市场主体机会平等、权利平等、规则平等,营造良好的营商环境。改变重审批轻监管的行政管理方式,把更多行政资源从事前审批转到加强事中、事后监管上来"。

目前很多借贷网站为分散风险,提供配套系统,将一位投资人的资金同时借给很多借贷人;或是将一笔较大金额的借款分成许多份,由不同的投资人认购,这种贷款组合类似于传统的债券型理财产品。因此,民间借贷网络平台已经不仅仅是借贷双方之间的一个中介平台,而是在出售金融理财产品。网络借贷作为互联网金融的最基本业态,是采用新技术和方法,改变原有金融体系基本要素的搭配和组合而提供新的金融功能的过程,其目的是形成新的流动性、营利性和安全性重组,从而提高金融效率。网络借贷中介机构为适应网络借贷借款人、出借人的需求,开展增信措施如设立风险备付金、风险准备基金,引入第三方担保机构担保,为分散化解投资人风险,允许投资人的债权人在平台向注册会员转让或平台投资人转让,或平台自身开展债权受让,或平台安排第三方受让投资人的债权,允许投资人债权质押获得新资金再投资,开展资产证券化处理等。

面对复杂的混业业务,理论界有不同的论述,有的认为网络借贷业务就应该是民间借贷的互联网化,互联网只是工具性使用,平台应是纯信息中介服务。另外,学者们提出网络借贷中介机构应该有更大范围的密切关联性经营业务,并按照特许经营的要求办理有关许可。例如平台安全下的自有资金放贷,平台投资人债权的资产证券化处置转嫁风险资产,受投资人、出借人委托代为投资,平台合理的增信措施等。确认以P2P网贷平台进行的债权或资产证券化型融资、公募型股权众筹融资的合法化。贷款出售或资产证券化是近年来金融机构新出现的风险控制的方法[①],从风险控制的角度出发,允许贷款出售是值得P2P网贷平台采纳的。因此,划定与网络借贷相适应的网络借贷中介机构的经营范围,使网络借贷中介机构能够健康生存和发展,有能力保护出借人利益很重要。

---

① 前者是指放贷人将具有信用风险的贷款出售给其他投资人,以期规避风险或获得资金的流动性。后者是在前者发展的基础上演变而来的金融创新工具,放贷人把欠缺流动性但有未来现金流的信贷资产经过重组形成资产池,并以此为基础发行证券出售给投资人。

（三）网络借贷中介机构的风险管控

网络借贷起源于民间借贷的网络化工具使用，民间借贷的"通病"即家族管理、信息不透明、短借长贷、信用放款多、财务混乱、资金去向不明、借款人信用变化情况难以了解等问题。尤其是部分 P2P 网贷平台直接介入借贷经营，吸收资金和发放贷款，俨然成为"影子银行"式的金融机构，为金融风险埋下了祸根。高风险性的金融与涉众性的互联网结合，使互联网金融比传统金融更具涉众性风险，风险面更广、传染性更强。网络借贷中介机构的非法集资风险成为网络借贷中最大的法律风险。因此，金融与现代网络技术有机结合的网络借贷，没有改变金融的风险本质，而且还增加了传统民间借贷所不存在的风险，以及风险的强度。归纳起来有：合法性合规性风险、信用风险、关联交易风险、信息不对称风险、客户资金挪用风险、网络技术安全与信息安全风险等。在制定互联网金融的监管制度时应将其共性与特殊性有机结合起来考虑，要以互联网金融风险特征为理念，这样才能解决和防范互联网金融给消费者与整个金融体系带来的问题。网络借贷中介机构在经营时主要把握的核心内容是信息披露、第三方资金存管以及消费者权益保护。① 为此，有关网络借贷中介机构的风险管控制度主要包括：网络借贷中介机构的合法性规定；解决信息不对称问题，强制信息披露，同时鼓励自愿信息披露；解决投资人的适当性问题；建立客户资金存管制度等。

（四）网络借贷中介机构的市场退出

在市场退出方面，需要设计好制度，保护金融消费者和出借人的合法权益。在备案制情况下的市场退出制度设计难度较大，因为这种市场退出一般是按照市场化的退出机制处理，采用收购、兼并、破产、清算、重整等路径进行。P2P 网贷平台作为金融中介机构，应由监管机构对其运营进行监管，并根据监管过程中监测到的不同风险采取不同的行政处置和司法处置措施。退出制度设计要注重金融消费者、出借人、投资人的保护理念，P2P 网贷平台仅承担着借款人和投资人之间的交易中介角色，平台倒闭并不必然导致投资人（出借人）的资产损失，但平台应该做出平台倒闭的后续安排，以便出借人实现权益路径，以保障平台倒闭后未到期的借贷项目仍然有效，并

---

① 邓建鹏.监管办法为网贷立规矩：《网络借贷信息中介机构业务活动管理暂行办法》解读[N].金融时报，2016-08-29.

可得到有序的管理,直至借贷双方资金结清为止。① 与平台 P2P 网络借贷业务有关的第三方机构或其他互联网系统运营商,负有安排平台接管的义务,接管形式包括但不限于安排其他企业或 P2P 网贷平台作为接管人,或由出现运营困难的平台自行提供与平台债务相当的抵押、担保或追加风险保障金。

(五)网络借贷中介机构的监管体制

互联网金融是利用互联网和信息技术的商业模式创新,是金融创新的一种方式,因此会带来风险。金融发展史充分证明,监管是消解风险的最有效方式,但在互联网金融创新的过程中缺乏相应的监管制度、监管方式、监管方法,因此使得不法经营主体借助互联网金融创新的名目进行违法犯罪活动。② 网络借贷平台运营的借贷活动事实上涉及借贷业务和证券业务。所以,美国选择由 SEC 牵头监管,英国由 FCA 负责监管加行业自律监管。我国因实行分业监管体制,目前仅由中国银保监会负责,缺乏证券监管机关的介入。应当对我国网络借贷的监管边界、监管主体、监管体制等进行完善。我国网络借贷中介机构的监管采用中国银保监会的行为监管和地方政府金融管理部门的机构监管结合的"双负责制"模式,是一种体制机制创新,但存在问题挑战。"制度是一系列被制定出来的规则、守法程序和行为的道德伦理规范,它旨在约束追求主体福利或效用最大化利益的个人行为。"③网络借贷中介机构的监管需要解决如下问题:监管主体问题、监管体制和机制问题、业务监管问题、监管协调配合与行业自律监管问题等。

---

① 黄震,邓建鹏. 英美 P2P 监管体系比较及启示[J]. 中国农村金融,2016(15):84-86.
② 李爱君. 互联网金融风险事件的法律剖析与规范发展[N]. 金融时报,2016-06-13(2).
③ 道格拉斯·C. 诺斯. 经济史中的结构与变迁[M]. 陈郁,罗华平,等译.上海:上海人民出版社,1994:225-226.

第五章 网络借贷中介机构市场准入制度构建

第一节 市场准入制度构建的一般理论基础

市场准入是政府对市场主体、交易对象进入市场所制订的一种规则,主要内容包括市场主体资格的实体条件和取得主体资格的程序条件。[①] 市场主体主要包括自然人、法人和非法人;交易对象主要为有形商品、无形商品和为满足人们某种需求所提供的服务。在经济学理论中,市场准入制度对于经济的调控运行具有重要意义,也是政府进行市场管控的有效手段。市场准入制度设立的主要目的如下:第一,对于市场中存在垄断现象或严重信息不对称的企业进行数量控制,进而保证市场经济的健康秩序和良性竞争;第二,实现政府对市场微观经济主体的监管,进而使得政府更好地对市场做出有形调控,保证各个市场主体依法经营。

此外,市场准入的法律制度必须对政府的权力范围进行合理的界定,避免政府对市场实施过多的不必要干预。换句话说,对市场准入进行合理规制能够很好弥补对市场监管力度不足,但是必须对政府监管权力进行规范和界定。这是我国制定完善的市场准入基本理论的基础,也是构建市场准入法律制度所应遵循的基本原则。

[①] 郭冠男,李晓琳. 市场准入负面清单管理制度与路径选择:一个总体框架[J]. 改革,2015(7):28-38.

(一)市场准入制度构建的必要性依据

市场准入机制最初定位为政府为克服市场失灵而提供的一种公共物品,其本质上应当体现正外部效应,即意味着它的使用至少不会给其他人带来利益受损的结果。[①] 传统公共理论(Public interest theory of regulation)认为这种公共机制由政府负责制定和实施具有合理性,也可以被理解为政府应该重视外部性和自然垄断等问题,避免市场失灵,通过制定相应的制度和措施对公共利益进行保护,进而保证社会公平和效率,实现社会福利最大化这一价值目标。[②] 所以,政府制定相应的市场准入制度就是通过制度规制进而保证市场公平公正秩序,使消费者能够获得更多可信赖的产品。整体来说,市场准入的法律制度应当以公共利益角度作为出发点,对市场失灵进行纠正,进而保证市场公平和效率,优化资源配置,以达到维护社会公共秩序这一目标。

市场失灵将会导致很多严重后果:国民经济秩序混乱、公共利益受到损害、产生不正当竞争,因此政府部门应当加强市场监督,避免出现市场失灵现象,通过外部手段及时对市场进行调整和干预。市场准入制度成为政府部门进行市场监管,避免出现市场失灵现象的有效工具和核心政策,对于网络借贷行业来说,其存在的必要性包括能够弥补或避免以下几方面的网络借贷行业市场失灵。

第一,市场行为可能会对国民经济安全造成损害或威胁。实现市场均衡一般都是通过不同的市场主体决策所形成的,是一种事后调节行为,调节过程中伴随着一些盲目性。在金融行业中,若没有对市场准入进行严格把关,就很可能产生金融系统性风险,甚至威胁和损害整个国民经济安全。

第二,市场行为本身或许存在着外部性。市场行为客观存在一定的外部效应,且这种效应并不能通过市场自身机制就消除,如网络借贷平台的跑路或突然倒闭对涉及的投资人造成的经济损失和导致当地经济秩序混乱等。通过严格的准入管理,提高网络借贷投资人门槛,将不具备基本投资知识和能力的投资人拒之门外,从而降低负面影响和风险。

第三,市场在公共利益保护方面存在先天性不足和缺陷。市场主体的主要目标是追求更高利润和回报率,因此仅仅依靠市场机制很难维护好公

---

① 斯蒂格利茨. 经济学(第二版)[M]. 梁小民,等译. 北京:中国人民大学出版社,2000:140-141.

② 王兰. 商事登记与市场准入关系的法经济学思辨[J]. 现代法学,2010(2):54-61.

共利益。为了保证社会配置更加公平和高效,很多国家都设置了相应的市场准入制度来对市场进行管理,以维护社会公共利益。

第四,市场交易过程中存在信息不对称的问题。在网络借贷平台上,投资人和借款人各方的信息是不完全的,甚者存在虚假信息,项目信息的真实性及投资人、借款人的信用水平均难以判断,有些平台信息披露不到位,甚至参与作假。所以,市场准入管理制度能够对网络借贷平台、借贷双方等进行严格的审核和管理,进而减少或避免欺诈行为的发生,以维护市场安全和正常交易秩序。

(二)市场准入制度构建的合理性要求

准入制度的制定,通常情况下要按照其基本价值限度来合理、有效安排。信息经济学认为,高准入门槛并非能够确保安全价值的实现;相应的,低门槛甚至零门槛亦非意味着交易效率最高,这主要是基于"柠檬市场"①(又称"次品市场",即指信息不对称的市场)原理中不正当竞争的逻辑推理。② 根据"柠檬市场"原理得知,信息不对称市场中,不正当竞争会导致市场信息出现逆向流动,低质产品冲击高质产品,造成市场产品质量不断下降,进而阻碍市场交易的优化。进一步推理,若市场准入门槛过低,甚至零门槛,那么就会出现很多劣质网络借贷中介机构进入市场中,再加上市场信息的不对称,会出现"劣币驱逐良币"现象。所以,由于社会信用体系还未完善,市场准入门槛过低意味着进一步加剧了信息不对称问题所导致的负外部效应。

从市场准入角度来说,政府部门若不正当干预调整会对市场积极性产生打击,进而对市场主体决策产生影响,抑制市场活力,因此这就为市场准入法律的制定提出了相应要求,也就是市场准入管理必须存在法律形式,进而对监管部门进行约束,避免出现不当干预。由市场准入管理导致监管失灵情况表现如下:一是出现不公现象。若监管部门具有更高的自由裁量权,那么可能导致监管部门为自身利益而进行权力寻租,不能公正地对待所有市场主体,从而导致监管失灵。二是降低效率。在市场准入条件限制下,缺

---

① "柠檬市场"是指交易双方对质量信息的获得是不对称的,卖方可以利用这种信息的不对称性对买方进行欺骗,从而导致"逆向选择",即市场的优胜劣汰机制发生扭曲,质量好的产品被挤出市场,而质量差的产品却留在市场。

② G A Akerlof. The Market for "Lemons": Quality Uncertainty and the Market Mechanism[J]. The Quarterly Journal of Economics,1995(3):488-500.

乏相应的激励机制,导致效率低下,其通常需要在准入审批或许可过程中设计过多或过度繁复的审批流程和事项来实现干预市场的功能。因此,如果缺少有力的监督问责机制,这将导致人力和物力资源的浪费,降低市场效率和活力。三是制度本身出现偏差。政府进行市场干预会涉及多个主体,是一种多方面、错综复杂的过程。市场经济活动的复杂性,导致信息具有滞后性,因此市场准入机制的制定与现实要求具有很大差异,存在一定偏差。

由此得知,市场准入管理机制的成立目的是避免出现"市场失灵"现象,然而不合理的准入制度设置同样会对市场的正常秩序和效率造成严重影响。"市场失灵"的存在为设立市场准入管理制度的必要性提供了依据,而"政府失灵"存在的可能性则为制定市场准入管理制度的合理性提出了相应的要求。在我国,市场准入制度的设计,一方面要通过政府监管部门干预弥补市场调节的短板;另一方面也要尊重市场规律,坚持发挥市场在资源配置中的决定性作用,避免监管部门过度干预,实现市场调节和政府监管的最优组合。我国网络借贷处于高速发展期,是来自民间发起的金融创新,既要给予其一定的市场试错空间,也要有合理的监管规制,才能健康稳定发展。

(三)市场准入制度构建的可行性分析

构建合理的网络借贷中介机构准入制度,筛选出符合要求、有实力的网络借贷中介机构进入到市场中。针对 P2P 网贷平台设置合理的准入门槛,具有可行性。

1.强化 P2P 网贷平台风险的事前控制

计算机技术和互联网信息技术的应用,拓展了 P2P 网贷平台服务范围和业务范围,进而推动平台不断发展,但这种发展也伴随着相应的风险,例如计算机病毒、黑客攻击、平台资金被盗等安全隐患。由此得知,互联网金融环境并不是绝对安全的,因此 P2P 网贷平台安全性也成为社会广泛关注对象。因此,针对 P2P 网贷平台进行事前、事中和事后的协调式监管,是降低 P2P 网贷平台风险的有效手段。在进行事前监管过程中,主要是通过市场准入制度进行的,监管机构对 P2P 网贷平台进行严格的资质审查,要求平台在风险防控和资金安全方面必须达到要求,进而尽可能地降低平台在经营过程中的风险性,保障平台交易的安全性。

2.优化 P2P 网贷平台市场竞争环境

目前,我国互联网金融环境并不完善,若将 P2P 网贷平台的市场准入机制放开,会影响到正常的互联网行业秩序,其中具有代表性的案例就是 e 租宝案件。政府部门制定各种监管制度和措施,利用看得见的手来对市场做出合理干预和调控,才能保证互联网金融的有序开展和创造安全环境。结合我国具体国情和实际社会经济发展现状,监管部门针对 P2P 网贷平台制定科学、合理的市场准入管理制度,并在整个过程中对 P2P 平台市场环境和竞争环境进行持续优化,可以保障整个 P2P 网络借贷业务的安全运行,进而促进整个互联网金融的健康持续发展。

第二节　网络借贷中介机构市场准入备案制分析

(一)备案制下的网贷中介机构市场准入逻辑

我国采用"先照后证"的备案制,申请人首先需要在工商行政管理部门进行登记,获得注册商人经营资格,若申请人经营特殊业务,还需要到相关行政管理部门进行备案登记。通过立法规定网络借贷平台市场主体申请资格标准和申请程序,进而对网络借贷市场主体资格进行审核、确认,提高网络借贷平台市场准入门槛。通过设置网络借贷平台市场准入的条件,让正规健康发展的平台逐渐脱颖而出,让违规操作进入市场的平台逐渐被淘汰。同时,建立完善的网络借贷平台的市场准入制度可以帮助政府部门及时对网络借贷平台的经营状况进行监测,进而对网络借贷平台做出合理、有效的监管,为防范金融风险奠定一定基础。

目前,我国确立了网络借贷中介机构市场准入的备案登记制①。备案登记就是地方监管部门依法对本管辖区域内的网络借贷中介机构进行信息登记、公示和建立相关档案的行为。备案登记并不涉及对市场主体的合规程度、经营能力、信用水平的评价与认可。也就是说,地方金融办只是针对 P2P 平台进行形式性审查,对于其资信状况和经营实力并不作任何背书。对于网络借贷中介机构的准入资质,《暂行办法》规定了备案管理制度,但没有设置其他具体的准入标准,只是提到"网络借贷信息中介机构备案登记、

---

① 《暂行办法》第五条规定,拟开展网络借贷信息中介服务的网络借贷信息中介机构及其分支机构,应当在领取营业执照后,于 10 个工作日以内携带有关材料向工商登记注册地地方金融监管部门备案登记。地方金融监管部门负责为网络借贷信息中介机构办理备案登记。地方金融监管部门应当在网络借贷信息中介机构提交的备案登记材料齐备时予以受理,并在各省(区、市)规定的时限内完成备案登记手续。

评估分类等具体细则另行制定",没有明确说明细则的制定主体,没有明确是全国统一还是地方差异制定,也没有明确表明备案登记所具备的具体前提条件。P2P网贷平台只需要将监管主体所要求的资料提交上去进行登记就取得了营业资格,进入行业的门槛比较低,这就导致低水平以及有不良企图的平台大量涌入。

备案制更加重视进行事中、事后的监管,但是在实际监管工程中很难做好监管,再加上通过负面清单这种方式来对业务边界进行划分,也就是说备案主体在负面清单范围外均可以开展相应活动。此外,互联网金融其本质就是金融,尽管管理应该以准入管理为出发点,但目前实施的《暂行办法》中备案制并不属于管理机制范畴,因此负面清单和备案制也并不是实施网络借贷平台市场准入的有效手段。虽然许可牌照制度更为适合网络借贷平台市场准入策略,但是,这种制度许可与中央所下发的金融许可证并不等同,而是通过地方政府所颁发的一种地方类金融牌照;或者是有中央层面来统一牌照管理办法,进行总量控制,并将发牌权力转移到地方监管部门中。地方政府部门负责地方牌照的审核和颁发,对互联网金融进行合理准入管理,进而引导消费者对互联网金融机构优劣程度进行有效识别。但是,目前针对网络借贷中介机构所制定的备案、公示和分类等流程比较复杂。

(二)网络借贷中介机构备案制的现状与困惑

我国目前对网络借贷中介机构的监管,主要是《暂行办法》以及《备案登记指引》为核心的部门规章性质的规范体系,鲜有国家层面的法律规范。根据《暂行办法》第五条,网络借贷中介机构的市场准入应满足三个硬性条件:进行工商登记,登记后获得营业执照;向工商登记注册的地方金融监管部门备案登记;获得电信业务经营许可。对上述条件,具体分析如下。

1.进行工商登记,领取营业执照

《暂行办法》第二条对网络借贷中介机构进行了进一步界定:"网络借贷信息中介机构是指依法设立,专门从事网络借贷信息中介业务活动的金融信息中介公司。"与《征求意见稿》相比,该界定不仅再度强调了网络借贷中介机构为"金融信息中介"而非"金融信用中介"的属性,而且该界定进一步指出了网络借贷中介机构的企业性质,即应该采取"公司"形式,而不能采取其他形式。同时,在经营范围方面,《暂行办法》第六条规定:"开展网络借贷信息中介业务的机构,应当在经营范围中实质明确网络借贷信息中介,法律、行政法规另有规定的除外。"同时,《暂行办法》明确规定,网络借贷中介机构主要就是通过互联网技术为借贷双方提供信息服务,包括信息搜集、公布、交互以及对借贷双方进行资信评估,促进其完成交易的信息中介机构。因此,工商登记的网络借贷中介机构的经营范围应当与前述相符。

2. 向工商登记注册地地方金融监管部门申请备案登记

《暂行办法》第五条明确规定:"拟开展网络借贷信息中介服务的网络借贷信息中介机构及其分支机构,应当在领取营业执照后,于 10 个工作日以内携带有关材料向工商登记注册地地方金融监管部门备案登记。"地方金融办管理机构应该为网络借贷信息中介机构提供各种备案登记服务。备案登记不会对机构资信状况、合规程度和经营实力进行评价。值得注意的是:

(1)关于备案登记的部门。《暂行办法》第五条明确指出:拟开展网络借贷信息中介服务的网络借贷信息中介机构及其分支机构,由地方金融监管部门负责为网络借贷信息中介机构办理备案登记,而非"各省(区、市)人民政府承担地方金融监管职责的部门"。

(2)关于如何进行备案登记。《暂行办法》第五条第五款做出明确规定:"网络借贷信息中介机构备案登记、评估分类等具体细则另行制定。"需要进一步解释,该备案登记制度除了要求网络借贷中介机构在成立之初,必须实施备案登记外,还要进行持续性的备案登记。对于网络借贷平台来说,其备案登记内容若需要进行变更,需要在 5 日内对备案信息进行变更;如果网络借贷中介机构依法宣布破产、解散或是终止服务等,也必须向当地金融办进行注销备案。

(3)关于备案登记的审查。从《暂行办法》第五条第四款中对"备案登记"的表述及"备案登记不构成对网络借贷信息中介机构经营能力、合规程度、资信状况的认可和评价"的表述来看,地方金融办的审查可能仅限于形式审查,而不做实质性审查,但也有可能会借鉴目前私募基金管理人备案登记的做法,引入律师事务所等专业资质中介机构,要求律师事务所出具法律意见书等作为备案登记需要提交的材料。若采取这种做法,那么律师事务所等中介机构将承担部分实质性审查的义务,律师事务所在出具法律意见书的过程中,需要对网络借贷中介机构的经营能力、合规程度、资信状况等进行尽职调查。

3. 获得电信业务经营许可

根据《暂行办法》第五条第四款的规定,网络借贷中介机构向电信业务相关部门申请成为其开展网络借贷信息业务的必需条件,具体相关细则还需等待监管部门和工信部进一步明确。此外,按照《电信业务经营许可管理办法》第六条的要求,申请经营增值电信业务需要具备相应的注册资本及必要的场地、设施及技术人员等7个条件。

在地方立法层面,2017年2月,厦门市金融办首次出台了《网络借贷信息中介机构备案登记管理暂行办法》。此后,广东、上海、深圳、北京等多地均出台了相应的网络借贷备案登记管理办法。对比分析如下:第一,有关银行存管问题,深圳市和上海市明确提出银行存管应该归地方管理。深圳市针对网络借贷平台做出具体要求:在深圳市管辖范围内的网络借贷平台必须在该管辖区内的商业银行进行资金存管,且银行级别必须在分行以上。然而,北京市对这一要求相对模糊,仅仅规定:应当与本市管辖范围内的商业银行开展相应的资金存管合作。第二,针对网络借贷平台中人员资质要求问题。深圳市对网络借贷从业人员要求最为严格,其中规定:网络借贷平台人员必须具有超过5年相关工作经验,平台中必须具有超过3名本科及以上学历的高级管理人员。此外,对高级管理人员、监事、董事等人员进行规定,有如下情况的人员不允许参与该职业:被纳入严重不良信用记录或犯罪记录人员、由于违法行为营业执照被吊销人员、政府责令关闭公司负有个人责任的高级管理人员和法人代表、公司被责令吊销营业执照后未满3年的责任人。第三,备案文件问题。多地要求网络借贷平台提交详细材料,包括"由律师事务所出具的网络借贷中介机构备案登记法律意见书、会计师事务所出具的专项审计报告以及与第三方电子合同存证平台签订合同存证的委托合同"等。

实践中,仅厦门市一地备案了5家网络借贷中介机构。作为辅助措施,厦门当地金融办联合第三方存证机构共同建设了金融风险防控预警平台,通过这一平台能够针对互联网金融公司进行全方位评估,包括:投诉率、收益率、资金流、特征性和不可信指数等,进而来对企业风险隐患做出全面评价。同时,在2017年12月,P2P网贷平台风险防控和整治工作小组制定并颁布的《专项整治通知》明确规定:在2018年4月前,各地必须完成其管辖范围内主要P2P网络借贷中介机构的备案登记,到同年6月必须完成全部备案登记;对于未能备案成功的平台,要逐步引导这些平台进行业务清退,逐步退出市场,或以市场化形式对资源进行重新分配,实施并购重组。

如上所述,网络借贷备案可以分为行政审批意义上的备案和监督意义上的备案。《暂行办法》第五条规定,"备案的结果不构成对网络借贷信息中介机构经营能力、合规程度、资信状况的认可和评价",即该种备案应是程序性的备案,起到监督作用,强调的是事中、事后监管。但是,《暂行办法》又规定,只有完成备案登记,才能申请相应的电信业务经营许可,而后者是网络借贷信息中介业务的前置条件,网络借贷平台备案制度变为行政审批意义上的备案。同时,若根据《专项整治通知》,针对网络借贷平台实施备案登记制度的行政审批意义远超其监督意义。因为《专项整治通知》规定,积极配合相关部门进行整改工作,但是没有通过审核的平台,被引导退出市场,或被并购重组——备案实质上变为审批的一种,在备案过程中,行政机关对申请人进行筛选和实质性审查,而不是单纯的登记在册。备案制的性质由此尚存争议。

(三)网络借贷中介机构备案制的利弊分析

由于缺少事前的准入监管,我国网络借贷市场混乱,鱼龙混杂,网络借贷平台携款潜逃、非法集资的风险很大。不可否认,《暂行办法》和《备案登记指引》的出台,以及后续各地颁布的各备案细则,均表明监管部门希望对网络借贷中介机构这一新型主体进行调控的意向。

1. 网络借贷中介机构备案制的正面影响

业界及学术界普遍认为,网络借贷备案制有利于增强对网络借贷中介机构的监管,明确监管态度。《备案登记指引》文件的出台,其中规定:网络借贷中介机构只有完成备案登记才具有开展网络借贷业务的资格,意味着我国网络借贷市场正式进入"持牌经营"阶段,有效防止了行业混业经营等乱象,降低风险发生。

同时,备案制提高了网络借贷的准入门槛。2017 年 11 月 3 日,厦门市金融办下发了关于备案的补充通知,其中对于新设网络借贷中介机构的高管曾在其他网络借贷中介机构任职过高管岗位的,或持有新设网络借贷中介机构 5% 以上股权比例的股东曾持有其他网络借贷中介机构股权的,在申请备案时,应当提交原网络借贷中介机构当地主管部门整改通过的相关证明或本市监管部门认可的整改通过证明。这也意味着,一旦平台高管有过"黑历史",平台将难以完成备案。由此可见,备案制度在一定程度上对网络借贷平台进行筛选,提高了网络借贷准入门槛,提高了违法成本,有助于推动现有网络借贷平台的自我完善,极大地督促了网络借贷行业内平台进行自查,防范金融风险的发生。这在一定程度上促进了传统金融和互联网金融的融合发展,使得网络借贷行业能够更为规范地发展。

2. 网络借贷中介机构备案制的负面影响

从备案制度设立的出发点来看,备案作为事实行为,其结果对备案事项不会造成影响。备案制将识别网贷平台水平的责任转移给了投资人,而大多数投资人是不具备专业知识、技能来分辨平台优劣的。备案制的性质在行政审批和监督之间徘徊不定,导致备案制的监管强度存疑,不知其是否足以应对P2P平台当前的乱象。和其他金融机构采取严格的审批制相比,仅采取备案制度,对于作为金融机构的P2P网贷平台而言,反而降低了其市场的融资门槛。但如果P2P网贷平台严格遵守其作为信息中介的定位,那么,套用涉众性金融监管范式所设定的准入门槛阻碍了市场主体进入,加重了金融市场中原本存在的信息不对称现象,妨碍了利率市场化。

从备案制度程序上看,《指导意见》规定,网络借贷中介机市场准入为"地方金融主管部门的备案登记＋通信主管部门的电信业务经营许可"的管理模式。没有经过地方金融监管部门备案登记,就无法获得电信业务经营许可。但是,经过备案登记的网络借贷中介机构不一定必然获得电信业务经营许可。因此,备案登记之前应先获得电信业务经营许可,获得许可的予以备案,否则不予备案。

从监管角度看,虽然将存管银行实行属地化模式能够方便监管机构实施监管,并对存管机构报送的数据和资金流向实施全面监管,进而使监管工作形成闭环。但是如果存管机构没有在当地设定相应的实体部门,监管部门需要实施异地存管银行进行各种监管和信息报送,将会遇到很大困难。若资金存管必须根据"银行存管属地化"原则实施,那么就会对不能达到属地原则要求,且已经上线存管的网络借贷平台和合作银行产生一定影响。在北京市,规定应当选择有本市政府部门所认可的银行进行资金存管,也就是说存管银行实行白名单制度,对于在北京没有建立实体银行的存管银行,经过监管部门审核通过后,也可以进行存管,这种政策相对于深圳市和上海市来说,比较宽松。

第三节　国外网络借贷中介机构的市场准入制度

互联网技术和金融行业在欧美地区发展较早,网络借贷则是互联网行业和金融行业两者结合的重要产物,相对来说,针对网络借贷中介机构制定的监管制度,其他国家更为成熟。

(一)英国网络借贷中介机构的市场准入制度

1. 网络借贷中介机构的市场准入监管主体

在英国,网络借贷中介机构主要从宏观层面和微观层面来划分市场准入监管主体。

从宏观层面来说,负责对网络借贷中介机构的市场准入进行监管的机构是 FCA。FCA 在 2013 年 4 月成立,是英国政府专门成立的市场监管机构,作为独立机构承担对金融消费者保护的职能,并尽量保证自身机构的开放性和透明度,是英国金融监管体系必不可少的重要组成部分。FCA 董事会主要由非执行董事和执行董事两者构成,并负责 FCA 的日常运行,同时还设定监管决议委员会、检查委员会、风险委员会和审计委员会,并有着明确的职责权限。FCA 设定不同监管机构,进而对金融市场实施具体监管,其中许可部门主要职责是针对金融机构的申请进行审核和审批。

从微观层面来说,英国的网络借贷行业自律组织(Peer-to-Peer Finance Association,简称 P2PFA)是 2011 年成立的,时间早于 FCA。这一组织由三家平台公司 Rate Setter、Funding Circle 和 Zopa 联合成立,并针对网络借贷中介机构制定相应的监管制度和规则,此外还对网络借贷中介机构的市场准入制度做出具体要求。在专业监管制度颁布前,该组织在网络借贷中介机构事前、事中和事后监管过程中起到重要作用。[①]

现阶段,英国已将微观监管主体和宏观监管主体相结合,形成联合监管模式,进而对网络借贷中介机构乃至整个金融行业的健康发展起到重要作用。

2. 网络借贷中介机构的市场准入监管方式

P2P 网贷平台最早是在英国出现的,在网络借贷平台诞生之初,英国政府并没有相应的监管规则,然而 P2P 网贷平台发展极为迅速,因此政府也不断建立和完善各种监管制度。针对 P2P 网络借贷市场准入监管,英国政府采用宏观层次的政府监管体系和微观层次上行业自律监管两者结合的联合监管模式。

从国家或政府层次来说,针对 P2P 网贷平台制定了专门的规范性法律

---

① 曹小艳. 英美 P2P 网络借贷监管经验及其对我国的启示[J]. 武汉金融,2014(9):16-19.

文件。FCA颁布的《关于通过互联网众筹及通过其他媒介发行非易于变现证券的监管办法》(以下简称《监管办法》)对网络借贷行业的市场准入做出明确规定。其中,《监管办法》通过动态和静态两个层次对最低标准进行了规定,进而保证平台能够健康正常运营,同时在发生危机时,能够及时做出反应,提高风险防控水平,保障借贷双方的合法权益。资本金标准等相关规定是有效保护消费者合法权益的有效手段。对P2P网贷平台提出最低审慎资本要求,确保平台在运营危机的情况下平稳过渡。此外,英国还不断推行牌照制度来经营业务。

从行业自律层次上来说,P2PFA针对P2P网贷平台的运营制定了10条法则,弥补了英国P2P网贷平台平行法律监管的部分空白,特别包括P2P网贷平台行业准入的相关规则。针对P2P网贷平台高级管理层来说,平台董事成员中至少要有1位成员是获得金融管理局所认可的代理人;针对P2P网贷平台最低运营资本,要求每个会员都需要保持自有资金超过2万英镑且能覆盖未来3个月的运营成本;针对P2P网贷平台系统建设,平台公司要确保其网络系统和计算机系统的安全性和可靠性,并和所经营业务的复杂性、规模相适应。

(二)美国网络借贷中介机构的市场准入制度

1. 网络借贷中介机构市场准入监管主体

美国的网络借贷行业较为活跃,其市场运用也比较规范。针对网络借贷行业市场准入监管,美国主要实施州与联邦共同监管的多部口监管模式,目前美国网络借贷平台主要有五大监管主体:SEC、网络借贷维权委员会、消费者金融保护局、政府问责办公室、联邦和州相应监管机构。其中,SEC是P2P网贷平台的主要监管主体,针对该平台的行业准入等制定明确的监管规制。

SEC是联邦政府的独立性机构,其主要职责就是对金融进行管理。设立SEC的主要目的就是限制对市场的干预和保护金融投资人的合法权益,对投资人进行正确的引导和规范。[①] SEC负责对美国所有地区证券交易、证券发行等行为实施监管,同时还具有一定的司法权和立法权,并直接对美国国会负责。

---

① S R Cohn. The New Crowdfunding Registration Exemption: Good Idea, Bad Execution[J]. Social Science Electronic Publishing,2012(14):36.

2008年,针对 Prosper 和 Lending Club 等典型的 P2P 网贷平台,SEC正式认定网络借贷平台的交易凭证也属于证券范畴,具有证券属性,平台可以向有关部门申请注册。Lenging Club 和 Prosper 分别于 2008 年和 2009年在证交会进行了注册。① 但这种做法将 P2P 网贷平台归属到证券交易领域,进而对于平台的市场准入产生一定限制。P2P 网贷平台只有在获得由SEC 颁布的证券交易牌照后才能进行交易和运营。此外,P2P 网贷平台监管主体不只是 SEC 一个,在不同的州运营业务的过程中,还要受到当地证券监管机构的管理和监督。

2. 网络借贷中介机构市场准入监管方式

美国是最早针对网络借贷行业准入实施监管的国家,主要通过道德约束、社会监督框架以及基于法律制度体系来进行监管,其主要采取政府监管的模式。

关于监管依据,SEC 认为网络借贷平台出售的凭证应属于证券范畴,监管部门按照美国 1933 年《证券法》和《证券交易法》来对网络借贷平台实施监管。除了上述法律外,还涉及《公平信用报告法》《真实借贷法案》《公平债务催收法》《信贷平等机会法案》《多德-弗兰克法案》等相关内容的规定。如,美国在《消费者信用保护法》中,将网络借贷划定在民间借贷的范围内,从而使网络借贷平台拥有了一定的法律地位。② 当《多德-弗兰克法案》获准通过后,国会赋予了众多网络借贷平台接受 SEC 监督的豁免权,同时使金融消费者保护署(CFPB)拥有了对平台进行监管的权力。③ 此外,P2P 网贷平台具有互联网属性,因此还受到电子商务相关法规的约束;P2P 网贷平台还具有金融属性,因此还应遵循金融相关法规的约束;同时,在各州经营业务过程中,网络借贷平台还受到各州相关法律法规的约束。

SEC 将 P2P 网贷平台在交易过程中生成的凭证认定为证券,因此会按照证券交易所的相关规定对网络借贷行业的市场准入实施监管,平台必须做到符合规定条件后,才有可能获得证券交易所颁发的营业牌照。P2P 网

① H Buhaug, L. Cederman, K S Gleditsch. Square Pegs in Round Holes: Inequalities, Grievances, and Civil War[J]. Social Science Electronic Publishing , 2014(2): 418-431.

② P Slattery. Square Pegs in a Round Hole: SEC Regulation of Online Peer-to-Peer Lending and the CFPB Alternative[J]. Yale Journal on Regulation, 2013(30):233-275.

③ 姚海放. 网络平台借贷的金融法规制路径[J]. 法学家,2013(5):94-97.

贷平台必须备齐材料向 SEC 申请登记。美国对 P2P 网贷平台依据证券经济交易性质的市场准入进行规定,在一定程度上提高了其市场准入门槛,进而将不具备交易资格或存在较高风险的平台阻挡在外,以维护金融市场秩序。

关于网络借贷中介机构登记办法,主要是指网络借贷平台向证券交易所提供的产品发行说明书。该说明书主要内容如下:概要、公开发行条款、风险提示、重要协议条款、平台描述、公司信息及财务状况等。SEC 要求 P2P 网贷平台在提交相应的申请材料时,要详细注明和解释平台发行的交易产品的风险要素。为了更好地维护借贷双方权益,监管部门赋予了平台提供的说明书一定法律地位,一旦 P2P 网贷平台提交该说明书,必须严格按照说明书的规定履行自己职责,若有违规,则会受到相应制裁。

关于平台注册资金,按照美国《证券法》规定,拟成立的 P2P 网贷平台的注册资金为 400 万美元,这大大提高了网络借贷平台的市场准入门槛。按照证券类的要求实施监管,也就表示网络借贷平台想要注册成功,将面临很高的市场准入门槛:注册资金要求高、资本保证金金额大,这种高市场准入门槛,对一些实力不足或达不到要求的平台产生了限制,进而保证整个 P2P 行业形成一个竞争有序、健康发展的良好局面,同时对市场风险进行更好的防控,更好地对借贷双方相关权益进行维护,也更好促进平台自身的良性发展,进一步对整个金融市场环境的安全性做出有效的保障。

第四节　网络借贷中介机构市场准入的制度完善

(一)明确网络借贷中介机构市场准入监管理念

关于网络借贷行业市场准入的监管依据,我国仅有一部针对网络借贷进行规定的规范性法律文件,即《暂行办法》,但也没有对网络借贷中介机构的市场准入进行相应规定。同时,网络借贷平台的成立应当遵守《投资基金法》《证券法》和《公司法》等其他相关法律法规和政策的规定。所以,在中央层面中,应当对《暂行办法》进行修订,其内容应该包括网络借贷行业市场准入中的人员配置标准、注册资金要求和平台的风险控制等;在地方层面中,地方监管部门要针对 P2P 网贷平台制定合理的监管规定,同时结合当地的市场环境和经济状况,在遵守中央规定的基础上,对平台市场准入制定合理的监管标准。此外,还要积极引导和推广行业自律组织的发展和建设,并针对行业组织出台相应的法律文件,对网络借贷平台的市场准入规定和标准制定详细标准。上述办法能为网络借贷行业市场准入提供详细的依据和准入门槛标准。

2017 年 9 月 22 日,中国人民银行副行长易纲在 2017 中国普惠金融国际论坛上表示:"普惠金融必须依法合规开展业务,要警惕打着'普惠金融'旗号的违规和欺诈行为,凡是搞金融都要持牌经营,都要纳入监管。"①在此后不久的 2017 年 10 月底,中国人民银行行长周小川在《党的十九大报告辅导读本》中撰写的署名文章《守住不发生系统性金融风险的底线》中提出:"坚持金融是特许经营行业,不得无证经营或超范围经营。"②以上言论实际上针对的是互联网金融和科技金融,包含 P2P 网络借贷。金融市场准入需要门槛,但市场准入不等于牌照管理,更不等于特许制,市场准入的方式是多元的,除了许可,还有备案甚至是不干预。因此,根据科技金融形态的差异,采取差异化的准入制度,既不能一味地放任自流,也不能全部实施特许或普通许可、牌照管理。

(二)完善网络借贷中介机构市场准入的具体标准

1.平台风险控制机制的市场准入标准建议

为了进一步保证 P2P 网贷平台的安全性、可靠性和高效性,监管部门应该做出规定,要求所有平台必须采取必要的措施控制风险,准入监管中要做到:第一,设定相应的风险管理机构,P2P 网贷平台应该由上到下设定一套风险控制部门,且能够随着市场波动和客户需求变动及时地做出反应,进而使其风险防控体系更加完善;第二,完善风险管理系统,P2P 网贷平台日常经营工程中,要加强对从业人员的培训工作,同时加强网络借贷平台的系统维护、运行、应急预案等工作,此外还要提高风险防控技术水平,要不断革新软件加密技术和硬件技术,进而为平台运行营造更加安全的网络环境;第三,完善风险预警机制,平台应该建立具有动态监测性的风险预警系统、安全技术应急响应中心,进而对业务进行动态性风险监测,一旦出现潜在安全风险,立刻发出报警。

---

① 柴华,易纲.任何金融都要持牌经营 监管会实现全覆盖[N].金融时报,2017-09-23(1).
② 周小川.守住不发生系统性金融风险的底线[J].中国邮政,2018(1):13-16.

2.注册资本金的市场准入标准建议

为保证网络借贷交易安全性,避免出现网络借贷平台泛滥,监管机构在市场准入标准中必须设定最低注册资本。具有充足资金的 P2P 网贷平台、可以满足市场准入标准要求的,才能获得进入市场的资格。但是,P2P 网络平台的日常业务主要是在虚拟网络空间中进行的,整个交易过程中采用无纸化交易,所以投资人利益保护和风险控制的难度较大。出于 P2P 网贷平台的系统安全考虑,必须对网络借贷平台的市场准入设定最低注册资本金要求。SEC 要求 P2P 网贷平台必须注册登记,注册资金最低为 400 万美元。英国则是通过静态性指标和动态性指标相结合的模式来确定网络借贷平台资本金的最低值。动态性指标,主要是通过平台总交易金额分阶梯计提比例计算出来的,综合平台运营规模的大小确定资本金,并根据平台经营状况进行动态调整,进而更好地对平台实施风险控制。

对于我国 P2P 网贷平台来说,应该积极借鉴英国这种方法,设定一个较低的静态性指标门槛,之后根据平台的累计待还金额,通过阶梯形计算法来确定动态指标门槛,最终将静态和动态指标相对比,取其最高值作为资本金。此外,注册资本金是动态变化的,若平台规模不断增加,总交易金额持续上涨,那么其资本金应该有所提高,进而使得平台风控能力和其经营能力相适应。

3.人员规范的市场准入标准建议

针对 P2P 网贷平台高层管理人员的任职资格应当制定相应的准入标准。针对高层管理人员进行资质审查,要求高层管理人员必须具有一定的从业年限、金融专业背景,并掌握互联网、法律等相关知识内容,且具备良好的进行风险控制管理的工作能力。这一点可以参考上海市所出台的《网络借贷行业准入标准》中的相关条例:从事高管、监事和董事相关人员中,具有 5 年及以上会计、法律和金融等从业经验的人员必须超过 3 名;从事风险管理和风险评估等高层管理人员中,必须具有 5 年以上风险管理工作从业经验的人员。对于 P2P 平台来说,要定期对高管人员实施各种技术培训,并制定完善的问责机制,使高管人员更具有责任意识。平台内部监管机构要加大对平台高管人员进行计算机、网络等知识的考核,进而保证平台内部监管能够和飞速发展的技术和市场相适应。

(三)差异化设置网贷中介机构的市场准入规则

2013 年,张守文教授提出经济法的差异性原理,将"具体问题具体分析"

的方法和经济法特有的"两个失灵理论"(市场失灵和政府失灵)相结合,所产生的差异化的原理,就是经济法特有的理论。

经济法或金融(监管)法作为国家干预私人经济的产物,本质上是一种公共物品,它的规制所针对的是主体行为的外部性,尤其是其负外部性。而科技金融的外部性,表现为系统风险性。因此,对科技金融的差异化制度设计,其主要根据应该是各种科技金融的负外部性程度或系统风险程度而不是其他。首先,对于互联网金融平台,由于其具有类似于交易所的功能,如果放开市场准入势必会造成恶性竞争,甚至欺诈丛生,再加之平台关涉众多投资人的利益,即公众利益,因此,应采取特许制,但其准入难度应低于公募基金。其次,针对不符合豁免条件的互联网金融公开发行项目应采取一般行政许可制。虽然这类项目可能存在欺诈发行的风险,且涉及公众利益,有一定的系统性风险,但基于投资人自主决策、自我承担风险、市场为项目定价的原则,不宜采取特许制,因为一旦采取特许制将会导致价格虚高,价格机制扭曲。但又不能放任自流,因而应采取一般行政许可制,监管机构要审查其条件,一旦符合条件即准予公开发行。再次,对于外部性与系统性风险程度较小的科技金融形式,为了便于政府部门掌握信息,监控风险,防止其引发区域性风险甚至系统性风险,有必要采取登记备案形式的监管。① 因此,网络借贷平台市场准入制度的构建,应当依据 P2P 网贷平台的实际功能,按照差异化监管的思路,制定适应实际监管需求的法律制度。

1.制定针对所有 P2P 网贷平台的一般市场准入规则

银保监会应当针对所有拟从事 P2P 网络借贷业务的平台实施统一的一般准入监管制度,这样做的目的是给予市场主体最大的自由,减少政府的不当干预。对于 P2P 网贷平台的一般准入监管,建议要求实施备案登记制,信息披露应当充分、真实,强调银保监会审慎形式审查,严格法律责任追究。长期以来,为了维护公共利益,确保金融风险降到最低,我国始终没有放松对金融市场的监督与管理,并制定了严格的市场准入门槛,但在实际操作过程中,政府失灵的现象不可避免。另外,实证研究也支持公共选择理论,即较高的市场准入门槛并没有获得良好的社会效益。所以,对于 P2P 网贷平台的一般准入监管,应突出市场的决定作用,而不是由政府来主导挑选 P2P

① 邢会强.相对安全理念下规范互联网金融的法律模式与路径[J].法学,2017(12):22-28.

网络借贷市场的参与者。应按照"机构监管和行为监管"分工的原则,制定一般性的 P2P 网络借贷中介机构的准入规则。

2. 对金融服务型的 P2P 网络借贷中介机构制定专门的准入规则

P2P 网络平台的运营模式始终在变化和更新之中。对于网络借贷平台,只有加强监管,才能较好地控制金融风险,使金融市场得到健康而稳定的运行。所以对金融服务型的网络借贷平台,应实行分类许可的特别准入监管制度,并根据金融服务的类型申请相应的金融牌照。对于提供资金错配、期限转换服务、构建风险储备金的 P2P 网贷平台,从性质上来说,这类平台提供了如银行一样的信用中介服务职能,所以适用于银行的监管体系。故该类平台应向银保监会申请特别许可,由银保监会审查核实平台是否具备和设立商业银行类似的条件,审核合格后才能为其发放许可证书,并以考核商业银行的标准来监督 P2P 借贷平台的运行。对于提供证券服务项目的 P2P 网络借贷中介机构,应当按照信贷资产证券化的监管要求,向银保监会提出申请,获得特别许可后才可以开展贷款证券化活动。随着 P2P 网络平台的不断发展,如果出现其他更多的新型金融服务产品,网络借贷平台应该及时向银保监会提交特别许可申请。若出现混业经营,平台应当向银保监会以外的监管机构提交相应的特别许可申请。在没有获得任何许可之前,网络借贷平台不能从事其他金融业务。

第六章 网络借贷中介机构经营范围与负面清单制度构建

第一节 网络借贷中介机构的经营能力

商法①将商人分为注册商人和法定商人,并确立了商事主体的权利能力和行为能力制度。② 商事关系是商人以追求利润为目的从事特定营业所形成的经营关系。③ 简单地说,商事关系是一种经营关系。④ 从事商业行为的主体的主要组织形式是公司,规范公司组织形式和公司行为可以使商事活动有序和安全。通常网络借贷中介机构以公司的形态出现,其经营能力主要为:一般公司状态的权利能力、行为能力和侵权责任能力,此外还包含对其经营能力的特殊限制后的经营能力考察。早期的网络借贷中介机构从名称上无法看出其从事何种业务,大都以投资管理咨询公司、财务信息咨询公司、网络科技公司、理财信息咨询公司等名义出现,后来才有金融科技公司、网络借贷技术公司、理财科技公司、互联网金融信息服务公司、普惠金融科

---

① 范健、王建文二位教授均主张商法即企业法。他们认为:"企业,是商法中的主体和商法的调整对象,应处于商法的核心地位。由此,商法的任务就是调整企业在一定社会中的经营活动,即以企业的形态、成立与消灭、运营与管理、资金筹措、会计与决算、交易等为调整内容。"

② 王建文.从商人到企业:商人制度变革的依据与取向[J].法律科学,2009(5):94.

③ 施天涛.商事关系的重新发现与当今商法的使命[J].清华法学,2017(6):136-155.

④ 施天涛.商法学[M].北京:法律出版社,2003:5.

技服务公司、财富投资管理有限公司、金融服务外包有限公司等名义。网络借贷中介机构作为一般性的公司，我们有必要了解其作为公司性质的权利能力、行为能力和侵权责任能力。

公司的权利能力是指公司作为独立的民事法律关系主体，依法享有民事权利，承担民事义务的资格。根据《公司法》第三条，公司一旦经过设立并经核准登记而成立之后，便具有法人资格，享有相应的权利能力。这种权利能力贯穿在公司成立到消亡的整个过程中，在这一期间内，公司享有民事权利同时需要承担民事义务。公司可享有或承受的权利义务范围相当广泛，如财产权、名称权、名誉权、受遗赠权等。公司可以享有一切财产上的权利，包括物权、债权、准物权、无体财产权在内的一切财产上的权利。

公司的行为能力是指公司按照自己的意思依法独立进行各种民事活动的行为，行使权力、承担相应义务的一种能力，其与公司的权利能力不等同。权利能力不管公司是否行使，它都享有，行为能力则是公司行使，即会产生一定的法律后果，不行使则不产生法律后果。公司的行为能力建立在它的权利能力基础之上，有行为能力的公司必须以具有权利能力为前提，否则，它的行为能力就得不到法律保护，甚至会失效。公司自取得法人资格起至公司解散，法人资格丧失前，一直享有行为能力。公司的行为能力通常通过公司的组织机构及其法定代表人来实现。在法律规定范围内，公司法定代表人的行为即是公司法人的行为，其行为后果归属于公司。公司的行为能力主要表现为公司的组织机构和其法定代表人对外代表公司进行业务、行政和诉讼等活动，对内则是执行各种业务活动。

公司在其具有独立财产权的基础上，也独立承担各种责任，其责任能力包含了公司的侵权责任能力。例如，公司法定代表人由于执行公司业务而对他人造成损害，法定代表人的行为即是公司的行为，因此公司必须承担相应的赔偿责任。目前，我国现行公司法中并没有针对这种责任进行明确规定，按照我国《民法典》总则第六十一条得知，企业法人对法定代表人和其他工作人员的经营活动，承担民事责任。公司当然也应对其董事或股东执行职务的行为承担相应责任。

具体到网络借贷中介机构的经营能力而言，考虑的是：第一，网络借贷中介机构是法定商人还是注册商人。法定商人，是指以法律规定的特定商事行为作为营业内容并且经过特殊的商业登记程序而设立的商事主体。注册商人是指不以法律规定的绝对商事行为作为营业内容，是通过一般性商业登记程序所成立的，并按照核准的营业范围进行各种商事行为的商业主体。P2P 网络借贷中介机构早期为注册商人,随着互联网金融监管的加强,P2P 网络借贷中介机构演变为法定商人。而作为法定商人,其经营能力取决于 P2P 网络借贷管理机关的许可、同意。第二,取决于网络借贷中介机构的定位。网络借贷中介机构定位包括信息中介、信用中介和复合中介三种,三种定位下的借贷中介机构的经营能力有明显不同。第三,取决于业务范围的具体限制措施。网络借贷中介机构作为法定商人,其权利能力和行为能力受到法律和自治规章的限制。

目前,对网络借贷中介机构的业务限制,一是通过负面清单来对业务经营活动进行管理。由于 P2P 网贷平台初步成立,业务模式并不完善,所以《暂行办法》针对网络借贷中介机构的业务经营范围采用以负面清单为主的管理模式,明确了包括不得吸收公众存款、不得设立资金池、不得提供担保或承诺保本保息、不得发售金融理财产品等十三项禁止性行为。针对网络借贷中介机构的政策安排,允许网络借贷中介机构与第三方机构进行担保或者与保险公司进行相关业务的合作。二是实施第三方存管模式管理客户资金。为防范网络借贷中介机构设立资金池和欺诈、侵占、挪用客户资金,《暂行办法》明确规定将网络借贷中介机构自身资金和客户资金进行分账管理,通过与银行等机构进行合作,利用第三方存管模式对客户资金进行监督和管理。但是,这种模式需要网络借贷中介机构与存管机构明确约定各方的责权边界,以便风险识别和风险控制。三是对借款集中度进行限制,降低风险。为防范网络借贷中介机构可能出现的道德风险,保护出借人权益,并与非法吸收公众存款有关的司法解释及立案标准相衔接,《暂行办法》规定网络借贷金额应尽可能实施小金额交易。

第二节　网络借贷中介机构的经营范围

商事中介机构的经营范围也就是居间服务,所谓的居间实质是居间人向委托人报告订立合同的机会或者提供订立合同的媒介服务,并向委托人收取一定费用的行为。居间商是从事居间活动的商人。大陆法系国家商法典对居间商①及其行为都有专门规定。目前,我国还没有出台专门用于居间商的法律法规,只是在《民法典》合同编中做出部分规定,这些规定是目前进行居间行为处理的基本规则。

(一)网络借贷信息中介机构的经营范围

针对单纯信息中介平台来说,平台主要职能只是发布借贷信息,并撮合借贷交易。在纯中介模式下,首先需要借款人利用平台发布自身借款需求,之后出借人根据借款人的基本信息和信用水平决定是否出借资金。平台只是提供信息中介服务,主要工作就是不断挖掘数据、利用数据,尽可能披露更多的有关借款人的真实有效的信息。这种模式的主要优势就是平台不涉及信用担保服务,最具有代表性的平台为拍拍贷。从国际实践来看,纯中介模式一般会针对风险实施分类,并根据类型的不同分别进行定价,继而来降低筛选成本,使投资人能够快速、方便地找到投资目标。例如,在美国,其信息相对完善,市场比较发达,官方机构乃至民营机构具有完善的征信措施,市场具有较强的流动性,个体违约会付出很大代价,因此这种模式受到欢迎。然而,我国征信系统很不完善,无法实现风险定价,信息不对称现象较为严重,投资人更倾向追求稳定的收益,一旦出现违约案件,就会迅速传播和放大,造成恶劣影响。《暂行办法》中所规定的"投资人自行承担借贷产生的利息损失",具有很大的难度。

(二)网络借贷信用中介机构的经营范围

与传统金融组织联手可谓是网络借贷中介机构发展的另一个方向,最终,网络借贷中介机构逐渐实现类似于信托、私募这样的线上和线下联动发展模式,发展成为大概念中资产管理机构成员。但是要想具有这样的发展结果并不是一件容易的事,首先网络借贷中介机构必须拥有强大的风险控制能力,要寻找到优质可靠的项目和信誉较好的借款人,同时对贷款是否合理合法、真实有效进行审核,并制定可靠的风险防范措施,只有做到这样,网络借贷平台才能慢慢向资产管理机构方向发展。这个过程的具体操作环节包括筛选、审核、评价,类似金融产品开发,此过程中网络借贷平台按照投资

---

① 在大陆法系中,居间商被定义为获取佣金而从事契约缔结的促成活动的商人。居间商作为契约缔结双方的中介,主要分为两种方式:一是委托人已经表明自己的要约,居间商仅仅作为信息媒介角色,将委托人的要约向第三人进行传达,要约中的承诺也是通过居间商传达给委托人;二是在居间商进行介绍后,契约双方会直接进行契约缔约,居间商仅起到提供缔约信息、帮助联系的作用。

人要求设定条件,如抵押、质押、信用担保和担保公司、保理公司合作,随后再对产品进行研发、设计以及发布,这个方向也是诸多大平台正在做的事。[①]国外网络借贷平台大多创建了定期还款、分批贷款、风险准备金等制度。一些网络借贷平台还引入了担保机制,Funding Circle 网络借贷平台虽然没有构建风险准备金制度,但每一位借款人都有个人担保,倘若出现违约状况,平台会要求担保人承担偿还贷款的担保责任。再如在美国已成功上市的宜人贷,可谓是网络借贷平台的典型代表,它拥有专业团队,并构建了比较完善的风险预控管理机制,能够有效预防后续风险。

(三)网络借贷复合中介机构的经营范围

在借贷关系中,法律着重保护出借方即债权人的本息安全,通过法定或约定的权利义务设定,保障投资人(出借人)的资金安全,以及本息合法收回是基础要求。构建负责任、有能力的 P2P 网络借贷中介机构是网络借贷安全、真正保护投资人利益的关键。网络借贷的法律制度需要着眼于增加平台的能力,做到权利义务的平衡,承担义务的基础能力要赋予平台。现在网络借贷中介机构的定位是信息中介,但是这一中介并非简单地撮合交易,其撮合交易的前提是平台负有很多义务,因此需要将其建设成为一个负责任的平台。所谓负责任的平台,首先要求平台保证投资人的资金安全;其次也要求平台不能过分担保投资人收益,从而增加自身的安全风险,这就是取消备付金,由第三方机构担保的原因。实际上目前所有的规则也都是围绕如何构建一个负责任、有能力的平台展开。加强机构之间金融信息共享和使用,目的在于打破各机构间的信息壁垒,更加便于对投资人、借款人进行系统性评价和分级。但其中对借款人信用情况和偿还贷款能力做出准确评估是十分困难的,如何才能完成这一法定义务,不仅是网络借贷平台应该思考的,也是监管者的责任。作为网络借贷平台,要加强后端借款人的偿债能力审查,这可能是平台将来需要开展的主要工作。而作为制度设计,应该在规范中给予备案平台更多权利和能力,为双方的交易增加安全性。

问题在于如果借贷中介机构定位为复合中介,其主要可以从事哪些行为。我们认为复合中介不是信用中介也不是信息中介,有利于保障投资人安全、保障出借人本息安全和交易便利的业务都应当允许。具体而言,主要

---

① C Coglianese, D Lazer. Management-Based Regulation: Prescribing Private Management to Achieve Public Goals[J]. Social Science Electronic Publishing, 2003(4):691-730.

有以下内容：①包含有信息中介机构的全部业务范围。即为借贷双方提供信用评估、信息收集、信息交流、借贷促成、信息发布等服务。②具有利率定价权利和能力。如借款人的借款利率由借贷中介按照一定的规则，及借款人的信用程度确定利率水平，供出借人投资决定。③提供一定的、适当合理的增信服务。包括备付金、第三方对借贷中介机构的担保、平台受让个体债权、投资人之间的权利转让、借贷中介机构的代理债务管理和催收、一定额度内的资金垫付、债权收购、代理诉讼或仲裁等。④网络借贷中介机构合理适当的财务性投资，充分运用好网络借贷中介机构的自有资金，赋予其一定比例的财务投资活动。⑤引入信用保证保险。引入保险公司的信用保证保险是好办法，银保监会专门针对互联网的金融业务予以扩大，而保险公司的实践也早早走在了前面，这个信用保证保险险种在其他行业已经有了，比如说融资租赁行业就已经有信用保证保险。⑥经营范围选择权。网络借贷平台可以根据自己的意愿来选择运营模式。如果选择去担保化的纯金融中介信息服务业务，其业务内容应当限定在发布贷款信息、撮合交易；如果提供信用担保、资产证券化或理财业务等金融服务的网络借贷平台，必须相应取得由银保监会颁发的牌照，而且开展的经营活动必须在法律许可范围内，禁止或限制秒标、净值标异化产品，规定网络借贷平台的利率范围，防止其变相提供超高利率，出现高利贷现象。①

第三节　网络借贷中介机构负面清单管理

行政审批负面清单管理，是负面清单管理模式在中国试点运用与行政审批制度改革历史发展相互融合的产物，是行政审批法治化的制度选择。②行政审批负面清单管理，就是由相关的行政职能部门以全面统一、公开透明、事先公布的清单方式列明所有行政审批事项内容，清单之外的事项由市场自主进行决定，而清单之内的项目必须由行政职能部门审批，可见负面清单已经成为区分行政机关与市场主体权限的形式标准。总的来说，不论是其自身性质还是其表现形式，行政审核负面清单管理都可谓是一种以负面

---

① 贾丽平，邵利敏. P2P网络借贷的监管边界：理论探讨与中国的检验[J]. 经济社会体制比较，2015(3)：175-184.

② 刘云甫，王丹. 行政审批负面清单管理的法理界说[J]. 政法学刊，2015(4)：72-75.

清单为形式特征的行政许可管理。

对于法律难以调整的"空白地带"，行政审批负面清单管理与正面清单管理模式是两种不同的管理规则。在正面清单管理体系中，市场主体只有得到行政部门的层层审定、核准，才能进入法律的"空白地带"，而负面清单管理则采取"非禁即入"模式，除清单上明确禁止准入的领域和事项外，任何市场主体都有准入权，从而给予了市场主体更充分的自由，在没有法律授权的情况下，任何行政部门不得擅自提升企业的市场准入门槛或干涉其正常运营。当事人依其自身意志形成法律关系，正是对私法自治精神的体现。因此从作用上来看，行政审批负面清单管理能够更好理顺政府与市场的关系，契合私法自治"法无禁止即自由"的价值理念。

（一）负面清单管理制度的积极作用

负面清单制度是一种在国际上通用的外商投资管理方法，以否定性列表的形式明确列出外资禁入的领域是其主要特征。在国内，上海自贸区首先在外商投资的准入领域推行了负面清单制度，并发展和完善形成了"非禁即入"的负面清单管理模式。关于负面清单，《中共中央关于全面深化改革若干重大问题的决定》提出，"实行统一的市场准入制度，在制定负面清单基础上，各类市场主体可依法平等进入清单之外领域"。由此可见，我国在市场主体准入门槛方面将以负面清单管理制度作为改革突破口，并将此作为深化改革的重要内容。此种模式的采用，对于激发市场主体的活力、扩大市场主体的准入自由、减少政府管制，具有重要的现实意义。[①]

"非禁即入"是负面清单制度一贯的要求，而该要求则源自"法无禁止即自由"的法治理念。目前公认的运用负面清单的代表性法律条文当属1994年由国际社会公开的《北美自由贸易协定》。从私法的角度来说，负面清单体现了私法自治的意愿。私法自治，又称意思自治，是指私法主体在许可的范围内，可以根据自己的意愿产生、变更、消灭民事法律关系，而这也充分表明了私法主体在法律许可内具有较高的行为自由度。负面清单作为一种市场准入管理机制，既是对私法自治精神的贯彻落实，又为私法自治精神提供了保障。总的来说，负面清单管理模式有利于化解市场主体在法律空白领域的风险，降低市场主体面临的新业态准入风险、创新风险以及减少法律行为效力的不确定性等。

---

① 王利明. 负面清单管理模式与私法自治[J]. 中国法学，2014(5):26-40.

从理念上看,负面清单管理制度对公法干预的边界进行了设定,也就是说,要给予市场主体高度的行为自由,使市场主体的活力充分发挥,有利于资源的优化配置以及促进社会财富的累积。在具体实施时,要从以下几个方面对公法对司法自治的干预进行规范:一是要缩小政府的管理权限范围,简化审批环节,减少政府机构对资源的直接配置;二是要明确审批的内容与程序;三是规范政府的信息公开;四是规范政府的监管;五是规范政府的自由裁量。在规章制度方面,不仅要界定公法和私法的边界,而且创建和完善公法私法协同配合、灵活调整的市场管理体系。实际上,如果只重视私法自治,并不利于构建和谐的公私法关系。负面清单管理模式从制度层面对行政部门的职权范围进行了限定,同时使私法主体知晓其不得从事的行为范围,公法体系中的职权法定机制与负面清单机制的良好融合,有助于构建更加完善的市场管理制度,并为私法自治提供一定的保障。我们应当充分认识到,执行负面清单制度对于监管效率的提升、私法自治的落实均可发挥重要的作用。事实证明,当正面清单机制运行时,职能部门必须做出相应的审批,市场主体才能拥有特定领域的准入权,这不仅耗时耗力,而且也使市场主体负担过重。而负面清单机制的运作,则大大简化了审批程序,不仅市场主体能够有效率地获得特殊领域的准入权,职能部门也能够对企业的运营情况进行动态监管,从而构建科学合理的法律制度,显著促进平台规范化运行,提高事后监管的效率。

(二)负面清单管理制度的潜在风险

尽管负面清单机制有利于完善和规范市场运行体系、深化改革开放,但是其蕴含的风险也是不可小觑的,具体来说主要表现为以下几个方面:①世界永远在不断变化之中,新能源、新技术、新行业不断出现,而人类只有有限的理性,无法对未来做到准确预判。因此任何负面清单都是不可能囊括所有禁区的,而且一旦成文,负面清单便具备了法律效力,不可能朝令夕改,这就难以避免项目未列入或误列入情形的存在。②为了追逐利益,资本将会穷极所有手段,并想尽一切办法打破禁区的限制,以达到无孔不入的目的。虽然市场主体准入的审批是负面清单行政管理部门的主要职责,倘若没有匹配相应的事中、事后监管体系,资本的逐利性也将会使负面清单形同虚设。③负面清单机制的推行简化了行政审批环节,但却留给市场一定的自由发展的空间,弱化了政府在经济社会管理中的审批职能。负面清单管理放松了市场准入门槛,但这并不等同于取消政府的所有管理职权,也不等同于强调无政府主义。实际上，"放权"与"监管"是对立统一的关系，从结构上来看，事中事后监管体系是一个缜密的管理体系，有效、合理、全面、严格是该体系的突出特征，该体系涵盖了综合评估机制、安全审查机制、反垄断机制、综合执法机制、行政备案机制等管理制度，尤其对行政备案制度的建立、落实、救济内容、法律责任等方面做出了详细说明，从而有效防止个别行政部门在相关行政审批取消后通过行政备案制度变相地实施行政许可，达到规避《行政许可法》约束的目的。

　　负面清单管理体系是不断发展的，并非一成不变。就像率先实行负面清单制度的上海自贸区，充分说明了负面清单只有在实践中才能得到逐步完善。也就是说，只有在经过反复实践的检验之后，才能明确哪些内容可以列入负面清单，哪些内容不能列入。经过检验被证明不需要列入的从清单中剔除，从而给予市场主体更多私法自治的自由。总体来看，虽然负面清单能够较好地调整政府的管理职能，但是要想充分发挥其作用，还需要制定相应的调整、适用、解释负面清单的规则。而这些规则也必须通过确定的法律规范加以规制，才能增强负面清单本身的稳定性，有助于市场主体的行为预期。对于市场主体来说，某些已被实践证明确实难以克服的系统性风险问题，也应当及时以适当方式划入负面清单之列，以控制市场自主运行所带来的风险。而在这些领域，分散的市场主体积极协同合作、共同抵御防范市场风险是符合各主体的普遍利益的。

（三）网络借贷信息中介机构负面清单

　　《决定》对市场准入负面清单制度做出了定位，"实行统一的市场准入制度，在制定负面清单基础上，各类市场主体可依法平等进入清单之外领域"。据此，负面清单制度遵循清单内实现透明依法、清单外实现公平开放的原则，旨在构建透明、公平、开放、依法的市场准入制度。但是要想真正实现该目标，还需要设置一个明确的清单内外分割线，对负面清单做出清晰合理的功能定位。

　　有关部门实施网络借贷中介机构市场准入的负面清单，是有一定前置词的。①要按照《指导意见》中提出的"鼓励创新、防范风险、趋利避害、健康发展"的总体要求和"依法监管、适度监管、分类监管、协同监管、创新监管"的监管原则，落实各方管理责任。②网络借贷平台必须按照依法、诚信、自愿、公平的原则为借款人和出借人提供信息服务，维护出借人与借款人合法权益，不得随意归集资金、设置增信服务项目、非法集资和损害国家、社会公共利益。③小额把控服务。网络借贷平台应当依据自身的风险预控能力，对同一借款人在同一或不同网络借贷平台的借款数额进行限制，防范信贷集中风险。④是为网络借贷提供信息中介服务。网络借贷中介机构需经过备案，以及其他认可和许可。⑤在享受权利的同时还要全面履行所担负的义务等。如依法律规定及合同约定为借贷双方提供借贷信息的采集整理、甄别筛选、网上发布，以及资信评估、借贷撮合、在线争议解决等相关服务；审核出借人与借款人的资格条件、信息的真实性、融资项目的真实性、合法性进行必要审核；采取措施防范欺诈行为等。

2007年，中国第一家纯线上网络借贷平台拍拍贷成立，该平台只做线上的交易撮合，承袭了国外的纯信用无担保的运营模式。然而这样一种纯信用的模式并不适应我国的经济发展现状，为了防止投资人的利益受损，国内的网络借贷中介机构大多创建了线上线下一体的P2P运行模式，实现了对传统纯信用机构的切割，使风险转移到第三方担保管理机构。自此，作为舶来品的P2P网络借贷模式开始在民间融资生态圈里呈现出异化状态，纷纷出现了偏离作为普惠金融和正规金融体系的补充的这一本质，异化之后的P2P网贷平台的风险及其制度设计问题也就随之而来。

网络借贷中介机构在中国的异化主要表现为：第一，基于当前我国的信用环境，有些平台发展为线上与线下相结合的模式，具体来说就是通过在线上发布信息，吸引投资人参与；在线下寻求借款人，审核信用。还有一些P2P网络借贷机构甚至以线下业务作为重点发展方向。这提升了P2P网贷平台的成交成本，使得网络借贷平台的利息相对较高。第二，担保型P2P网络借贷模式为了吸引更多的用户注册以便于吸收更多的社会闲置资金，为投资人提供本金和收益担保安排。这种异化模式以人人贷、陆金所和有利网为代表，平台的异化主要表现在担保责任的承担(平台本身)或转移(第三方担保机构)，无论哪种担保方式，都转移了借贷交易的信用风险。第三，债权转让型P2P网络借贷模式，即平台承担了投资理财的功能。① 这种模式虽然能多方面地满足借贷方的需求，但存在金额或期限错配问题，可能引发资金流动性风险。

为阻止上述网络借贷中介机构的异化现象，厘清网络借贷机构的业务范围是非常必要的，而《暂行办法》中强调的负面清单制度，明确地划定了网络借贷中介机构跨越禁止行为的边界。新规对网络借贷平台、借款人、出借

---

① 杨东. P2P网络借贷平台的异化及其规制[J]. 社会科学，2015(8)：88-90.

人等三方主体的活动范围做出了具体的严格界定,明确了"可为与不可为"的主要内容。依据负面清单的规定,网络借贷平台除禁止进行已罗列的 13 项业务之外,能够进行其他各种业务,这并不合理。就法律制度构建的角度分析,网络借贷平台属于信息中介,负面清单中应当包含信息中介不能涉足的业务,那些法律所规定的在获取相关部门准许之后才能进行的业务则不必罗列到负面清单中。

第四节　网络借贷中介机构经营范围的制度完善

网络借贷中介机构的经营范围限定在中国银保监会有权限管理的信息中介范畴,采用负面清单管理划定红线,有一定的合理性。但网络借贷中介机构作为网络借贷市场"看门人"[①]的角色[②],以保护投资人利益为价值依归,承载着维护市场秩序之使命。[③] 网络借贷中介机构的经营范围决定着其业务能力,从规范发展上看,有必要对网络借贷中介机构经营范围做出调整完善。

(一)明确风险备用金等增信业务的合法性

网络借贷平台能够保护借贷双方的权益的重要前提,是具备一定的风险防范能力。有系统的风险管理和控制机制,有些能力可以自主创新,有些能力的获得以法律授权或不禁止作为基础。"不得增信"是网络借贷监管制度中的重要底线,但对其具体内容未作规定。通常认为网络借贷平台自担保就是增信的方式,平台自担保和承诺保本保息就是提供信用中介服务,是平台异化。然而,网络借贷平台提取的风险备用金等是否属于自担保,是否属于增信? 网络借贷行业的风险备用金,是网络借贷平台与借款人约定,为保障投资人的利益,平台在每笔交易中提取一定比例的资金,一旦投资人的某笔出借资金发生逾期或坏账,则以风险备用金赔付。风险备用金不等同于网络借贷平台向投资人提供自担保,且因其有限赔付的规则,也不意味着

---

①　杨东. P2P 网络借贷平台的异化及其规制[J]. 社会科学,2015(8):88-90.

②　A Hamdani. Gatekeeper Liability[M]. Southern California Law Review,2003(1):53-122.

③　刘志云,史欣媛. 论证券市场中介机构"看门人"角色的理性归位[J]. 现代法学,2017(4):94-106.

网络借贷平台承诺保本保息。因此认为风险备用金不属于自担保,但对提高出借人投资信心有作用,属于增信措施。

风险备用金符合信托财产的法律性质,应当以信托法加以调整。风险备用金在借款人、网络借贷平台和投资人之间形成信托法律关系。借款人根据约定,基于对网络借贷平台的信任,为出借人的利益而委托网络借贷平台按照约定有限度地代偿逾期本息,以网络借贷平台的名义对信托财产(每笔借款按比例的计提资金)进行管理、运用或处分。当然,网络借贷平台可以将计提的风险备用金委托第三方机构设立为出借人利益的目的信托。英国 Zopa 平台的风险备用金为"Safeguard fund",由 Zopa 平台负责提取积累,并以信托方式将资金交给一家专门成立的独立的非营利机构管理。我国目前风险备用金主要储存于 P2P 网贷平台或其关联公司在银行开设的账户,与平台自有资金未作有效隔离,易发生风险备用金被挪用的情形。为此,风险备用金应委托银行开设专门的信托账户,并且风险备用金应做信息披露,披露风险备用金账户的资金来源,包括风险备用金账户的资金流入、去向以及风险备用金账户资金金额变动。

在我国,"不得增信"与负面清单的要求存在矛盾,负面清单意味着清单外的业务均可为,而"不得增信"的本来是为了防止网络借贷平台提供自担保等异化成为信用中介,而风险备用金是为保护出借人利益而设立,对各方当事人均有益处,应予肯定,但风险备用金属于增信范畴。如果不取消"不得增信"这个条款,不仅是风险备用金遭质疑,而且第三方担保、保险公司信用保险等均属于增信而不得开展。建议未来删除"不得增信"条款,明确负面清单中与增信有关的内容。

(二)增加利用自有资金进行投资的业务范围

规范的网络借贷中介机构通常有较多的自有资金,允许网络借贷中介机构利用自有资金开展财务性投资业务是可以考虑的。事实上,在现实生活中,对网络借贷中介机构的备案管理中要求网络借贷中介机构的注册资本不低于人民币 5000 万元,而且是实缴资本。这样一来就出现了一个矛盾,网络借贷中介机构有大量的实收注册资本等资金,然后作为纯信息中介机构,该部分资金在实践中的使用情况相对有限。充分运用网络借贷平台的资金,笔者认为应当在保证平台运营安全的情况下,允许网络借贷平台进行一定资金的财务性投资活动,包括出借给其他借款人,即网络借贷中介机构可以将自有资金的一定比例金额用于自投资,比如购买股票、债券、受让债权、出借给平台借款人,或其他网络借贷平台的借款人。有关比例和金额按照监管部门的相关规定,根据平台的实力和风险情况,进行信用评估后做出具体规定。例如,在《温州市民间融资管理条例》中,也有规定民间融资管理公司在特定情况下,可将公司闲置资金用于不超过六个月的短期民间借贷,但是数额不得超过资金总额的 30%。英国也允许网络借贷平台利用自有资金进行财务投资、借贷性活动,但必须进行信息披露。

（三）业务范围定位在复合中介机构模式

目前,从我国实际情况看,纯信息中介机构平台生存比较困难,往往需在经营信息中介服务业务的同时,从事非信息中介服务的项目,如从事现金贷,财务型投资,回收债权、受让债权而从事催收,从事隐性担保等。实践表明,尽管现行监管条例对 P2P 借贷平台的性质定义为信息中介机构,然而现实中,我国很多发展稳定成熟的网络借贷平台却极少采用这种运营模式。例如,拍拍贷是我国首家 P2P 网络借贷机构,在以往的运营过程中,该机构一直坚持采用单纯的线上发展模式,只提供借贷撮合、信息匹配等服务。然而随着其他网络借贷平台的不断发展,相继推出本息保障服务或直接提供担保服务,并据此占有了很多市场份额。为了求得生存,2014 年拍拍贷推出"拍小宝""拍拍宝"两种投资项目,为客户提供等额本息的保障服务,显然这意味着拍拍贷已经不再仅仅具有"信息中介"的职能。可见,即使是资历最老的拍拍贷都无法保持纯信息中介服务模式,其他新生的网络借贷平台就更难以做到了。拍拍贷运营模式的变革可谓我国金融投资环境"逼迫"的结果,如果《暂行办法》的出台能够使未来新增的网络借贷平台坚守住纯信息中介性质的话,那么拍拍贷这样被迫偏离信息中介本质的平台,也比较容易在较短的时间内回归本位。

目前,我国网络借贷中介机构的股东、资本实力、治理结构、风险管理、信息披露、反欺诈等能力不一,相差巨大。因此,应当按照分类监管、适度监管的原则,对于合规稳健、可持续的网络借贷中介机构,在信息中介业务范围的基础上,根据其资本能力、风险控制水平,赋予其适度的增信措施,包括备用金、第三方担保、平台担保和关联方担保、保险机构保险等措施,允许开展资金垫付、回购、赎买等措施,最大限度保护投资人合法利益。在合适的情况下,根据监管部门的同意,可以综合开展放贷等业务。为此,应缩小有关网络借贷的负面清单的禁止范围,以适应网络借贷中介平台业务的适度扩张。复合中介机构除承担信息中介的功能外,还包括引入风险准备金、第三方担保、债权受让和催收等功能。只有按照网络借贷中介机构复合中介的性质来定位其可以从事复合中介服务的内容,才可以解决很大一部分所谓的"违规"问题,减少所谓的"平台异化"的风险。

第七章　网络借贷中介机构风险管控制度构建

第一节　网络借贷中介机构的主要风险

（一）网络借贷交易信用风险

从实践上看，网络借贷中介机构运营的借贷平台的信用风险主要有两部分：一是平台自身的信用风险。凡作为商事主体从事经营活动，都需要诚实守信、具有信用，如果平台本身不具有合法资格，违规经营、巨额负债、破产倒闭，自然也就没有平台开展交易的可能。P2P 网贷平台的信用风险主要表现在平台的合法资质这一问题上。作为"信息优势方"的 P2P 中介平台往往掌握着较为全面和完整的信息资料，这些信息大部分是网络借贷平台从借贷双方的身份认证信息中搜集来的，有些是网络借贷平台凭借自身渠道获得。之所以强调要评定平台的资质问题，主要是因为平台资质的合法认定可以保障个人信息的安全，也可以保证借贷双方的资金安全。尤其是我国 P2P 网贷平台频繁出现"跑路"问题，许多平台因为涉嫌非法集资、诈骗等而被查封，其相关负责人被判刑坐牢，导致 P2P 网络借贷的整体信用下降。二是借款人的信用风险。在网络借贷交易中，借款人信用缺失、违约、不偿还借款本息和破产倒闭等事件，会迅速演变为网络借贷中介机构的风险，使网络借贷中介机构平台出现投资人撤资、挤兑、其他借款故意违约等情况,导致平台难以继续经营。① 从网络借贷的实践看,借款人的信用风险主要集中在以下方面:虚构借款人和融资项目的相关信息;借款人违规使用、挪用贷款资金;借款人违约,出现严重的恶意拖延、拒绝还款问题;借款人多平台借贷形成"共债"风险;借款人借贷期间信用恶化。这些都会使借款人还款信用产生风险,导致出借人无法收回借款本息。

(二)网络借贷资金安全风险

网络借贷中介机构为借贷双方提供信息、撮合成交,但由于借贷双方通常不会直接见面,而是通过互联网技术实现资金转移交付。在交易过程中,借贷资金并不是即时打入借贷双方账户,这样会产生大量的在途资金,如果没有第三方的资金托管或者是虚假托管,巨额资金由网络借贷平台掌控,则容易出现平台内部人员挪用资金的情况。基于网络借贷的特点和多种商业模式,借贷双方成交后,出现资金的集合现象,也就是说出借人的单笔资金可能被分散投资给若干人,比如 100 万元被分散投资给 100 个借款人或融资项目,甚至更多的借款人和融资项目。而借款人的一笔借款可能来自若干人的投资,比如借款人获得的特定利率的借款 100 万元可能来自超过 200人的投资。在整个交易中,出借人的资金会先从出借人账户上划出聚集在网络借贷中介机构的资金账户中,借贷中介机构按照出借人的指令,再划转给借款人账户。② 同理,借款人归还出借人的本息,也是先由借款人资金账户划到网络借贷中介机构的资金账户,然后再归入出借人的资金账户。由于资金是经过网络借贷中介机构的账户的,网络借贷机构就有可能出现人为的道德风险,挪用出借人的资金,或者虚构借款人自己获得资金。这种挪用客户资金或虚构客户资金流向,导致客户资金不安全的风险,即使在建立资金银行存管的情况下也是同样存在的。

(三)网络借贷信息不实风险

信息不对称是市场经济的通病,这一点在网络借贷行业表现得更为突出。对借款人进行信用评估是风险管控的第一要素,而大多数的普通投资人所具备的金融与法律专业知识较为有限,很难准确判断识别借款人的信用水平、偿还能力。而与投资人相比,借款人和网络借贷平台所掌握的信息

---

① S Lumpkin. Consumer Protection and Financial Innovation: A Few Basic Propositions[J]. Oecd Journal Financial Market Trends, 2010(1):117-139.

② 胡朝培.我国 P2P 网络借贷出借人资金安全保护研究[D].开封:河南大学,2016.

更加全面,如果这两方对信息进行不完整公开,或公布虚假信息,投资人只能通过其他渠道来获得更多的交易信息,而在这个过程中所付出的时间、财力与精力,显然是对交易成本的增加。[1] 另外,信息不对称下,信息劣势方通常通过逆向选择以弥补自己掌握信息不充分的缺陷来降低风险。[2] 因此,借款方或网络借贷平台为了利益获得的最大化,会利用自身的信息优势做出损害投资人利益的选择,使处于信息劣势的投资人的利益受损。

曾经,国内网络借贷平台数量众多,但是能够确保信息披露及时、全面、真实的平台不多见,一般的网络借贷平台无法根据自己的数据和信用评估能力给投资人提供信息对称的借款人借款、实力、负债及还款等相关信息。此外,部分网络借贷平台以商业机密为理由,拒绝对外公布经营项目、高管信息、资产状况等信息;也有不少平台没有披露借款人信息、借款用途及归还方式。这些状况使得资金出借方无法对借款方的资信进行考证,而自身实际上已被搁置在信息“黑箱”体系中。个别网络借贷平台虽然坚持了主动披露的原则,但是公布的信息不完整、不规范。零壹财经于 2017 年 1 月 3 日面向社会发布了《2016 年中国 P2P 网络借贷年度报告》,其以 400 家网络借贷平台作为样本进行调研,数据统计显示,至 2016 年底对交易额进行披露的平台占比仅为 70%,而且公布的多为累计交易额;25% 的平台对待还本息进行了公布;公示风险准备金的平台占比仅为 15% 左右;只有 10% 左右的平台公布了逾期率;大约 6% 的平台公布了坏账信息;全国只有不足 50 家网络借贷平台能够自觉遵循《暂行办法》关于信息披露的规定,对运营信息做到及时、真实而完整地披露。

此外,网络借贷平台的虚假信息也大量存在。网络借贷平台的快速发展,也促使市场竞争更加激烈。为了抢占更多的市场份额,有些网络借贷平台往往不实陈述、虚假宣传,以此吸引更多的投资人。比如,有的平台利用虚假网站域名进行不实备案,虚构投资项目,假借正规金融机构的名义或虚假描述与其具有合作关系等;过度夸大平台交易的安全性保障来试图掩盖其潜在的风险,做出高额收益回报、本息保障等承诺,又或是夸大产品和服务的专业性。更有不少不良网络借贷机构通过高投入宣传虚假广告,短期

---

① M Herzenstein,R L Andrews. The Democratization of Personal Consumer Loans? Determinants of Success in Online Peer-to-Peer Loan Auctions[J]. Bulletin of the University of Delaware,2008(3):274-277.

② 徐孟洲,杨晖.金融功能异化的金融法矫治[J]. 法学家,2010(5):102-113.

内吸引大量投资人,当累计一定数额后,便携款跑路,使投资人蒙受损失。

第二节　网络借贷中介机构的风险可控性分析

风险通常理解为不确定性,即损失的可能性。风险没有统一的定义,所以也有人把"风险"定义为结果偏离预期的可能性。[①] 现代金融已经具备多种功能,不仅调剂货币资金的余缺,还可以实现资产的流动性、安全性与营利性的最佳组合。[②] 金融化运作资产、资本的丰厚收益伴随着巨大风险,通过不同的资产组合、利用多层级的信用杠杆,转移、分担风险,将风险控制在可承受的范围内,这就是金融的风险管理功能。[③] 在互联网平台上进行金融交易会不可避免地产生金融风险。所以说互联网金融一方面具有对现有市场的资金融通进行优化并提升价格发现的功能,另一方面也将金融风险最大限度地分散、传递到了金融市场之中。互联网金融风险主要表现在以下几方面:一是信用风险,这主要是融资者通过 P2P 网贷平台和股权众筹平台交易股权和债权时产生的;二是道德风险,它主要是由信息不对称所造成的,发生平台挪用客户资金或虚构客户资金流向的现象;三是系统性风险,主要是由信息披露不实、较大的市场摩擦性和非理性的投资人决策所导致的。

网络借贷是互联网金融业态的重要组成部分,曾经我国网络借贷发展中存在"快、偏、乱"等问题,具体表现为增速过快的行业规模、逐渐偏离轨道的业务创新、日渐频发的风险乱象。银监会统计后发现,我国网络借贷机构多转化成为信用中介,远离了信息中介定位及服务小微和依托互联网经营的本质,存在大量自融、违规放贷、设立资金池、期限拆分、线下营销等行为。网络借贷行业之所以风险事件发生不断,主要是因为其中存在的大量问题机构受资本实力及自身经营管理能力限制,当借贷大量违约、经营难以为继时,出现"卷款""跑路"等情况;部分机构销售不同形式的投资产品,规避相关金融产品的认购门槛及投资人适当性要求,在逃避监管的同时,风险传播加剧,部分机构甚至通过假标、资金池和高收益等手段,进行自融、设立庞氏

---

① 王静. 中小企业财务风险的原因分析与防范对策[J]. 北方经贸,2011(11):71-72.

② 宋逸夫. 发展个人理财业务的对策[J]. 现代金融,2011(11):54.

③ 徐孟洲,杨晖. 金融功能异化的金融法矫治[J]. 法学家,2010(5):102-113.

骗局,碰触非法集资底线。[①]

　　虽然网络借贷在发展过程中暴露出不少金融风险问题,但我们需要正视这些问题的发生基础,不宜过度夸大,金融放任所带来的损失并不等同于互联网金融自身风险,监管后的互联网金融,借助互联网技术等多因素加以控制,风险是可控的。[②] 互联网金融经过监管之后仍然具有少量的风险,风险产生的源头主要包含欺诈、诈骗以及刑事危险性风险,所以我国必须加强对于上述危险的预防并建立相关的预防制度,变革我国行政监管中存在的不合理性。我们需要明确意识到我国的互联网金融包括网络借贷在规范和指导缺乏的情况下不断探索前行,绝大部分真正互联网金融并没有违反法律法规,总体是在法律框架内运行的。

第三节　网络借贷中介机构风险管控的现有规定

(一)网络借贷中介机构资金存管规定

　　为保障网络借贷平台资金的安全,《暂行办法》第二十八条规定,网络借贷信息中介机构应当实行自身资金与出借人和借款人资金的隔离管理,并选择符合条件的银行业金融机构作为出借人与借款人的资金存管机构。中国银保监会于 2017 年 2 月 22 日发布的《资金存管指引》确立了相关规则,明确了资金存管的具体操作规则。

　　第一,明确网络借贷资金和存管业务概念。网络借贷资金,是指网络借贷中介机构作为委托人,委托存管人保管的,由借款人、出借人和担保人等进行投融资活动形成的专项借贷资金及相关资金。[③] 网络借贷资金存管业务,是指商业银行作为存管人接受委托人的委托,按照法律法规规定和合同的约定,履行网络借贷资金存管专用账户的开立与销户、资金保管、资金清算、账务核对、提供信息报告等职责的业务。网络借贷中介机构作为委托人开展网络借贷资金存管业务,应指定唯一一家存管人作为资金存管机构。

[①] 参见 2016 年 8 月 24 日,银监会在《网络借贷信息中介机构业务活动管理暂行办法》发布会上答记者问内容,http://m.hexun.com/bank/2016-08-24/185685617.html,2018 年 1 月 1 日访问。

[②] 闫真宇.关于当前互联网金融风险的若干思考[J].浙江金融,2013(12):40-42.

[③] 郑晴.P2P 网络借贷资金池问题研究[D].长春:吉林大学,2016.

同时,网络借贷信息中介机构委托存管人开展网络借贷资金存管业务应当符合《暂行办法》及《备案登记指引》的相关规定,包括但不限于在工商管理部门完成注册登记并领取营业执照、在工商登记注册地的地方金融监管部门完成备案登记、按照通信主管部门的相关规定申请获得相应的增值电信业务经营许可等。

第二,责任承担与免除。作为委托方的网络借贷中介机构必须将真实的交易信息及相关法律文件提供给存管人,内容包括但并不限于网络借贷中介机构当事人信息、借贷交易信息、借贷合同、收费服务信息等。作为接受委托的存管方不需要审核借款项目的真实性,也不需要审核借贷交易信息的真实性,更不需要对信息的真实性、准确性和完整性负责。委托人应当承担因故意欺诈、伪造数据或提供错误信息而带来的风险和损失。扮演存管人角色的商业银行并不提供担保服务,不需要对网络借贷交易承担担保责任,更不承担网络借贷资金本金及收益的保障承诺,不承担因资金运用产生的风险,出借人须自行承担网络借贷投资产生的交易风险和相关法律责任。

第三,委托人职责。在网络借贷资金存管业务中,委托人应当履行以下职责:持续开发和建立网络借贷平台技术系统,保证整个网络借贷平台能够安全稳定的运营;做好信息披露工作,披露的信息应涉及多方面,包括委托人信息、借贷项目信息、借款人信息等;为保证获取更加准确的系统数据,应该每日与平台核对账务;将业务活动涉及的账册、报表等资料进行妥善保管,相关纸质或电子介质信息应当自借贷合同到期后保存 5 年以上;组织针对客户资金存管账户的独立审计并向客户公开审计结果;履行并配合存管人履行反洗钱审查义务;履行法律、行政法规、规章及其他规范性文件和网络借贷资金存管合同约定的其他职责。

第四,存管人职责。在网络借贷资金存管业务中,存管人应当履行以下职责:存管人应该设定网络借贷中介机构业务审查标准,为委托人提供资金存管服务;对客户借贷资金和网络借贷平台自有资金进行分账管理,安全保管客户交易结算资金,为委托人开立网络借贷资金存管专用账户和自有资金账户,为出借人、借款人和担保人等在存管专用账户下分别开立子账户,保证资金安全性;根据法律法规规定和存管合同的约定,按照出借人与借款人发布的业务指令,办理网络借贷资金的在线清算支付;记录各交易方、各类账户之间的资金流转情况,按期进行账务核对,并定期提供网络借贷资金存管报告;妥善保管网络借贷资金存管业务相关的数据信息和业务档案,内容包括交易数据、账户信息、资金流水、存管报告等,应当自借贷合同到期后保存 5 年以上;存管人应对网络借贷资金存管专用账户内的资金履行安全保管责任,不应外包或委托其他机构代理资金账户开立、交易信息处理、交易密码验证等操作;履行法律、行政法规、规章及其他规范性文件和存管合同约定的其他职责。

第五,资金对账与报告。资金对账工作由委托人和存管人双方共同完成,存管人将日终交易的清算数据报表发送给委托人,委托人根据资金流水明细、资金余额数据等进行分分资金对账、总分资金对账,确保双方账务一致。存管人应当按时向委托人递交资金存管报告,按照规定披露网络借贷中介机构客户交易结算资金的保管及使用情况,其中报告内容需要涵盖交易规模、借贷余额、存管余额、借款人及出借人数量等。

(二)网络借贷双方适当性要求和义务

网络借贷为确保出借人权益,保护金融消费者利益,需要满足出借人适合性标准。为此,根据《暂行办法》规定:

第一,实名与风险确认。网络借贷中的借贷双方需要实名注册,且需要经过网络借贷信息中介机构的核实认证。网络借贷信息中介机构未经许可,不得代替出借人行使其决策权力。网络借贷中介机构需要将其中可能存在的风险、涉及的法律和合同明令禁止的行为等明确告知出借人,使出借人知晓可能存在的各种风险。

第二,遵循适当性规则。网络借贷中介机构应当对出借人的个人信息和信用水平进行尽职评估,评估内容包括出借人年龄、财务状况、投资经验、风险承受能力等。网络借贷中介机构应当根据风险评估结果,对出借人进行分级管理,设置可以根据实际情况进行动态调整出借限额和出借标的限制的运行方式。[①] 出借人应当具备一定的投资经验,可以辨识投资中可能存在的风险并熟悉互联网。

第三,出借人需要履行的义务。参与网络借贷交易的出借人应当履行以下义务:向网络借贷中介机构提供真实、准确、完整的身份信息;确保出借资金为合法来源资金;具备相应的金融风险认知和承受能力;自行承担因借贷行为产生的本息损失;履行借贷合同及有关协议约定的其他义务。

第四,借款人需要履行的义务。参与网络借贷交易的借款人应当履行

①　王会娟. P2P 网络借贷中出借人的投资策略[J]. 金融论坛,2014 (10):29-36.

以下义务:向网络借贷中介机构提供真实、准确、完整的身份信息及融资项目信息;在所有网络借贷中介机构中若仍有未及时偿还借款情况需如实上报;保证融资项目的真实性和合法性,同时借贷资金应当按照约定的用途使用,不得用于其他目的;及时向出借人如实报告影响或可能影响其权益的重要信息;按照合同约定按时还本付息;履行法律和合同所规定的其他义务。

第五,借款人的禁止行为。借款人的禁止行为主要包括以下几种:不得通过虚构融资项目信息、夸大收益汇报等形式骗取借款;不得同时向多个网络借贷中介机构进行融资,或者通过变换项目名称、对项目内容进行非实质性变更等方式,就同一融资项目在一家或多家网络借贷平台进行重复融资;不得在网络借贷中介机构以外的公开场所发布同一融资项目的相关信息;不得从事法律法规和网络借贷有关规定禁止的其他活动。

(三)网络借贷中介机构信息披露规定

我国关于网络借贷信息披露方面的规范主要可分为三个层次。

1.中央层面规定

2015 年 7 月,央行等十部委出台的《指导意见》明确指出互联网金融机构应当充分重视信息披露的必要性和重要性,不仅要及时公布所经营的项目、资金用途、财务现状,还应当告知投资人存在的市场风险。在这之后,《暂行办法》第五章对金融机构的信息披露做出具体规定,指出了信息披露义务、信息披露责任、信息披露管理等方面的重要性,对信息披露的主要内容进行了一一列举,同时强化了程序性规定。第五章第三十条规定,融资项目基本信息、借款人信息、已撮合未到期的投资项目的资金运作情况以及风险告知等方面是金融机构必须对外公示的信息。在公示过程中,网络借贷平台还应当遵守关于商业秘密和国家秘密、个人隐私保护的相关规定。对于已撮合的正在运行的借贷项目的信息披露问题,第三十一条中有明确规定,即网络借贷平台必须开辟信息披露专栏,及时披露年度报告和相关法律监管规定。网络借贷平台应当与信息系统安全评价、律师事务所等第三方专业机构建立合作关系,由第三方对其信息系统运行状况以及是否合规运作进行定期评估;网络借贷平台不仅要强化网上信息披露,还应当在经营地以及监管部门所在地提供书面文字材料,以便于接受社会大众的监督。《暂行办法》第三十二条指出借款人及平台管理层对披露信息的真实性、完整性、及时性负责。总的来说,《暂行办法》第五章是针对信息披露而制定的专项条文,但是从内容上来看,一些条款还不够细致,这与信息披露的复杂性有一定关系。因此在信息披露方面,还需要出台更加全面的管理细则。目前,我国已经对网络借贷行业制定了"三个指引一个办法"的框架结构,因此按照这个标准,在《暂行办法》颁布之后,尚需要制定相关的"指引"。基于此,2017年,以社会自律机构、网络借贷中介机构、金融监管机构以及国家相关部委的意见为指导,银监会又先后制定并贯彻了《信息披露指引》以及《信息披露内容说明》,从而使信息披露中涵盖的期限、投资项目、资金使用、经营风险、借款人信息、公示对象、信息发布频次等内容得到了细化,同时也为社会各方对于网络借贷平台信息披露的监督管理提供了法律依据。

2.行业层面规定

(1)全国性行业协会规定

为了P2P网络借贷中介机构的规范运作,将资金风险控制在最小范围内,2014年由央行、银监会(后为银保监会)、证监会支付清算协会共同发起的中国互联网金融协会(以下简称互金协会)正式成立。互金协会大力促进和强化网络借贷平台的信息披露管理工作,负责起草了《互联网金融信息披露规范(初稿)》。该草案对P2P网贷平台信息披露提出了及时性、完整性、真实性、准确性的统一要求,强调网络借贷中介机构的重大事项自发生之日起5天内必须对外公示,并将网站建设状况、平台运营状况、资金使用状况、借款方活动状况纳入强制披露的信息之列。①

互金协会于2016年10月对外发布了《中国互联网金融协会信息披露自律管理规范》(以下简称《自律规范》)以及《互联网金融信息披露个体网络借贷》(T/NIFA 1—2016)。这两份文件是互金协会基于《指导意见》出台的首部行业信息披露自律规范及其配套制度。随后,2017年10月,互金协会结合银监会的最新指示,按照"披露指标不遗漏、披露指标内容不冲突"的原则,对包括项目信息、运营状况、平台信息等在内的披露指标进行了适应性修订和完善,在此基础上修订形成了《互联网金融信息披露互联网消费金融》(T/NIFA 2—2017)团体标准(以下简称《信息披露标准》)。修订后的《信息披露标准》明确指出网络借贷平台对外披露的信息应当与其自身开展

————————

① 草案第五章专门规定P2P网络借贷中介机构每天需要更新并及时披露的信息内容,包括当天借款人数、出借人数量、平均投资额度、在线完成交易数量、交易总额、人均借款金额、最大十户借款余额在总余额中的比重、最大单户借款余额在总余额中的比重、总余额、借款方(机构或个人)信息、平均满标时间、最近三月的逾期率、借款逾期率、累积违约率、客户投诉率、借款逾期额度、代偿金状况、已促成的融资项目、坏账率、投资项目具体信息等。

的业务内容相契合,应当遵循"分级分类""穿透式"等监管原则逐项做出信息披露。与原标准相比,经过完善之后的《信息披露标准》增加了 30 项标准披露项目,共计 126 项;原标准中强制性披露条款是 65 项,修订后达到了109 项;鼓励性披露条款为 17 项,在原来 31 项的基础上减少了 14 项。这样一来,确保了《信息披露标准》与《信息披露指引》的高度一致,促进了信息披露的规范化、透明化与标准化。需要特别指出的是,完善后的《信息披露标准》对逾期、平台、信息披露、披露义务人等进行了重新界定,引入了机构备案的概念,并且强调网络借贷平台应当将信息披露制度化,开设专门的披露渠道,在每月前五个工作日对截止到上月底已促成交易涉及的累计出借额度、出借资金余额、在线成交数目、利息余额、逾期金额等 20 项信息对外公布。此外标准还强调,若披露信息发生变更,从业机构应当于变更后 10 个工作日内更新信息。与此同时,互金协会对外表示,将以新标准作为依据对网络借贷平台的功能进行整合、完善,以便于促进网络借贷平台的信息登记与披露工作。

(2)地方性行业协会规定

地方协会虽然规模不大,但在金融机构信息披露方面取得了较好的工作成效。2015 年 8 月,上海互金协会对外发布了《上海个体网络借贷(P2P)平台信息披露指引》,并在 2016 年 5 月公布了具体细节,确立了网络借贷平台最低信息披露标准,提出网络借贷平台应当按照"及时、准确、可比、真实、完整"的原则进行信息披露。另外,还规定了行业协会应当创建信息查询与共享平台,确保借款人和投资人享有相关信息的查询权。从这些内容可以看出,上海互金协会关于网络借贷平台信息披露的要求更严,标准更高,涉及的信息披露内容更多,要求强制披露信息内容,不再区分强制性内容和鼓励性内容。

继上海之后,2015 年 8 月,广东省发布了《广东互联网金融协会网络借贷(P2P)平台信息披露指引(草案)》,指出金融机构的信息披露内容应当包括产品信息、项目信息、财务信息、平台信息及其他信息。2016 年 8 月,为确保网络借贷平台发布的信息准确真实,深圳市建立了网络借贷行业信息披露系统,实现信息与深圳市经侦、金融办等监管部门的实时对接。

3. 网络借贷平台层面规定

拍拍贷信息披露较为详细,网站有专门的信息披露栏,披露的信息包括公司简介、主要股东、法人治理、董事及高管情况、员工情况、主要产品、风控模式、业务信息、财务信息和其他信息。对于投资人来说，虽然重点关注营利状况，但是资金的安全与可控性也是值得重视的。P2P网络借贷中介机构为了使投资人相信平台提供的所有信息，显示平台运行的稳定性与盈利性，以吸引更多投资人将闲置资金投到平台之中，纷纷结合自身的现实情况推出了自成特色的信息披露规定。例如，易通贷制定了《北京易通贷网络科技有限公司信息披露制度》，指出信息披露的对象包括司法机关、政府部门和与交易有关的其他用户，还对信息披露的内容、程序和途径做出了明确规定，同时强调披露的信息必须经过会计师事务所和律师事务所等第三方专业机构的审核把关。与易通贷、拍拍贷相比较，安心贷披露的内容更为丰富，主要包括：平台信息、借款项目、交易数目、总交易量、风控措施、逾期金额、近三月逾期率、成交总数、借款信息、平均满标时间、借款人数、贷款总额、出借总额、人均借款金额、贷款余额、平均每笔借款金额、注册人数、投资信息、人均累计投资金额、违约率、代偿金额、坏账、坏账率等。值得一提的是，安心贷还对每一项指标都做出了详细说明，便于出借人、借款人更好地理解。

第四节　网络借贷中介机构风险管控的制度完善

(一)增强网络借贷中介机构反欺诈能力

由于决策失误造成的损失可以被理解，但是投资人不能接受环境引起的损失。观察西方国家的经济市场可以得出，资本市场的自由性，并不会影响监督管理部门权力的运行，严格的监管制度还能促进更有效交易环境的形成，最终造就一个具备优良秩序的交易市场。[①] 同理可得，如果提供网络借贷的中介服务机构对平台上发生的欺诈行为应对不足或反欺诈能力不足，必然引起投资人的不满，投资人不信任该网络借贷平台，最终失望离开。若是网络借贷机构及其运营的平台采取严格的反欺诈标准、切实维护出借人利益、负责任有能力给投资人或金融消费者带来公平有效率的交易环境，做好交易看门人的角色，就可以造就出借贷双方信任与有效的正外部性的信息传递，促使网络借贷交易良性发展。

---

① 蒋大兴.金融"过度监管"是个伪命题[N].人民日报，2013-06-05(5).

1.增强网络借贷平台运营能力

共享经济中的互联网平台具有对交易达成的控制力、对交易价格的控制力、对交易履行的控制力、对违约责任的控制力。[①] 互联网金融中的 P2P 网络借贷中介机构运营的平台控制力取决于平台的定位和平台的负责任程度。从信息中介机构的角度看,平台可以通过契约约束借贷双方,对双方交易的达成、交易价格、交易履行和交易违约责任有一定的控制力,但对关键环节的交易履行和交易违约责任的控制力十分有限。至于网络借贷平台对交易履行的作用,在信息中介机构的定位中,网络借贷平台不具备信用中介的功能,若是有一方违约,网络借贷平台无法保证另一方的权益不受侵害。从网络借贷交易的违约责任看,中介机构也没有能力阻止违约现象的发生。平台虽然可以根据契约对借款人进行一定的责任追究,包括收取保证金、信用积分制或者罚款等,把违约的借款人列入平台"黑名单"、限制其登录。但只要借款人没有按约归还出借人的借款本息金额,后续的补救措施基本上没有实质意义。因此,应当增加网络借贷中介机构及运营平台促进借贷履约和违约责任追究的能力和控制权。其中,需要增强网络借贷平台的债权转让、回购、垫付、催收以及制裁违约借款人的措施,包括违约借款人信用记录和黑名单制度等。

2.分享利用国家信用信息资源

在反欺诈的环节中,借款人"以贷养贷""多头借贷"等行为也是欺诈的一部分。以往,我们比较多地关注 P2P 网贷平台的欺诈和跑路,某些打着 P2P 网贷平台的幌子,往往虚构运营资质,虚构项目,编造财务信息、盈利能力和持续经营情况,并以超高回报的假标的大量聚集资金。这种网络借贷平台欺诈新投资人使用其资金向老投资人支付利息和本金,表现为典型的庞氏骗局。近年来,P2P 网络借贷中,出现"通过多个网络借贷中介平台,或者对项目内容进行包装,对同一项目多次融资"现象,多头融资、过度融资、借新还旧、拆东墙补西墙的多平台融资、以贷养贷、多头借贷等问题比较普遍,这些借款人未如实披露自身的负债信息,这些占网络借贷总人数 1% 的借款人,可以制造出网络借贷领域 100% 的不安全和不稳定风险。网络借贷平台缺乏核查渠道、自身缺乏反欺诈的技术能力,为此,针对以贷养贷和多头借贷等问题需进行法律制度方面的构建。主要可以从以下几个方面

[①]　蒋大兴,王首杰.共享经济的法律规制[J].中国社会科学,2017(9):141-162.

考虑：

第一,对接中国人民银行建立的个人征信和百行征信系统数据信息。中国人民银行的个人征信系统是国家权威的个人征信,拥有庞大的数据信息。而百行征信是基于互联网金融而产生的新型征信机构。[①] 百行征信的8家股东公司在互联网行业影响力巨大,尤其是芝麻信用和腾讯征信,掌握着用户消费和社交信息,在社会日渐互联网化的今天与每个人的生活关系密切。行业巨头共同联手组建"信联",打破了此前个人征信领域山头林立的分散局面,通过互联网行业巨头间的数据整合,可以更加全面、准确地记录个人信用数据,从生活消费到借贷理财,可以最大限度地为信息使用者还原征信对象信用原貌。网络借贷平台可以通过与百行征信的合作,以相对较低的成本获取借款人的信用数据,将丧失信用、恶意欠债的借款人排除在借贷市场之外,减少逆向选择和道德风险,[②]增进交易安全,从客户筛选环节开始降低信用风险。相关制度规定了网络借贷中介机构必须加强交易双方的安全保障,增加借贷双方信息的透明度,为信息查询提供便利条件,但缺乏具体制度的配套、可操作性,因此需要明确 P2P 网贷平台在对接国家信用信息数据的权利和义务、程序、费用等要素。

第二,分享国家互联网金融行业协会的大数据信息平台。网络借贷的双方当事人不分具体区域,P2P 网贷平台业务也没有区域之分,因此,要对"多头借贷"、多平台套利行为进行规制和约束,亟须统一的全国性行业协会的大数据信息管理平台,对个人的数据信息进行采集、整理、保存、加工,并可向信息使用者提供相关数据。行业间要加强沟通,对于可能出现的重大违约或特殊情况,互通有无,防止出现借款人多头借贷、重复授信、过度借贷

---

① 2018 年 1 月 4 日,中国人民银行官网发布公告称,受理了百行征信有限公司(筹)个人征信业务申请,并依法就相关情况予以公示。根据《征信业管理条例》的规定,百行征信可以对个人的信用信息进行采集、整理、保存、加工,并可向信息使用者提供相关数据。与过去央行建立个人征信系统相比,百行征信真正独特之处在于其股东构成及其背后庞大的数据资源。根据中国人民银行发布的公告,百行征信将由芝麻信用管理有限公司、腾讯征信有限公司、深圳前海征信中心股份有限公司、考拉征信有限公司、鹏元征信有限公司、中诚信征信有限公司、中智诚征信有限公司、北京华道征信有限公司等 8 家公司连同互金协会共同出资组建。

② M Lin, N Prabhala, S Viswanathan. Judging Borrowers by the Company They Keep: Friendship Networks and Information Asymmetry in Online Peer-to-Peer Lending[J]. Social Science Electronic Publishing,2013(1):17-35.

等不规范现象造成整个行业的集体性违约事件爆发。中国互联网金融协会建立了互联网金融登记披露服务平台。截至 2018 年 1 月 15 日,接入中国互联网金融协会"互联网金融登记披露服务平台"的网络借贷机构已达 117 家。① 中国互联网金融协会会员如何利用互联网金融登记披露服务平台,以及"非会员"如何利用、分享该平台数据信息开展反欺诈运营,都需要明确规定。

第三,确立多方对借款人评价公示制度。网络借贷需要创建后评价机制,将交易信息公示在平台上,如此一来,获得消息的主体不仅限于交易方,新的交易主体也能够查阅以往的交易记录以及评价情况。市场交易系统可借助网络建立一个信用平台,使交易和评论透明地展现在大众面前。应当注重提高行业的自律性,利用行业协会的职能将行业建设得更为规范。商事交易是基于惯例基础的一种交易,应当遵守行业规范,在编订法律条文、制定重要政策以及评定执行效果时应当参考行业协会商会的指导意见,将行业协会处理维权问题、失信惩戒以及处理纠纷的作用体现出来,同时推动其信用评价机制的建设,促进行业自律的形成,有助于监管工作的进行。加强公众监督,大力促进第三方评估系统的发展,结合中介公司、公证平台、认证部门等各种机构,积极发挥第三方监督作用。②

第四,明确网络平台反欺诈不当的法律责任。在网络借贷关系中,借款人有欺诈动力,网络借贷中介机构是承担反欺诈的主体。为防止网络借贷平台自身与借款人联手欺诈,同时也防止网络借贷中介机构及其工作人员预见及发现借款人、融资项目违规欺诈情况下,仍然不及时采取措施制止欺诈的发生,有必要明确网络借贷中介机构增强反欺诈义务并承担不履行义务的法律责任。从法律制度角度看,主要是需要明晰欺诈的范围、反欺诈义

---

① 117 家会员机构分布在全国 10 个省级行政区,北京、广东和上海机构数量最多,分别有 46 家、22 家和 19 家;浙江和江苏分别有 13 家和 6 家,其余省份机构数量不超过 3 家。广东网络借贷中介机构资本实力最强,总注册资本和实缴资本分别有 47.9 亿元和 45.9 亿元,相应平均数分别为 2.2 亿元和 2.1 亿元;除了个别偏差值(比如安徽省数据)外,其他省份平均注册资本和实缴资本多在 0.5 亿至 1 亿元。

② 蒋大兴."先照后证"与监管创新——以协同监管模式重塑"信用国家"[N]. 中国工商报,2015-11-25(3).

务范围和义务不履行的法律后果。① 核心的反欺诈要件是：①制定预防方案对欺诈事件做好防范工作。若未做好预防工作，需要承担哪些责任。②发现欺诈行为或其他损害出借人利益的情形。明确发现和没有发现之间的判断标准，网络借贷平台在发现之前应尽的义务程度，因为平台的能力和负责任程度直接决定可能发现欺诈行为或其他损害出借人利益的情形，不同平台所发现的欺诈行为抑或是其他侵害出借人正当权益的情形差异会很大。结合"对出借人与借款人的资格条件、信息的真实性、融资项目的真实性、合法性进行必要审核"的规定，发现的标准应该是"必要审核"标准，通过必要的审核应该可以知晓的欺诈行为或侵害出借人正当权益的情况。③及时公告并责令停止网络借贷业务。及时公告的目的是让大众实时了解信息，而停止网络借贷业务是制止网络借贷行为的继续发生。对于没有及时做出公告，明知其存在欺诈行为还放任其继续进行网络借贷业务的网络借贷平台，将承担何种法律责任是需要明确的。

（二）加强网络借贷中介机构的信息披露

就未来网络借贷平台信息披露制度的完善来说，应当以《指导意见》和《专项整治方案》的要求为规范思路，以《暂行办法》《信息披露指引》《信息披露标准》及《自律规范》等规章制度为基础，以证券、银行、基金等金融行业的信息披露监管要求为重要参考，以强化信息披露机制的效力为宗旨，推进出台法律法规层面的专门的、系统的、细化的、具有较强可操作性的网络借贷平台信息披露规范。政府部门还应当充分考虑网络信息披露的特殊性，对披露标准进行细化，对网络借贷平台进行分级分类管理，对违规披露现象进行整治，促进信息披露更加规范化。最后，在明确披露义务与责任承担、强化监管的同时，充分发挥社会公共监督作用，有效防范欺诈行为与行业风险，充分保障投资人的知情权，为投资人决策提供良好的信息基础，实现金

---

① 《暂行办法》第九条规定："网络借贷信息中介机构应当履行下列义务：依据法律法规及合同约定为出借人与借款人提供直接借贷信息的采集整理、甄别筛选、网上发布，以及资信评估、借贷撮合、融资咨询、在线争议解决等相关服务；对出借人与借款人的资格条件、信息的真实性、融资项目的真实性、合法性进行必要审核；采取措施防范欺诈行为，发现欺诈行为或其他损害出借人利益的情形，及时公告并终止相关网络借贷活动。"

融消费者合法权益的充分保障,①增强资金端投资人的信心,促进网络借贷行业健康、有序发展,切实发挥其支持大众创业、万众创新的积极作用。②

1. 信息披露的制度规范应细化

虽然《暂行办法》第五章第三十条规定,P2P 网贷平台对外披露的内容包括融资方信息、融资项目信息、风险评估信息以及已撮合未到期融资项目资金运用情况等,但内容所指比较笼统,没有做出细化规定。而第三十一条尽管规定网络借贷平台的信息披露方式,即应当在官方网站显著位置建立信息披露专栏,对法律法规及有关监管规定的经营管理信息等进行披露,同时引入第三方测评机构对披露情况进行评估、公示,网络借贷平台应当定期将披露材料文件报送地方金融监管机构用以备查。然而对于披露的具体细则没有做出更进一步的规定,因而该条款现实中的可操作性比较弱。

为细化和改善网络借贷平台的信息披露,中国银监会于 2017 年 8 月发布了《网络借贷信息中介机构业务活动信息披露指引》,该《信息披露指引》规定:第一,信息披露概念。信息披露,是指网络借贷平台依托于其官方网页及其他互联网渠道向社会公众公示网络借贷信息中介机构基本信息、运营信息、项目信息、重大风险信息、消费者咨询投诉渠道信息等相关信息的行为。第二,向公众披露的信息内容。网络借贷机构应当向社会公众披露以下内容:网络借贷中介机构备案信息、网络借贷中介机构组织信息、网络借贷中介机构审核信息。第三,向公众披露的平台撮合交易信息。网络借贷机构于每月前 5 个工作日内,披露截止到上月月底由网络借贷信息中介机构撮合交易的相关信息。③

---

① 在国际范围内,金融领域的消费者保护已逐步成为法律监管的重点。2008 年金融危机之前,部分国家已设立了金融消费者保护机构,如澳大利亚的证券与投资委员会(1998)、加拿大的金融消费者管理局(2001),均是专门负责消费者保护的监管机构。2008 年金融危机爆发后,消费者保护更是成为发达国家金融监管制度改革的重点。我国正处于经济发展转型时期,消费主导逐步成为经济发展方式的新特征,并由此带来经济发展及相关法律制度的一系列变化,包括互联网金融监管制度的完善。

② 岳彩申.互联网时代民间融资法律规制的新问题[J].政法论丛,2014(3):3-10.

③ 具体包括如下信息:①自网络借贷信息中介机构成立以来的累计借贷金额及笔数;②借贷余额及笔数;③累计出借人数量、累计借款人数量;④当期出借人数量、当期借款人数量;⑤前十大借款人待还金额占比、最大单一借款人待还金额占比;⑥关联关系借款余额及笔数;⑦逾期金额及笔数;⑧逾期 90 天(不含)以上金额及笔数;⑨累计代偿金额及笔数;⑩收费标准;⑪其他经营信息。

2017 年 10 月,互金协会发布的《信息披露标准》对于 P2P 网贷平台的信息披露起到了一定的指导作用。该标准将披露的信息内容划定为三大类,即投资项目信息、平台运作信息、从业机构信息,而且将每一类信息内容分成任意性披露内容和强制性披露内容,在信息更新频次及发布时间、保密事项及隐私披露、信息披露基本原则等方面做了较为详细的规范化指引,使网络借贷平台有了信息披露的可参考标准。另外,《信息披露标准》还指出 P2P 网络借贷中介机构结合行业发展实际情况,不断拓宽信息披露渠道,如创建微信公众号、移动端手机 App、建设平台官网等,为消费者获取平台营运信息提供便利。

同时,《自律管理规范》第三条对于信息披露的时间做出了详细说明;在第十四条中,首次提出了穿透式披露原则,强调"实质重于形式",开展多项业务的平台在公示信息时应当执行不同的标准进行披露。《自律管理规范》第十八条指出,当网络借贷平台不能按时披露信息时,应当陈述其原因并做出新的承诺;第十九条则规定了披露的信息内容在网络上存留的时间。上述规定具有一定创新性和较强的实践性,可以加以借鉴并推广。

2. 信息披露的义务主体应具体化

《暂行办法》第三条第二款指出,网络借贷平台应当对披露信息的及时性、真实性和全面性负责;第九条明确了网络借贷平台是信息披露的主体,信息披露是其主要职责和应尽义务,平台应当强化信息披露工作,对采集的信息仔细甄别,并制定合理的风险控制措施;第三十二条对网络借贷中介机构应当履行的职责做出了详细阐述,指出了"董监高"对于信息披露的及时性、完整性、真实性所应承担的具体责任,指出网络借贷中介机构对外公布的信息不得出现重大遗漏、虚构、误导性陈述等情形。该条把"董监高"列为信息披露的责任承担主体,可谓是一大创新,但遗憾的是,该条并没有具体细化因违反信息披露相关规定给投资方造成利益损害时,平台、"董监高"及融资方三者之间具体的责任形态与分配方式,只在第四十条①比较粗略地提

---

① 《暂行办法》第四十条规定:"网络借贷信息中介机构违反法律法规和网络借贷有关监管规定,有关法律法规有处罚规定的,依照其规定给予处罚;有关法律法规未作处罚规定的,工商登记注册地地方金融监管部门可以采取监管谈话、出具警示函、责令改正、通报批评、将其违法违规和不履行公开承诺等情况记入诚信档案并公布等监管措施,以及给予警告、人民币 3 万元以下罚款和依法可以采取的其他处罚措施;构成犯罪的,依法追究刑事责任。网络借贷信息中介机构违反法律规定从事非法集资活动或欺诈的,按照相关法律法规和工作机制处理;构成犯罪的,依法追究刑事责任。"

及这种情况下平台所应承担的法律责任,从而使法律责任追究弱化,实际可操作性不强,实际效果不理想。在《自律管理规范》第四条中,互金协会虽然提到法律责任追究应当执行"谁提供,谁负责"的原则,但仍然没有对法律责任形态做出具体安排。总的来说,由于自身存在的缺陷,上述法律制度的实际约束力并不强,因而需要制定专门的法律法规,落实各个义务主体之间的责任形态与分配方式。

修订后的《互联网金融信息披露互联网消费金融》(T/NIFA 2—2017)指出,信息披露义务人包括从业机构、借款人。网络借贷信息中介机构的"董监高"对于信息披露的及时性、完整性、真实性应当尽到忠实、勤勉、尽职的义务。当网络借贷平台及出借人对项目有关信息进行调查核实时,借款人应当予以积极配合。信息披露主体既包括网络借贷中介机构,还包括"董监高"、控股股东以及从业机构的发起人等。这些主体有着特殊的身份与地位,在信息的获取方面具有优势,同时又掌握着信息披露的主动权,其对信息披露义务的履行情况和平台信息披露是否真实、完整、准确与及时有很大影响。上述责任主体应当按照法律法规的明文规定承担起一定范围内的强制信息披露义务,同时可以在任意披露范围内,就信息披露内容、具体披露方式等与投融资双方进行沟通协商,形成意定披露义务。

3.信息披露的程序应当规范化

信息披露不仅应当重视披露信息内容真实性的形式性规定,也要重视披露信息的规范化操作的程序性规定,这样才能确保信息披露制度的有效落实。但是从现行的《暂行办法》《自律管理规范》等来看,都没有对信息披露的具体方式与程序要求做出详细的规定,为了完善信息披露的程序要求,达到信息披露的实质效果,本书建议如下:

首先,应当创建多样化的信息披露渠道。网络借贷中介机构应当充分发挥官网、微博、电子邮箱、手机 App、微信、QQ 等宣传媒介的作用,为投资人及时获取信息提供便利。其次,应保证披露信息位于醒目位置,以提高投资人的注意力,并及时进行推送和更新,提高投资人的信息获取效率。再次,在编写披露内容时,应当确保语言简洁、浅显易懂,若需使用专业术语,则需要做出详细易懂的释明。最后,信息陈述要做到客观、真实、全面,严禁夸大虚构或运用"无风险、无逾期、安全有保障"等类似"绝对性承诺"的字眼,避免误导投资人进行非理性投资,也不得登载个人或单位带推荐性质的文字内容。① 实践中,平台披露的各类信息多是以超链接的形式存在,包括借贷合同格式条款、平台服务协议等,应当明确此类链接不能仅仅是选择性的"点击文件",而是应当规定投融资双方尤其是投资方必须点开进行阅读,了解信息内容,且需根据内容篇幅长短及专业性的难易程度等因素决定,设置适当的停留于浏览界面的时间长短,只有经过必要的浏览阅读后,方可继续进行后续的投资操作,从而保证投资人确已知悉相关条款内容,并对相应的投资风险有一定认知,真正保障投资人权益。

此外,应当对平台信息披露的更改做出相关规定。要求网络借贷平台利用大数据技术建立信息留存系统,可以确保即使披露的信息更新比较快,投资人也能从留存内容中得以了解,同时也有利于监管机构通过留存的信息准确判断网络借贷平台是否遵守了信息披露规则。《暂行办法》第十八条第二款②及第二十三条③都已有数据留存制度的类似规定,但第十八条第二款只是概括性地规定了借贷双方上网日志信息与信息交互内容,第二十三条也只是提到"业务活动数据和资料",对于其内涵和外延均没有予以明确规定,实际可操作性较弱。因此,想实现披露信息的程序更为规范化的目标,应当将这个条文规定于一个条文中,并加以细化,从而适用于信息披露内容范畴。除此之外,《自律管理规范》第十九条对此做了简要规定,要求网络借贷平台应当在融资项目及服务履行完毕之后,保留相关信息五年以上。

(三)防范网络借贷中介机构的非法行为

近年来以 P2P 网络借贷为名义进行非法集资的刑事案件出现惊人的攀升速度,其中特别典型的债权转让模式备受争议,而这种模式的 P2P 网络借贷的实质是"类资产证券化"的活动,着眼于穿透式监管的效果和要求,宜对之采用证券式监管措施。但在我国证券法没有修订的前提下,这种行为难以构成擅自发行股票、公司、企业债券罪和非法经营罪。基于刑法实质解释

---

① 朱侃. 互联网基金销售中信息披露乱象及其监管[J]. 互联网金融与法律,2014(7):8-19.

② 《暂行办法》第十八条规定:"网络借贷信息中介机构应当记录并留存借贷双方上网日志信息、信息交互内容等数据,留存期限为自借贷合同到期起 5 年;每两年至少开展一次全面的安全评估,接受国家或行业主管部门的信息安全检查和审计。"

③ 《暂行办法》第二十三条规定:"网络借贷信息中介机构应当采取适当的方法和技术,记录并妥善保存网络借贷业务活动数据和资料,做好数据备份。保存期限应当符合法律法规及网络借贷有关监管规定的要求。借贷合同到期后应当至少保存 5 年。"

论立场,因其业务模式本身具有的风险性极易触犯"非法性、公开性、利诱性、社会性",从而其有可能构成非法行为而引发犯罪,主要涉及:非法经营罪①、擅自发行股票、公司、企业债券罪②、非法吸收公众存款或者变相吸收公众存款罪③、集资诈骗罪④。

理论上,我国现有的 P2P 网络借贷的规定已经相当明确,按照已经发布的规定操作,强化网络借贷中介机构的内控制度,就足以控制非法行为的发生。因为,涉及金融的违法犯罪,都是故意行为,行为主体有主观故意,同时有客观行为。总而言之,在网络借贷无法可依、无监管、无行业自律、无标准的情况下,网络借贷中介机构及工作人员缺乏网络借贷合法边界和底线的把握,因此,用过去传统的处理非法经营、非法集资等刑事法律制度进行衡量,对打击非法行为有巨大的震慑作用,但其合理性有待商讨。⑤ 在经过互联网金融(P2P 网络借贷)风险专项整治、在国家发布了《暂行办法》等"1+3"制度框架后,特别是 2017 年 8 月 24 日最高人民检察院发布《关于办理涉互联网金融犯罪案件有关问题座谈会纪要》后,进一步对"非法吸收公众存款行为的认定""集资诈骗行为的认定"有了细化规定,便于理解和操作。如存在互联网金融活动私自大范围宣传并以此为基础收取数额不等的

---

① 最高人民法院、最高人民检察院、公安部、司法部《关于办理非法放贷刑事案件若干问题的意见》第一条,违反国家规定,未经监管部门批准,或者超越经营范围,以营利为目的,经常性地向社会不特定对象发放贷款,扰乱金融市场秩序,情节严重的,依照刑法第二百二十五条第(四)项的规定,以非法经营罪定罪处罚。

② 《刑法》第一百九十七条规定,擅自发行股票、公司、企业债券罪,是指未经国家有关主管部门批准,擅自发行股票或者公司、企业债券,数额巨大,后果严重或者有其他严重情节的行为。

③ 《最高人民法院关于审理非法集资刑事案件具体应用法律若干问题的解释》第一条第一款规定,违反国家金融管理法律规定,向社会公众(包括单位和个人)吸收资金的行为,同时具备非法性、公开性、利诱性和社会性,除刑法另有规定的以外,应当认定为《刑法》第一百七十六条规定的"非法吸收公众存款或者变相吸收公众存款"。

④ 《刑法》第一百九十二条规定,以非法占有为目的,使用诈骗方法非法集资,数额较大的,处三年以上七年以下有期徒刑,并处罚金;数额巨大或者有其他严重情节的,处七年以上有期徒刑或者无期徒刑,并处罚金或者没收财产。

⑤ 对 e 租宝等典型案件的处理没有异议。最高人民检察院官网转载的《"e 租宝"非法集资真相调查》显示,e 租宝以高额利息为诱饵,虚构融资租赁项目,持续采用借新还旧、自我担保等方式大量非法吸收公众资金,累计交易额达 700 多亿元,涉及投资人约 90 万名。e 租宝存在多方面问题,如虚构融资人、融资租赁项目,设立资金池,自融自保,信息不透明,违规宣传等。

资金时,尚未依法获取相关部门的合法认证,即使保证在相应时间内归还本金与利息,仍需要负法律责任,相关部门有权依法追责。

P2P网络借贷中介机构应当建立起完善的专门的内部控制机制,尤其建立起大数据风控体系,通过内部控制自觉遵守网络借贷的法律法规和监管要求,可以较早地监测到违法行为并及时处置。互联网金融本身就是大数据应用的产物,大数据处理涉及方方面面,如安全防御、采集社会信用信息、调节并平衡供需关系等。① 从征信维度方面分析可以得知,传统征信难以企及互联网金融征信现有的高度,基于用户互联网行为数据的征信方法是在互联网金融领域的全新探索。作为资源监控平台,云计算能够为使用者实时获取 IT 资源的流量水平、访问者的地域信息等,以便于快速查找到黑客,抵御黑客的网络攻击,切实提高客户信息的安全性,保护资金安全。大数据的处理能力可以帮助互联网金融平台更好地提供数据分析,更快速而精确地鉴别和实现交易撮合。大数据有能力解决资金来源合法性、是否洗钱、是否非法放贷等问题;核查借款人是否有信用、是否有能力保证按期还本付息;解决多处借款、核查项目真实性等问题。也就是说,人们诟病的P2P网络借贷中的自融、资金池、大额融资、资产证券化、债权转让、资金来源、资金流向、洗钱、关联交易、非法集资、非法经营、非法发行证券融资等行为,在大数据监控系统中均可能被提早发现,并留下数据证据。

2017 年 7 月的第五次全国金融会议讨论提出了"科学防范,早识别、早预警、早发现、早处置"的监管原则,需要完善 P2P 网贷平台的风险测评与预警模式,以大数据技术为基础,不断开放征信系统。打造 P2P 网贷平台间信息共享的云共享系统,由央行统一领导,相关金融机构共同协作。实时监控网络借贷平台的行为,包括平台的投资、借贷、信用、运行状况等。由于互联网的开放性,互联网金融活动极有可能转变成非法集资,这就要求相应的监管部门重视打击非法集资,配合司法机关,根据最高人民法院、最高人民检察院、公安部《关于办理非法集资刑事案件适用法律若干问题的意见》和《刑法》等相关法律法规制度,及时发现并严厉打击非法集资行为。另外,在已

---

① C Combe. Privacy, Big Data, and the Public Good: Frameworks for Engagement [J]. American Statistician,2016(1):181-182.

有的刑事法律责任基础之上,还需要重视强调互联网金融企业的行政法律
责任①和民事法律责任②。

---

① 行政责任方面,互联网金融企业违反禁止规定开展业务、尚未达到非法集资刑事犯
罪界限的,监管部门可以区分不同情形采取限期改正、罚款、吊销营业执照、列入黑名单等相
应行政处罚。

② 姚军,马云飞,张小莉.以e租宝事件为视角探讨我国互联网金融消费者权益保护
体系的完善[J].金融法苑,2017(1):137-148.

第八章　网络借贷中介机构市场退出制度构建

第一节　构建网络借贷中介机构市场退出制度的必要性

(一)投资人权益保护的要求

P2P 网络借贷的初始本质是集众人之力,解个体融资之需。根据阿罗·德布鲁的一般均衡模型,在完美市场中,投资人可以直接放款给借款人,资源配置自动达到帕累托最优状态。[①] 然而市场不可能是完美的,交易成本、信息成本等因素的现实存在,使得 P2P 网贷平台作为银行等正规金融机构的重要补充应运而生。网络借贷平台作为对借贷双方进行借贷撮合的信息中介机构,并不属于金融机构,但同样发挥了将资金从社会资金盈余者手中引导、转移到资金需求者手中,以达到资金使用效率最大化的作用,降低了交易成本并减缓信息不对称问题。有学者通过研究发现,法律对投资人利益的保护程度与银行业的发展水平呈显著正相关关系。[②]

P2P 网络借贷领域应建立健全的投资人保护制度,一方面是由其普惠金融特性决定的。相比于传统金融机构,P2P 网贷平台兴盛的基础就在于

---

① 郭金良. P2P 网络借贷中投资人保护法律机制研究[J]. 中国社会科学院研究生院学报,2016(2):78-83.

② R Levine. Law, finance and economic growth[J]. Financial Intermediation, 1999(2):8-35.

广大中小投资人的参与,一旦因投资人保护制度不到位而导致投资人利益受损,影响其对网络借贷行业的信心,则整个行业存在的基石将不复存在。另一方面,投资人不论与借款人交易还是与平台交易,都处于劣势地位,需要进行倾斜保护。借款人了解自身信用状况,处于信息优势地位,投资人难以准确判断借款人的信用质量和偿还资金的概率。借款人利用信息优势,违反借款合同、改变资金的使用途径、隐瞒投资收益以逃避赔付义务等违约行为的发生,使投资人利益受到侵害。① 而平台较之于投资人,具有信息优势、专业优势,平台进行期限错配、私设资金池、卷款跑路等侵权行为,普通投资人难以识别进而维权,因此有必要对投资人进行特别保护。②

良性的网络借贷平台退出机制,是投资人保护的重要组成之一。近些年,关于 P2P 网贷平台因违法犯罪被取缔、资金链断裂跑路等丑闻频出,而监管部门对问题平台的处理结果却呈现出一种怪相——平台的确受到了严厉惩罚,但投资人的合法权益难以实现救济。合理退出机制的构建,既可以让投资人对平台终止业务可能触发的情形有所预期,又可以使平台在充分保障投资人利益的情况下平稳退出。而在境外,平台的退出安排也是作为投资人保护的重要内容明确进行规定的。例如 FCA 本着投资人保护的目标,出台了《关于通过互联网众筹及通过其他媒介发行非易于变现证券的监管方法:对于 CP13/13 的反馈说明及最终规则》(PS14/14)(以下简称《众筹监管规则》)。其中要求平台制定适当的计划安排,包括管理未到期借贷、向出借人分配偿还资金、追踪延迟支付或违约支付的适当计划等,以便在停业时可以稳妥退出。

(二)网贷行业健康发展需要

一个健全良好的市场应当是市场主体进出有序的市场。目前,我国已经建立了网络借贷平台备案制准入制度,解决了平台进入市场的问题,相应的退出机制也应加快建立。良好的退出机制可以提高网络借贷平台整体质量和服务水平。网络借贷在监管规则出台之前曾呈现出"野蛮生长"的发展趋势,网络借贷行业鱼龙混杂,平台扎堆上线又扎堆跑路,大量缺乏风险管理和金融科技的伪互联网金融平台,以圈钱为目的,冠以 P2P 的外壳登堂入室,随之卷款跑路。健全合理的退出机制,可以在负面影响缩减至最低的情

---

① 黄勇,徐会志. 论 P2P 网络借贷金融消费者权益保护[J]. 河北法学,2016(9):16-27.

② S Tennyson. Analyzing the Role for a Consumer Financial Protection Agency[J]. Ssrn Electronic Journal,2009(1):3-4.

况下,将伪互联网金融、运营不良的网络借贷平台剔除。对于寻求转型升级、志不在网络借贷的平台,也有合规退出的顺畅路径,便于其高效地停止网络借贷业务并进行下一步工作。如此,余留下的网络借贷平台均为运行良好、风控健全、技术能力强的行业佼佼者,会进一步净化网络借贷行业。

而退出机制缺位,或者退出机制不当,会阻碍整个网络借贷行业的发展。退出机制不健全,使得大量网络借贷平台寻求制度套利,既然可以选择不顾及投资人权益退出,那么选择这种低成本的退出方式显然是最优解,这会为整个网络借贷行业带来不正之风。按照劣币驱逐良币理论,最终网络借贷平台都会选择于己成本最低、效率最高的方式退出,将成本转嫁给投资人以及整个网络借贷市场,最终葬送整个行业前途。经济法调整的主要目的就在于保证交换前提、着眼于社会需要和社会满足的对接,使交换可以存续。以促进经济发展为导向,对个体经济利益的取得进行一定程度的矫正或发展,使得自利的个体经济活动不危及社会供给,最终达成扩大交换、开拓市场的目标。因此,有必要构建网络借贷平台退出机制,以矫正网络借贷平台的不良退出行为,从而维护整个网络借贷行业的健康发展。

(三)现有退出机制亟须完善

网络借贷中介机构现有的退出机制有失联跑路、经侦关闭、自行清算、业务转型及兼并等。现实中,网络借贷平台限制提现、提现延期、关站失联、相关负责人卷款跑路是主要的退出方式。[①] 相比较前述退出方式,网络借贷平台自行清算的退出方式更容易为市场所接受,这也是业内默认的一种退出方式。然而,平台主动清盘通常会通过分期清盘、债转股、打折回购等方式对剩余债权进行处理,因此即使平台主动清算也并不等于投资人可以立即获取其投资本息。总体来说,我国主要的几种退出机制仍存在不少问题。

1. 相关主体责任不明晰

P2P 网贷平台运营的主要目的是投资,投资就不可避免地会伴有风险的存在,网络借贷平台的功能不同于银行的存款功能,对投资人不负有保本保息的责任。大量的投资人从 P2P 网贷平台的不合规宣传中获取了错误的认识,而 P2P 网贷平台自身相应的金融素质不足也导致投资人的错误认识不断增加。同时现有的退出方式没有明确平台负有的责任到底是有限责任

---

① 陈阳,陶冉,高静. P2P 网贷平台的风险控制与监管转型[J]. 时代金融,2017(30):284-285.

还是无限责任、投资人所需要承担的风险责任、借款人的违约责任等。正是因为责任界定缺乏明确性,导致一些经营者担心责任追究过重而最终选择卷款跑路;同时也有经营者会在自身违规操作之后选择以停业清盘的方式退出,给投资人带来了严重损失。

2.监管部门未发挥作用

监管部门需要对金融机构的退出环节进行有效的监管,包括对金融机构的退出、破产倒闭或兼并、变更等,同时监管部门也应对违规的金融机构加强监管。虽然《指导意见》明确了 P2P 网贷平台的监管机构,但是这些监管机构并未参与到现有的退出方式之中,没有在平台退出中发挥积极有效的作用。平台被查封或卷款跑路后,公安部门是对违规金融机构终止经营的主要监管机构。同时,对于正常经营的平台,未经监管部门的相关监管而直接由公安机关介入调查,会对这些平台的运营产生负面影响,容易引起投资人挤兑现象。

3.有序退出机制不畅通

大部分平台选择退出市场往往是由于自身出现了运营问题,如果平台自身放弃整改,直接选择退出市场,这是市场正常的结果。然而,目前现有的渠道并不畅通,无法实现平台的正常有序退出。我国实行的退出机制中并没有对平台以破产方式退出给予相应的规定,这主要是因为破产退出的方式会产生高额的清算费用;现有的退出机制也缺少监管部门接管退出这一方式,如果平台出现问题,监管部门可以临时接管,可以帮助问题平台进行整改和高效处置不良资产,投资人利益得以最大化保护;问题平台出售股份或寻找合并方都是市场的自发行为,监管部门并没有对 P2P 网贷平台的收购兼并相关事宜出台指导文件。①

4.投资人权益难以保障

涉众性是 P2P 网络借贷业务的重要属性,虽然网络借贷的单笔业务涉及金额不大,但是涉及的人数众多、区域也较广泛,如果缺乏相应准入机制的设置和日常监管,就会导致大量非法平台介入,这些平台通常采用诈骗的形式或违规行为吸取资金,之后便卷款跑路,投资人很难收回本金和利息,严重损害了投资人的利益。即便是主动要求进行停业清盘的平台,在清算的过程中采用打折回购、债转股等处理方式处理剩余债权也会对投资人的

---

① 陈晓俊.互金整改一周年 882 家平台退出[J].理财,2017(10):61.

利益造成损害,而担保、风险备用金等也往往难以发挥作用。此外大部分P2P网贷平台案件都未能立案并侦破,这主要是因为网络借贷平台所具有的互联网属性使得投资人想要维权和追讨资金的时间和成本过高,对于投资人来说,高成本的维权难以维持。

第二节　网络借贷中介机构市场退出规则评析

(一)网络借贷中介机构市场退出的全国性规定

监管规则对于网络借贷平台退出的规定主要表现在《暂行办法》和《信息披露指引》中。

《暂行办法》第二十四条的规定较为原则,主要要求网络借贷平台应当充分履行提前告知的义务。拟终止网络借贷业务的平台,需要在终止前至少十个工作日告知注册地监管部门以及出借人、借款人,办理备案注销,同时公司应在解散、破产的情况下妥善处理好自身存续的借贷业务,出借人与借款人的资金不属于平台财产,不列入清算财产。《暂行办法》作为网络借贷行业经营和监管的基本制度安排,对网络借贷平台的退出作原则性安排是妥帖的,但同时也应起到指导未来相关配套制度构建与完善的作用。然而《暂行办法》传递的信息量十分有限,基本包括三点:①业务终止前十个工作日内告知各相关方;②解散破产前妥善处理存续借贷业务;③出借人借款人资金不归属平台。其中第一点属于实质性规定,也为后续制度安排提供了指引。第二点的规定则过于原则,且不论平台破产与否,只要终止网络借贷业务,都应妥善处理存续的借贷业务。第三点根据条例对于平台性质的认定、客户资金存管等规定,都可以推出,此处再行明确规定不是不可,但对于平台退出的指导意义不大。

《信息披露指引》则是主要围绕规范信息披露展开的。其第十条要求平台在出现申请破产,进入破产程序,被责令停业,涉诉、违法、业务陷入欺诈、停顿等情况时,需要在发生之日起 48 小时内将事件起因、状态、可能产生的影响和采取的措施向公众进行披露。相比《暂行办法》的"告知",《信息披露指引》提出了具体披露内容,包括时间起因、状态、可能产生的影响和采取的措施,但也存在诸多问题。

首先,触发披露的情形多以负面为主,忽略了平台主动终止业务的情况。该条对于触发情形的表述包括破产、责令停业、涉诉、欺诈等情形,对于停业也表述为"主要或者全部业务陷入停顿"——而"陷入停顿"按照一般理解,是指平台出现逾期率过高、长期亏损等经营困境而被动停业或暂停业务。在这种情况下,因业务升级等自主选择终止网络借贷业务的平台,是否就不需按照该条规定向公众披露相关信息了呢?

其次,指引在时间上要求平台在"发生之日起 48 小时内"进行披露,这一规定在两方面都存在问题。一方面,48 小时的计算时间不明确。如"公司被责令停业"情形,应当以监管部门行政处罚发布时间为准,是指以平台收到处罚决定书为准,还是以平台最终停业时间为准?并且,"责令停业"可以解释为"陷入停顿"的原因之一,当平台因被责令停业而最终陷入停顿,这两个时间节点是否均需披露?从这一层面来说,《信息披露指引》此处规定的可操作性存疑。另一方面,要求平台在 48 小时内将可能采取的措施进行披露并不现实。平台有可能是有步骤地平稳终止业务,也有可能面临突发情况被迫停业。在有计划停业的情形下,平台对于即将采取的措施早有规划,尚有可能进行披露;而对于突然停业、缺乏提前退出安排的平台,会因自顾不暇而难以进行高质量的信息披露。①

同时,平台退出违反信息披露要求的责任规定存疑。《信息披露指引》规定,网络借贷平台未按照指引要求开展信息披露的,按照《暂行办法》第四十条予以处罚,而《暂行办法》第四十条主要规定了对平台的行政处罚,方式包括监管谈话、出具警示函、责令改正、通报批评、将其违法违规和不履行公开承诺等情况记入诚信档案并公布等监管措施,以及给予警告、人民币 3 万元以下罚款等,构成犯罪的则追究刑事责任。然而对于即将停业的平台,这些行政处罚的威慑力不足以敦促其弥补过错,对于那些因此受损的投资人也无任何意义。平台退出时的信息披露违规最主要侵犯的是投资人的利益,然而《信息披露指引》并未涉及投资人保护问题,责任制度的设计不够完善。

因此,仅依靠《暂行办法》《信息披露指引》不足以指引网络借贷平台的合法有序退出,有必要重新构建网络借贷平台的退出机制。

(二)网络借贷中介机构市场退出的地方性规定

2017 年 9 月 29 日下午,深圳市互联网金融协会出台了首个与网络借贷

---

① 即使是上市公司,发生重大事项的披露时间要求也仅为"及时"。网络借贷平台作为信息中介机构,不应承担过高的信息披露义务。

平台退出有关的半官方指导性文件《深圳市网络借贷信息中介机构业务退出指引(征求意见稿)》(以下简称《退出指引》)。① 目前,《退出指引》仍在内部征求意见阶段,深圳市互联网金融协会尚未正式公布,但已有媒体全文转载。《退出指引》共有十三条,分别规定了立法目的与依据、适用范围、相关定义、基本原则、退出一般程序、退出计划、信息披露、资金清退、纠纷调解小组、不良资产处置、内部员工安抚、违反责任、实施时间,明确了平台、协会等各方义务,平台对出借人、内部员工应尽责任等。作为首发文件,《退出指引》具有突破性意义,但同时也存在诸多问题。

将概念进行明确是《退出指引》的最大价值之一。《退出指引》第三条对平台退出概念进行了明确界定,即网络借贷中介机构终止经营网络借贷信息中介业务,包括但不限于清算注销、业务转型等。网络借贷平台的退出,长期被等同于网络借贷平台倒闭,混淆了平台退出与平台注销两个概念——前者是业务的终止,后者是平台主体资格的消亡。将两种概念混同,最直接的影响就是构建平台退出机制时,忽略了平台业务转型升级等平台依然存续但是网络借贷业务终止的情况。平台法人主体资格的消亡,属于民法调整领域,《公司法》《破产法》对此有系统规定;而之所以要对网络借贷平台的市场退出进行特别规定,并不在于其主体消亡具有特殊性,而是所经营的网络借贷业务具有的涉众、类金融中介属性。《退出指引》明确将平台退出界定为平台"终止经营网络借贷信息中介业务",因此包含的情况有失联跑路、经侦关闭、自行停业清算或倒闭清算,以及业务转型、兼并等。《退出指引》第三条第二款进一步明确了网络借贷平台的退出期间,包括网络借贷中介机构做出退出决定、启动退出准备工作乃至网络借贷中介机构全面终止等在内的整个期间。将起始点前置至平台做出退出决定时,将平台退出的风险从开始即置于管控下,不论平台、监管方还是投资人,都可以对退出情况实时把握,及时做出理性反应。

《退出指引》的另一大亮点在于,制定协作配合原则,构建良性沟通机

---

① 按照深圳市互联网金融协会官方网站的介绍,深圳市互联网金融协会 2015 年 7 月 28 日在深圳市委市政府支持下成立,是由深圳地区有代表性和影响力的金融机构、互联网企业、互联网金融企业,以及相关配套服务机构组成的行业自律组织。协会具有社会团体法人资格,指导单位为深圳市人民政府金融发展服务办公室、驻深一行三会监管部门。由此可见,深圳市互联网金融协会具有"半民半官"的性质,出台文件除了对会员单位有约束力,也是官方监管的风向标。

制,要求网络借贷中介机构在退出过程中,应当接受深圳市互联网金融协会指导。从退出计划起草到执行退出方案期间的汇报、风险处置措施的协商等,沟通机制贯穿平台退出始终。在退出程序中,要求网络借贷平台向协会报备退出计划和方案,协会应当对这些计划和方案进行指导,同时组织并开展相关培训工作。退出方案在执行过程中,平台需每周向协会汇报退出情况,并就疑难问题及时与协会沟通。第六条再次强调,应建立网络借贷平台与互金协会的联系机制。要求网络借贷中介机构退出工作领导小组与协会形成合作关系并共同建立相关的联系机制,同时该领导小组需要将风险隐患信息及时报告给协会,对其中可能出现的问题进行反馈,在双方商讨的基础上制定合理的处置措施。此外也需要向协会报备退出计划,递交退出计划书、存量项目清单和清收情况、出借人信息、财务审计报告等。

构建良性沟通机制的优势在于,通过加强沟通,减缓监管者与被监管平台因信息不对称带来的负面影响,实现平台退出的有序化。互金协会作为行业自律机构,对会员单位进行自律监管,由于其"半民半官"的特殊性质,其监管思路与银保监会、地方金融办等往往具有一致性,成为沟通监管者与被监管者的桥梁。此外,互金协会作为众多互联网金融企业的互助协会,也可以充分集中互联网金融企业的诉求,为平台提出符合其自身情况的意见。对于平台而言,良性沟通机制的构建最大意义就在于,通过与协会的沟通,把握监管风向,从而避免法律风险。对于监管者,可以及时将监管思路通过互金协会传递给平台,也可以通过互金协会了解网络借贷平台的现实情况与困难,有利于监管机构准确把握监管力度,避免出现监管过严或监管不作为的情况。

当然,虽然《退出指引》有诸多优点,但是作为地方行业协会颁布的首部网络借贷平台退出文件,难免存在诸多问题。

第一,网络借贷平台责任过重。从《暂行办法》颁布伊始,网络借贷机构就被定性为信息中介机构,而非信用中介,其自有资金需要与客户资金分离。而《退出指引》却要求网络借贷中介机构应制定明确的出借人资产清偿方案,对于存在不良资产漏洞的项目,网络借贷平台应当根据实际情况,将不良资产清理后的剩余资金按照出借人的出资额比例予以清退。同时,《退出指引》还要求网络借贷中介机构对不良资产应该按照不同分类分开进行处置:对于网络借贷中介机构中具有国有企业、上市公司、集团等背景的机构,应该积极争取国有企业、上市公司、集团一定合理范围内的资金援助,协助网络借贷中介机构尽量减少代偿余额;网络借贷中介机构应该积极加强与第三方不良资产管理处置公司之间的合作，以打包的形式将不良资产出售给第三方不良资产管理处置公司，尽可能填补不良资产漏洞；网络借贷中介机构要重视加强与第三方中介服务机构的合作，对退出方案进行合规分析，并且对其中可能存在的法律风险进行提示，同时在评估资产和负债的基础上做出合规性、审计和资产评估报告，为后续工作打下基础。

第二，法律规定之间存在冲突。不良资产是针对会计科目里的坏账科目来讲的，主要包括银行的不良资产①与非金融企业的不良资产②等。从《退出指引》以保护出借人利益为目的，要求平台处理不良资产来看，这里的不良资产是指借款人无法按照合同的规定，按期按量偿还借款人本息的贷款，也被称作不良债权。《退出指引》进一步要求网络借贷平台通过各种方式予以处置与清退。这种规定在法律逻辑上难以成立。首先，不良债权是针对银行等金融机构而言的，网络借贷中介机构作为信息中介属于非金融企业，其不良资产不应包括不良债权。其次，借款人未能按期归还借款，属于对借贷合同的违约，只有出借人有权利处置其债权，选择转让或其他方式自行救济。最后，除非出借人将债权转让给平台，否则平台无权处分所谓的"不良资产"，而《暂行办法》明确禁止平台对债权提供增信，因此平台不能通过事先安排的方式，在借款人违约的情况下自动取得出借人债权，并可任意处置的权利。《退出指引》的规定加重了平台作为信息中介机构的义务，并与《暂行办法》构建的监管框架相违背。

第三，平台违规责任不明。《退出指引》在倒数第二条规定了违规责任，"未按要求退出造成不良社会影响的，协会将上报深圳市金融办"，将确定责任的问题转移到地方金融监管部门。虽然在责任规定方面，行业协会因定位与权限等限制，难以制定具体、有执行力的责任条款，但缺失责任条款的法律是没有"牙齿"的法律，极低的违法成本对平台没有威慑力。作为行业协会而言，至少可以在互联网金融行业内部对违规退出平台予以处置。如，将违规平台及其主要负责人的违规情节在行业内部进行通报，调低信用评级或作为失信人处理，拒绝平台及其主要负责人经营的其他平台入会等。从责任条款来看，《退出指引》依然过于保守。

---

① 银行的不良资产主要指不良贷款，即借款人不能按期按量归还本息的贷款。
② 非金融企业的不良资产是指企业尚未处理的资产净损失和潜亏（资金）挂账，及按财务会计制度规定应提未提资产减值准备的各类有问题资产预计损失金额。

第三节　网络借贷中介机构市场退出的制度完善

虽然《暂行办法》《信息披露指引》等文件对平台退出有所涉及,但并未形成系统化、有执行力的退出机制;深圳市的《退出指引》搭建了网络借贷平台退出基本框架,然而受制于层级效力,仅在地方行业协会内部有效,并且仍然存在诸多问题。因此,我国为了保护好各方当事人的合法利益,确保有序管理好出借人未能回收的款项,非常有必要尽快设立一套顺畅合理的市场退出机制。①

(一)明确网贷中介机构责任

经营遭遇危机的 P2P 网贷平台无法实现整改且必须退出时,最需要解决的问题便是如何清偿投资人的本金和收益。《指导意见》明确指出 P2P 网络借贷平台在借款双方关系中扮演着信息中介的角色。基于这一规定,目前的 P2P 网贷平台需要履行筛选借款人并对其还款资质进行评估、对不良债权进行有效处置的职责。针对任一笔投资标的,P2P 网贷平台要及时披露和未来还款能力相关的重要来源依据:风险准备金比例、抵(质)押物市场估价、借款人和担保人的信用记录等。同时对即将退出的 P2P 网贷平台,要对某业务进行审计,若发现存在违法违规经营现象则要赔偿投资人的全部损失;正常经营的 P2P 网贷平台,负有风控义务的,只需要承担相应的经营连带责任,投资人需要承担投资风险。如此,平台退出时,可以依据对应职责实现有序退出,并获得市场的认可和支持。

同时,监管部门应当尽快发布网络借贷中介机构退出的监管细则,制定行业规范并加强日常监管力度,保证平台规范经营。P2P 网贷平台需要将相关信息定期向公众披露,同时监管部门依据其所上交的数据报表建立和完善风险预警系统,该预警系统可以对整个网络借贷平台的运营状况进行动态监测,对未来可能发生的风险进行评估并划分风险等级,针对不同等级的风险采取不同的退出方式,同时详细规定各种退出方式的退出标准和程序。对于经营规范但持续获利能力差的 P2P 网贷平台,适宜采取兼并退出的方式,以通过规模经济来解决网络借贷平台获得成本高、盈利能力差带来

---

① 伍坚. 我国 P2P 网贷平台监管的制度构建[J]. 法学,2015(4):92-97.

的风险问题,同时,应当对兼并收购前后的责任归属进行重点规定,从而保障投资人权益。而对于经营风险偏高、无力后续经营的 P2P 网贷平台,适宜采用牌照制监管方式,将其业务牌照吊销,责令其停业整顿,督促其进行业务转型等。[①] 而对于持续亏损、贷款项目逾期严重的 P2P 网贷平台,监管部门应当强制接管,进行清算破产。

总的来说,在当前互联网金融、金融科技盛行的背景下,应以柔性监管为主,监管机构应在充分了解网络借贷中介机构业务活动的基础上,双向反馈互动,实现监管目的。尤其对于网络借贷中介机构退出这一敏感问题,监管者不宜直接以严苛的、命令式的行政监管要求已处于苟延残喘状态的网络借贷中介机构履行难以实现的义务,而是坚持底线思维,除非网络借贷中介机构涉及卷款跑路、非法集资等严重违法犯罪情节,否则不宜过分加重网络借贷中介机构的负担,可以通过行业协会与网络借贷中介机构建立畅通的沟通机制,在此基础上不断完善网络借贷中介机构的退出监管机制。

(二)引入监管当局接管制度

依照任何一种方式退出市场的网络借贷中介机构都会面临一个问题,即如何最大化地保护投资人权益。如果引入监管当局对问题机构实施强制性临时接管,并且充分发挥其监督作用,同时选择合适的资产处置方式,加速处置资产,尽快变现,那么就可以保证问题机构按照程序规范退出市场,从而减少投资人的损失。监管部门应当设定临时接管的条件和接管时限,针对符合接管条件的问题机构成立专门工作小组,该工作小组成员包括债权人、债务人代表、平台负责人、监管部门、相关专业第三方机构等,重点对采取何种方式退出市场,并就如何处置剩余债权达成一致性认识。特别强调,为防止网络借贷中介机构管理者严重损害投资人利益,应当引入具有专业性的第三方机构对不良债权进行处理,这主要是因为该第三方机构具有的专业性和作为独立第三方的公允优势,能更好地处理不良债权,同时应当接受监管机构的严格监管,使投资人利益获得最大化保障。接管期间,专门工作组应当发挥监督管理作用,及时追讨债权、按比例公允处置资产和公平偿付债务。此外应当及时以公告等形式向全体投资人公示工作进度,并就重大资产处置方式进行表决。同时由于投资人在地域上极具分散性,在网络借贷中介机构退出市场的过程中,建议由接管小组或成立投资人大会负

---

①　王东东. 建立 P2P 网络借贷平台退出机制的探讨[J]. 武汉金融,2017(5):32-34.

责相关信息的披露和沟通,对剩余债权的处理方式等重大问题按少数服从多数的原则进行表决。被接管和停业的网络借贷中介机构应该接受监管机构的调查,尤其是对经营者进行的法律调查和业务审计。

(三)事先制定破产管理计划

在 P2P 网络借贷平台面临破产时,FCA 和 P2P 金融协会(P2PFA)均强调要确保尚未到期的借贷合同继续得到有序管理。2013 年 10 月 24 日,FCA 发布了《众筹监管规则》,并将网络借贷中介机构纳入监管[①],其中专门规定了网络借贷中介机构倒闭和管理不良时,网络借贷中介机构应履行的义务。由于网络借贷中介机构倒闭可能会损害投资人利益,FCA 要求在倒闭的情况下,处于存续状态下的贷款和投资仍然需要进行管理,贷款偿付、逾期贷款的偿付或投资型众筹中股息在投资人间的适当分配都需要继续跟进。一旦运营机构倒闭,这种责任可能会转移到个体投资人身上,然而在投资额较小或股份较少时,个体投资人对此进行负责可能是不经济的选择。网络借贷中介机构应在存续期间,设立一套机制以应对机构倒闭或存放客户资金的银行倒闭的情况,包括业务终结后果的说明、投资人具有的权利等,即"生前遗嘱(living wills)"制度。

例如,英国 Zopa 公司在其官网上列明了机构退出的一些基本安排:第一,机构与投资人资金分离,投资人资金在非 Zopa 公司所有的独立客户账户中;第二,借贷合同连接的法律关系双方为出借人和借款人,即使 Zopa 终止网贷业务,借贷合同依然在合同双方间有效;第三,网络借贷中介机构将会使用借贷服务费来对存续贷款进行管理。美国的 Prosper 和 Lending club 也都有破产储备计划,一旦机构破产,就会有第三方机构来接管运营,继续提供服务,妥善保护好各方当事人利益,尤其是要确保出借人尚未回收的款项可以得到有序的管理。[②]

借鉴美国和英国的经验,要求网络借贷中介机构提前做好破产防范安排,应当预先对机构破产的后续处理工作做出妥善的安排,参考"生前遗嘱"制度,在平台设立之初就制定好借贷破产管理计划。该计划必须经相关监

---

① 《众筹监管规则》包括借贷型众筹和股权型众筹,其中借贷型众筹是指个人对个人的 P2P 借贷平台以及个人对企业的 P2B 借贷平台,通过平台消费者可以以借贷协议的方式进行投资。

② 王朋月,李钧.美国 P2P 借贷平台发展:历史、现状与展望[J].金融监管研究,2013(7):26-39.

管机构审查与备案,审查通过后在破产时才可按照该计划实行,并在网络借贷中介机构网站予以公示。借贷破产管理计划应规定事先公告程序、接管人的选择、未到期借贷合同以及第三方支付合同的处理、客户个人信息的保护。平台进入破产清算环节时,将存续的借贷合同委托给其他 P2P 网络借贷平台,平台可以在第三方机构接管人的接管下,对尚未完成偿还的借贷资金进行妥善的处置,以保证未到期合同贷款的正常还款。① 这样既可以避免网络借贷中介机构在风险发生后应对不暇,也可以让投资人提前了解其权利安排,还可以让监管部门对于网络借贷中介机构退出计划有提前的了解与指导,达到网络借贷中介机构有序退出市场的目的。

当法院裁定受理破产申请后,破产的网络借贷中介机构应在停止经营业务的基础上,根据借贷破产管理计划成立破产管理工作组,由经监管机构认可的网络借贷中介机构的工作人员或监管机构指定的专业人员组成。破产管理工作组不同于破产管理人,破产管理人是在法院的指挥和监督之下全面接管破产财产并负责对网络借贷中介机构本身进行保管、清理、估价、处理和分配的专门机构,而破产管理工作组是专门对网络借贷中介机构退出之后的借贷合同以及客户信息做出妥善安排的机构,当破产清算程序全部完成时,破产管理工作组须完整地公示整个流程中的操作和费用情况。

(四)清盘实行独立业务偿付

网络借贷中介机构退出所要进行的清盘工作需要按照相应的清盘规范展开。网络借贷中介机构在最初成立的时候便可以设置相应的清盘准则,同时也可以由监管部门根据网络借贷中介机构属性和业务性质以管理条例的方式予以公布。纯信息平台的债权人和债务人应当明确对应,某债权债务关系不应影响其他债权债务关系;负本息保障责任和设立风险保障金的网络借贷中介机构,需要明确网络借贷中介机构偿付资产和风险保障金的赔付标准和顺序;对于设立资金池和自融的违规机构,全体债权人对偿付资产应享有平等追偿权。②

在网络借贷中介机构退出时,偿付顺序和偿付比例应按照业务不同实行差异化对待,不同业务间的债权债务关系应该保持独立,这将有助于网络借贷中介机构在发生问题后可以不依照投资标的而是统一归集进行偿付。

---

① 朱贝贝. P2P 网络借贷平台破产后续处理机制研究[J]. 时代金融,2016 (32):265-266.
② 蒲银. 关于规范 P2P 平台退出机制的建议[J]. 黑龙江金融,2016(1):21-22.

若网络借贷中介机构提出本息垫付或担保计划,要明示担保方和担保额度,并接受监管部门的资格审查。在网络借贷中介机构的投资标的中,应当清晰标示是否为担保类项目,对担保类项目标示担保来源和比例,对无担保项目则要提示投资风险。通过在经营中明晰网络借贷中介机构的责任范围和单一标的回款来源及逾期处置偿付顺序及比例,改变投资人不能收回本息,即网络借贷中介机构负全责的状况。

第九章　网络借贷中介机构的监管体制构建

通常而言,谈到金融监管就会自然涉及:网络借贷是否属于金融监管范畴问题,也就是监管边界问题;监管体制与机制问题,通常是谁负责监管以及体制、机制问题;监管原则问题;市场准入监管;业务范围监管;风险管理和投资人保护;信息披露;市场退出监管。我国对于网络借贷已构建《暂行办法》等"1＋3"制度体系框架,更多的是从监管体制完善的角度上作理论分析和建议。同时因前述章节已对涉及的部分问题作针对性分析,故该部分在本章节将不再具体展开叙述。

第一节　网络借贷中介机构的监管边界

(一)网络借贷中介机构监管之争

金融监管对于维护金融安全具有重要意义。[①] 金融监管从狭义的角度可以定义为政府监管,是指金融监管部门依据国家法律规定对 P2P 网贷平台实施的监督管理。而广义的金融监管,除政府监管以外,还包括同业自律组织的监督、社会中介组织的监督等。监管按照从松到严的程度,中介组织约束机制和行业自律是较为宽松的第一监管层次,而政府监管为较为严格的第二监管层次。政府监管带有一定滞后性,因此自律组织就担当了政府

---

① 季立刚.金融监管与金融安全[N].文汇报,2006-06-19(14).

出台政策之前的监管职能,为政府监管和网络借贷中介机构提供一个缓冲地带,弥补了政府监管的缺失;政府监管政策出台后,自律组织又能够有效解读和完善出台后的政策,行业自律成为由市场机制向政府监管的过渡机制;而政府监管可以更有效提高社会对网络借贷的可接受程度,提高对投资人和消费者的保护水平,影响监管介入的广度和深度。

对于网络借贷的监管边界问题,一直有三种态度。

1. 自由放任发展

这种态度认为市场可以通过"看不见的手"来满足市场主体的需求,使得市场始终处于均衡阶段,实现资源配置的最优化,因而不需要政府的介入。[①] 网络借贷是通过网络方式媒介的借款行为,实质是自由的民间借贷,贯彻私法自治理念,无须通过制定法律制度进行规制。从 P2P 网络贷款平台的成立本意来看,主要是为借款人提供交易场所,它本身不具有金融机构的性质,并不参与交易,因此金融监管机构并不需要对此类性质的平台实施监管,通过私法就可以规制交易双方的权利和义务。法律应该对民间金融创新活动保持最低限度上的干预,这是社会对民间金融发展的期望和对法律监管的要求。

2. 非法禁止取缔

这种态度认为,P2P 网络借贷涉嫌非法集资,应当属于刑事法律制裁的范围。[②] P2P 网贷平台事实上控制着借贷资金的事实,而无论该项资金是存于网络借贷平台自有的"资金池",还是将该项资金交由第三方机构托管。[③] 如果网络借贷活动符合非法集资[④]的四项特征,就应当用刑事制裁手段将其取缔,自然就不存在通过法律进行规制的问题。我国对于非法集资这一概念的界定主要有以下两种:一是集资者以自己使用为目的而吸收资金,二是集资者将吸收的资金用于其他投资。出于自身使用目的而筹集资金这一行

① 彭岳. 互联网金融监管理论争议的方法论考察[J]. 中外法学,2016(6):1618-1633.

② 姚海放,彭岳,肖建国,等. 网络平台借贷的法律规制研究[J]. 法学家,2013(5):94-98.

③ 刘为波.《关于审理非法集资刑事案件具体应用法律若干问题的解释》的理解与适用[J]. 人民司法,2011(5):24-31.

④ 按照《刑法》以及最高人民法院 2010 年《关于审理非法集资刑事案件具体应用法律若干问题的解释》,非法集资活动具有"非法性、公开性、利诱性、社会性"四项特征。

为属于直接融资范畴,类似于擅自发行证券,但是因为其没有采用股票、债券的名义,或者说因为其没有对集资资金进行权益份额化和标准化,因此我国法律上没有将其认定为证券发行,而是定性为非法集资。而当集资者将吸收来的资金再用于其他投资时,集资者本质上扮演了金融中介的职能。P2P网贷平台利用互联网技术帮助借款人通过网络借贷平台向社会公众筹集资金,并约定相应利息,按照上述非法集资的定性条件,其交易具有集资性质且该集资行为面向公众,那么P2P网络借贷具有天然的非法集资属性。基于其具备非法集资的性质,应当在行政上予以取缔、刑法上予以追究制裁。

3. 监管论

就当前的互联网金融来看,出现的市场失灵主要体现在:对信息的管理、使用和分析不当,而带来的信息不对称风险;缺乏完善的社会信用体系及平台机制设计,导致道德风险和流动性风险增多;人为或外部疏漏导致的操作风险。上述风险会加剧金融体系的脆弱,对金融稳定和金融监管带来挑战。网络借贷涉众面广,极有可能引发外部性问题,加剧信息不对称带来的负面影响,引入监管非常必要。但同时,网络借贷作为一种互联网金融的创新形式,应当制定适度宽松的监管政策,为其提供进一步发展的空间。《指导意见》指出,互联网金融监管应遵循"依法监管、适度监管、分类监管、协同监管、创新监管"的原则,科学合理界定各业态的业务边界及准入条件,落实监管责任,明确风险底线,保护合法经营,坚决打击违法和违规行为。P2P网络借贷自引入中国,在发展中已经出现了众多变形,其中有些包含更多的非法集资特征,需要采取特别监管方式,维护借贷双方合法权益。

(二)网络借贷中介机构监管逻辑

虽然目前网络借贷平台被界定为信息中介,但筛选借款人、核实借款人身份等传统风险管理的工作仍需要网络借贷平台承担,加上互联网技术风险极易扩散和蔓延的特点,网络借贷平台对风险的监管难度不小。目前对网络借贷平台的监管贯穿事前、事中、事后,采取全过程覆盖的监管逻辑。所谓的事前风控是指网络借贷平台对借款人借贷行为发生前所做的风险控制,主要体现在市场准入门槛的控制;事中风控主要是指网络借贷平台在审核完借贷双方的资质后,贷款发放后到贷款全部还清的这段时间进行的风险控制,主要体现在网贷资金的第三方托管、信息披露和技术保护等方面;而事后风控是指在借款期限到期之时,借款人没有按照约定及时归还借款进行的风险控制,主要体现在监管主体中央与地方联合行动等方面。

1.事前:准入门槛控制

P2P网贷平台在法律上定性为信息中介,而非信用中介,因此网络借贷平台不得为投资人提供增信服务。广东省率先出台实施细则,对网络借贷平台的资质认定提出了实质性的规范要求。最新成立的网络借贷平台需要按照法律规定进行工商登记、领取营业执照,然后向当地政府金融监管部门申请备案,最终交由省金融办统一进行备案管理。之所以由省金融办最后统一进行备案审核,主要是因为这样有助于在全省范围内统一P2P网络借贷准入门槛标准,使得监管更为严谨。备案成功的网络借贷平台需申请获得增值电信业务经营许可,才可以开展业务。这样环环相扣的设立程序,有助于新设立的网络借贷中介机构合法合规发展,同时也有助于监管责任的明晰,从而完善风险监测。对于已经存续的网络借贷平台则需要分类整改并经有关部门认定后,再进行备案登记管理。例如,广东省注重对网络借贷平台的属地化管理,不允许注册地在外省的网络借贷中介机构到广东省设立总部,以此避免网络借贷平台通过跨地区注册登记来逃避地区监管,有效打击了异地非法经营。

2.事中:资金、信息与技术控制

现行监管办法要求网络借贷平台的借贷资金应当由银行业金融机构作为独立第三方进行存管,分账管理平台和客户的资金,降低资金集中引发的风险。银行应当为网络借贷客户设置自身专门的资金存放账户,同时对这些资金进行清算和核对。将借贷资金交由银行金融业作为第三方机构管理,可以有效地将网络借贷平台撮合交易的行为与收付资金的行为进行隔离,使网络借贷平台回归其基本的信息中介功能,限制平台吸收存款和沉淀资金,进而防范其将平台资金挪作他用。P2P网贷平台应按照规定定期向各级金融监管部门报送信息披露的公告文件和相关备查文件,同时在平台网站上显著位置披露相关运营信息,以供社会公众及时查阅。同时,网络借贷行业的发展依托互联网,互联网在为网络借贷行业带来发展机会的同时,也带来了信息技术方面的难题,因此网络借贷平台应当加强与金融信用信息基础数据库运行机构等技术部门的合作,降低因平台拥堵、信息泄露、黑客入侵等技术风险带来的风险。

3.事后:央地联合监督管理

事后风控主要体现在监督主体方面,《暂行办法》指出要以"双负责制"

对 P2P 网贷平台进行监管,银保监会及其派出机构与地方金融监管部门组成监管主体,共同对网络借贷行业进行监管。银保监会负责政策措施制定及日常行为监管,指导和配合地方政府做好机构监管和风险处置工作,建立跨部门跨地区的监管协调机制。同时,地方各级政府也可以设立分级管理措施,进一步细化网络借贷中介机构的监管和风险处置工作。虽然按监管责任划分,应当由银保监会全权负责网络借贷的监管,但地方金融办在监督管理与风险防范上同样具有不可推卸的责任,双方应当合理分工、协同监管,做好风险识别和控制工作。

第二节　网络借贷监管主体的争议与确定

中国的 P2P 网络借贷出现之时,本无监管部门,但人们参考美国和英国的监管主体和监管体制,从而提出中国的监管主体。由于视角不同,对于谁担任网络借贷的监管主体存在争议,主要集中在中国人民银行、中国证监会,以及中国银保监会三者之间,各有理由,但争议最大的是在中国银保监会和证监会之间的选择。通常,我国监管主体引起争议时,会引用或借鉴国外的同类情况以说理。有关 P2P 网络借贷在英国和美国的相关情况,自然也就成为需要比较借鉴的内容。

(一)英国:统一的金融行为监管局

2013 年前,英国金融行业主要的监管机构为金融服务监管局(FSA),但是以 Zopa 为代表的 P2P 网贷平台并不受其监管,因为"Zopa 的借贷中介业务是一种新兴业务,不属于现行任何一种监管类别的范畴"。[①] 因 Zopa 拥有信贷业务牌照,而该牌照由公平贸易局(OFT)颁发,因此 Zopa 实际上由OFT 监管。在网络借贷行业,OFT 的监管重点有三个:一是保证出借人被P2P 网贷平台平等对待;二是严格规范平台的宣传;三是确保出借人获得尽可能多的信息。[②] 在 2011 年,Funding Circle,Zopa,Rate Setter 这三家平台发起成立了英国 P2P 借贷行业自律协会(P2PFA),同时发布了十项运营原

---

① 廖凡, 张怡. 英国金融监管体制改革的最新发展及其启示[J]. 金融监管研究, 2012(2):88-102.

② 宋鹏程, 吴志国, 赵京. 投融资效率与投资人保护的平衡:P2P 借贷平台监管模式研究[J]. 金融理论与实践, 2014(1):33-38.

则(以下简称《运营原则》),其主要内容包括:高级管理层、客户沟通、最低营运资本、平台使用规则、信用风险管理、反洗钱和反欺诈、客户资金隔离、系统建设、投诉处理及平台的有序退出等,要求会员公司遵照执行,以此提高自身行为水准,保障消费者权益。

后来由于次贷危机引发新一轮金融监管体系改革,英国金融服务管理局 FSA(Financial Service Authority)于 2013 年起拆分为 PRA 和 FCA,来分别承担其职能,其中,FCA 负责各类金融机构业务行为的监管。2014 年 3 月,FCA 发布了《关于网络众筹和通过其他媒介推销不易变现证券的监管方法》(以下简称《监管方法》),并于 4 月 1 日起正式实施。[①] 同时,FCA 设置了一系列过渡期规则,使相关公司有充分时间调整其运营模式。FCA 的监管范围包括借贷型众筹[②]和投资型众筹,涉及前述业务的公司必须取得 FCA 的许可。针对借贷型众筹,FCA 列举了可能产生的风险类型,并针对网络借贷平台制定了一系列监管规则。整体来看,英国的网络借贷行业的监管,起初主要由行业协会进行自律管理,2014 年开始政府开始介入。目前看,英国对 P2P 网络借贷的监管主要是由 FCA 和 P2PFA 共同监管,两者分工配合、相互协作,有效促进了英国网络借贷市场的健康有序发展。

(二)美国:证券化监管为主的证监会

美国对 P2P 网络借贷的监管偏重行政监管。在网络借贷市场发展初期,Prosper 和 Lending Club 均认为自己所出售的收益权凭证并不属于传统证券的类别,因而无须向 SEC 注册。但 SEC 认为,收益权凭证是证券,并于

---

① 《众筹监管规则》具体内容包括:①设置市场准入要求。借贷资产总规模小于 5000 万英镑,资本金比例为 0.2%;借贷资产总规模 5000 万~2.5 亿英镑,资本金比例为 0.15%;借贷资产总规模 2.5 亿~5 亿英镑,资本金比例为 0.1%;借贷资产总规模大于 5 亿英镑,资本金比例为 0.05%,满足不同类别的最低资本金要求。②信息披露与报告。网贷平台上的投资建议属于金融营销行为,比如参照存款利率比较分析时,网贷平台须清晰、公平、无误导告知消费者网贷平台的业务。网贷平台须定期向 FCA 汇报上一季度贷款规模、客户资金运营状况、投诉争议处理解决情况等。③平台破产风险。若网贷平台破产,须对已存续的借贷合同持续管理,妥善安排贷款管理,保护金融消费者尤其是放款人的资金。④投诉处理及补偿。若网贷平台无二级转让市场,投资人可在 14 天内撤回投资且不承担任何违约责任。若贷款人纠纷向网贷平台公司投诉没有得到妥善处理,可由金融申诉专员(FOS)投诉解决处理有关争议。

② FCA 界定的借贷型众筹包括个人对个人的借贷(P2P)和个人对企业的借贷(P2B)。

2008 年 11 月对 Prosper 发出了业务禁止令，Prosper 随后在 2009 年 7 月完成注册并重新开始业务，Lending Club 的情况也大致如此。作为证券监管机构，SEC 对 P2P 网络借贷监管的重点在于公司是否按要求披露信息，包括但不限于发行说明书中收益权凭证的基本条款、投资于收益权凭证的风险、平台运行的具体细节等内容。① 此外，由于 Prosper 和 Lending Club 不断向投资人出售新的收益权凭证，故而发行说明书中的补充材料需要不断更新。然而实践中，由于借款人数众多，两家平台的披露次数远远超过美国证券市场中的其他发行人，导致网络借贷平台的经营成本大大增加，因此这一监管模式受到诸多批评。据有关数据显示，2008 年至 2011 年，Lending Club 向 SEC 交付了 3200 份文件，Prosper 则是 1700 份文件，其 2009 年花费的 280 万美元中介费用中大部分用于制作披露文件。然而，巨大的成本支出并无必要，因为借款人的信息本来就已公布在平台网站上，投资人并没有因此而获得更多的信息，甚至因为借款人多为个人，还引发了隐私权保护和强制信息披露之间的冲突。② SEC 的监管阻碍了 P2P 网络借贷平台的市场进入，不利于竞争的充分开展。除了向 SEC 注册外，Prosper 和 Lending Club 如果向某州居民发售收益权凭证，还必须向州证券监管部门注册获得允许。有些州以信息披露作为监管基础，也有些州设置了个人财务相关的标准，如最低收入或财产要求、单个投资人证券投资占资产的比重上限等。此外，美国在联邦层面上还有一系列法律可以适用于对 P2P 网贷平台的监管，③这些法律主要关注消费者是否受到公平对待以及隐私权的保护。

　　综上可见，美国对 P2P 网络借贷的监管采取的是联邦和州分层负责、多部门分头监管的"双重多头"监管模式，各监管机构均依法设立，且分工明

----

　　① K E Davis, A Gelpern. Peer-to-Peer Financing for Development: Regulating the Intermediaries[J]. Social Science Electronic Publishing, 2010(107):309-321.

　　② A Verstein. The Misregulation of Person-to-Person Lending[M]. Social Science Electronic Publishing, 2011:503-504.

　　③ 例如，《真实借贷法》(*Truth in Lending Act*)要求贷方就贷款的条件和信贷交易提供统一可理解的披露，监管贷款宣传，给予借款人及时获知信息披露和信贷处理方式等权利；《平等信用机会法》(*Equal Credit Opportunity Act*)禁止贷方基于种族、肤色、宗教信仰等因素歧视信贷申请人；《公平信用报告法》(*Fair Credit Reporting Act*)要求必须是基于受许可的用途才能获得消费者的信用报告，要求个人向信用部门提供正确的信息，贷方如要拒绝信贷申请人必须根据信贷报告中的信息公开披露。在诸多的联邦法律中，最著名的是《多德-弗兰克法案》，根据该法创建的消费者金融保护局(CFPB)负责消费者金融产品和金融服务相关的法律与监管条例的制定与实施。

确,体现出非常鲜明的功能性监管特征。美国的 P2P 网贷平台在 2005 年开始其业务时,没有对应的监管机构。直至 2008 年,SEC 要求 P2P 网贷平台将其发标作为证券登记,接受《1933 年证券法》的监管,才正式确定了 SEC 成为联邦层面对 P2P 网贷平台的监管机构。从美国政府责任办公室(GAO)于 2011 年 7 月向美国国会提交的关于 P2P 的报告所披露的内容来看,针对 P2P 网络借贷将来的监管,美国有两种考虑,一种是继续现有的多分支的联邦监管体制;另一种是合并借款人和贷款人的保护于一个联邦监管部门,以保护借贷双方,报告也就此利弊进行了系列分析。[①]

(三)中国:由中国证监会或银保监会牵头

我国传统金融实行分业经营与分业监管,其中的支付已由中国人民银行采取牌照制监管,已经较为规范。而互联网债权式融资(债务式融资)监管包括网络借贷监管的争议最大。从中央层面来说,谁是网络借贷的最合适监管者:证监会抑或银保监会?学者们提出 P2P 网络借贷应该由证监会监管的理由,主要是基于美国证券法、证券交易法有关证券制度的认识,认为 P2P 网络借贷相当于债权众筹[②],即使是典型的 P2P 网络借贷模式,在理论上也构成了向公众发行证券,证券公开发行的监管模式强调发行许可和强制信息披露制度。美国基于其传统的证券法逻辑,将网络借贷视作公开发行证券行为,同时因考虑监管效率,将网络借贷平台而非借款人视为证券发行人,要求作为发行人的网络借贷平台必须按照证券法的要求履行注册和信息披露的义务。特别是异化的债权转让型 P2P 网络借贷模式[③]中,平台承担了金融机构的投资理财功能,负责将债权打包成理财产品对外销售,因而也可以说是一种信贷资产证券化的过程。部分 P2P 网贷平台还通过拆

---

① USGA Office. Person-To-Person Lending: New Regulatory Challenges Could Emerge as the Industry Grows[R]. Government Accountability Office Reports, 2011.

② 英国将 P2P 网络借贷也视为一种众筹行为,区分了借贷性众筹(P2P 网络借贷)与股权众筹的不同,对于借贷性众筹更强调监管网络借贷平台上发生的交易行为,注重的是网络借贷平台上出借资金的投资人保护。

③ 这种模式下第三方个人先行放贷给借款人,再将债权拆分打包成各种理财产品转让给投资人,借贷双方并不直接发生债权债务关系。

分债权或者拆标①,借款需求通过网络借贷平台实现了期限转换,存在期限错配、金额错配的问题,完全符合发行证券融资的基本形态。

　　按照上述理解,学者认为借鉴美国的证券监管经验,在《证券法》修改立法中,扩张"证券"概念,把 P2P 网络借贷众筹的融资和债权权益凭证的发行纳入证券法调整范围,从而确立中国证监会的主监管人角色。有学者认为,从证券式融资的方式看,债权式融资和股权式融资均属于融资范畴,网络借贷并未改变资金需求方融资的性质,而且往往采用"一对多"、权益证书式的行为聚集资金,互联网借贷本质上是债权式众筹,按照前述监管逻辑,证监会是中央层面最合适的牵头监管主体。证监会取得上述职权,在修改《证券法》时确立广义证券并赋予相应权力即可。而若由银保监会作为监管主体监管网络借贷的民间融资,缺乏明确的法律依据,今后立法归口也较为困难。国际上大多国家选择证监会监管网贷融资,如美国的 Prosper、Lending Club 平台受 SEC 监管。② 当然,也有学者不赞同由证监会负责监管网络借贷,认为在中国的环境下,证监会不适合成为网络借贷行业的主要监管机关。虽然在学理上可以将网络借贷活动看作投资合同的证券发行行为,但目前中国《证券法》中仅规定了有限的证券种类,③在监管部门分业监管的金融监管体制下,很难要求证监会在事实上扩张证券范围而介入对网络借贷行为的监管。同时,从美国证交会对网络借贷监管的实践来看,若要求每次网络借贷行为都进行证券发行注册或申请豁免④,这会大大削弱网络借贷快捷高效的优势,同时造成网络借贷平台巨大的运营负担。

(四)现实选择:由中国银保监会牵头监管

　　我国网络借贷行业金融监管的现实选择,是将其置于银行业监管部门之下,比照非银行金融机构的要求建立相应的金融风险防控机制,保障网络

---

　　①　在这种交易模式中,借款双方并不直接发生债权债务关系,而是由与平台紧密关联的第三方个人先行放贷,再将该债权拆分成期限不同、金额不同的份额出售给投资人,或者由平台直接将期限较长、金额较大的借款需求拆分成金额更小、期限较短的借款标的,以便尽快将期限长、金额大的借款需求推销出去。

　　②　李有星,金幼芳. 互联网金融规范发展中的重点问题探讨[J]. 法律适用,2017(5):31-38.

　　③　姚海放. 论证券概念的扩大及对金融监管的意义[J]. 政治与法律,2012(8):22-29.

　　④　E Burkett. A Crowd funding Exemption? Online Investment Crowdfunding and U. S. Securities Regulation[J]. Transactions the Tennessee Journal of Business Law. 2011(13):93-105.

借贷行业的健康发展。如此选择的理由是,认为网络借贷的实质仍然是资金借贷,而对此类风险的防范最具经验的监管部门是银行业监督管理部门;从实证角度看,目前中国银保监会非银部对信托公司、金融租赁公司等非银行金融机构的监管也为将网络借贷平台纳入银保监会监管提供了先例。现实中,《指导意见》已确立"网络借贷业务由银保监会负责监管"。尽管对网络借贷行业进行金融监管可能会增加监管机构的负担,但仍是"一举三得"的路径选择:对网络借贷平台而言,其接受监管固然增加了成本,但能获得合法身份从事经营活动;从金融风险预防角度,将网络借贷纳入监管有助于抑制该行业无序发展、恶性竞争而引发的金融系统风险;从我国金融监管体制演变的角度考虑,由银行业监督管理部门逐渐扩张监管范围,也可成为中国金融监管体制走向统一模式的路径探索。当然,就行政监管而言,P2P网络借贷本质上并未脱离金融融通资金的特征,根据我国现有的监管体系,由银保监会负责牵头监管更为合适。在此基础上,考虑到P2P网络借贷在我国的模式已经且可能继续多样化,应摒弃传统的机构性监管理念,实施功能性监管,包括央行在内的金融监管机构、工商行政管理总局、工信部等多个部门,均应在其职责范围内承担相应的监管职责,P2P网络借贷中的各个主体则按其业务行为接受相应部门的监管。此外,鉴于P2P网贷平台在我国数量多、分布广,且各地情况差异较大,应承认地方政府金融办更为熟悉地方金融情况的优势,使其在监管中发挥积极作用。[①] 在行政监管之外,应看到行业自律有着行政监管所不具备的独特优势,对于我国网络借贷行业的持续健康发展有着重要作用。事实上,随着市场发展,我国网络借贷行业已经陆续成立了一些行业协会。

第三节 网络借贷中介机构的双负责监管体制

鉴于网络借贷行业跨地区经营且风险外溢性较大,按照行为监管与机构监管并行的监管思路,《暂行办法》本着"双负责"的原则,明确中国银保监会及其派出机构作为中央金融监管部门负责对网络借贷中介机构实施行为监管,具体包括制定统一的规范发展政策措施和监督管理制度,并负责网络

---

① 冯果,蒋莎莎.论我国P2P网络贷款平台的异化及其监管[J].法商研究,2013(5):29-37.

借贷中介机构日常经营行为的监管;明确地方金融监管部门负责对本辖区网络借贷中介机构实施机构监管,具体包括对本辖区网络借贷中介机构进行规范引导、备案管理和风险防范及处置工作。① 另外,网络借贷行业作为新兴业态,其业务管理涉及多个部门职责,应坚持协同监管。②

(一)双负责监管体制产生背景

民间借贷问题是长期没有得到解决的老问题,网络借贷出现后,P2P网络借贷中介机构为促成借贷双方成交,解决企业生存问题,想尽办法提供多种方式的商业模式服务,和网络借贷的监管机关形成了"猫鼠游戏"博弈,在法律制度缺乏的情况下,一方面监管机关提出各种"底线""红线"并明确网络借贷平台是信息中介机构,画出了著名的13条禁止红线(负面清单);另一方面网络借贷平台不断创新,先后有:纯平台模式、保证本金模式、信贷资产证券化模式和债权转让模式,开展线上线下结合模式,开展第三方担保模式、平台自担保模式,以及其他增信措施,包括准备金、垫付、债权受让、代为催收等。有的平台干脆转型为所谓金融科技公司、从事现金放贷等等。这种现象说明几方面的问题:

第一,网络借贷是一种新金融业态,不是传统的银行金融也不是传统的民间借贷、民间金融。互联网金融并非传统的民间金融,互联网金融在本质上是一种信息平台经济。P2P网络借贷交易可区分为互联网层面的P2P网贷平台和金融层面的民间借贷。其中,互联网层面的互联网金融是市场主体对当前分业监管进行监管套利的结果,基本游离于现行金融法律制度之外;而金融层面的互联网金融则受到诸如"以《民法典》合同编和非法集资立法为主要内容并对债权交易进行规制的民间借贷立法,以及非法发行证券立法,变相吸收公众存款罪和擅自公开发行证券罪"的限制。

第二,网络借贷定位民间借贷,并将平台定位在信息中介机构可能是制

---

① 2016年8月,银监会等四部委联合发布《暂行办法》规定,国务院银行业监督管理机构及其派出机构负责制定网络借贷信息中介机构业务活动监督管理制度,并实施行为监管,各省级人民政府负责本辖区网络借贷信息中介机构的机构监管。

② 《暂行办法》明确规定,工业和信息化部主要职责是对网络借贷中介机构具体业务中涉及的电信业务进行监管;公安部主要职责是牵头对网络借贷中介机构业务活动进行互联网安全监管,打击网络借贷涉及的金融犯罪;国家互联网信息办公室主要职责是负责对金融信息服务、互联网信息内容等业务进行监管。参见《网络借贷信息中介机构业务活动管理暂行办法》答记者问的"五、《办法》确立的网络借贷行业的基本管理体制及各方职责具体是什么"。

度性错误。自从我国出现 P2P 网络借贷模式以来,监管机构希望看到民间借贷约束基础上的纯信息中介平台,但事实上这类平台几乎没有生存和获利空间。获利的基本上是异化的信息中介平台以及开展非简单撮合交易类的信息服务的平台,这些平台要么借助金融科技为金融机构"助贷"、要么自己从事信息服务时提供资金、财务支持,要么深度介入汽车等消费金融领域,在借款人消费借贷的全程提供服务,为出借人提供包括债权受让、贷后管理、催收、追究借款人违约责任等服务,从而增加收入、维持生存和发展。监管机构要求的是借贷中介机构本身的信息中介功能,但不影响借贷中介机构之外的公司支持帮助,其他公司企业都可以围绕着借贷中介机构的需求,以及借款人和出借人的需求而做相应的工作。这个原理就是商事活动是整体性活动,一个商事主体可以有外部许多的关联公司、隐名公司、一致行动人联合行动完成一种交易,各自分工以满足监管要求。而监管机构通常没有能力或没有足够的资源去发现背后机构的实际控制者和实际股东,因此许多规定就成了没有实际效果的规则,而只有一部分没有创新能力、没有规避法律规则能力的公司在苦苦遵守信息中介的规则,难以生存但又期待备案机会的可能。因此,把网络借贷定性为民间借贷的准确性有待商榷,同时,定性为信息中介机构而过度约束网络借贷平台的业务范围和经营能力,可能也是一个问题。本书认为立法和监管机构应当改变长期为了片面维持正规金融稳定而对民间借贷和融资进行打压的思维,需系统性地清理、调整现行阻碍包括网络借贷在内的互联网金融正常发展的政策法规。

第三,网络借贷的复杂性需要分工协调的综合治理监管。从实际运行的网络借贷平台看,我们常称的借贷平台异化现象,如经营层面的备付金增信措施、平台自身担保、第三方担保、关联方或一致行动人融资、资产证券化、资金支持、平台放贷、平台或关联方催收、债权转让、垫付等,有的存在有其合理性,并没有有的学者和监管机构认为的那么可怕,比如备付金增信措施、第三方担保、平台投资人之间债权转让、平台受让债权和催收等,都应该是可以通过合理约束解决好的,而不应一刀切地禁止。监管网络借贷不应该借用传统金融的理论认识和监管工具进行监管,监管者应考虑如何将新的金融形态归入现有的金融监管框架之中,比如把网络借贷纳入类正规金融加以监管。我国传统的金融监管模式是"单层多头监管模式",根据不同金融机构类型确定监管边界,一方面由单独监管机构分别出台适用于各自领域的法律规范和监管规则,另一方面在微观层面把单个金融机构整体纳入对应的行业监管范围,不考虑该机构具体经营何种金融业务和金融产品。[①] 然而,目前我国金融业已经转向混业经营趋势,金融创新产品的业务界限变得模糊,"一行三会"对于边缘地带和交叉领域的金融创新产品缺乏有效划分标准,诱发各监管机构的监管套利行为,导致监管失灵和监管空白。而金融创新产品的业务交叉性特征使其可能存在的风险跨界传染问题无法得到各监管机构的统一监管。

(二)双负责监管体制构建依据

2017年7月召开的全国金融工作会议上,提出了服务实体经济、防范金融风险、深化金融改革三项重要任务。会议着重强调了金融监管在促进金融发展的同时要防范系统性金融风险问题。"金融要把为实体经济服务作为出发点和落脚点","完善金融市场、金融机构、金融产品体系"。"要以强化金融监管为重点,以防范系统性金融风险为底线,加快相关法律法规建设,完善金融机构法人治理结构,加强宏观审慎管理制度建设,加强功能监管,更加重视行为监管。"

所谓功能监管(functional supervision and regulation),是指依据金融体系的基本功能而设计的金融监管体制,即一个给定的金融活动由同一个监管者进行监管。[②] 即指在混业经营环境中,对不同类型金融机构开展的相同或类似的业务进行标准统一或相对统一的监管。也就是说,对相同功能、相同法律关系的金融产品按照同一规则由同一监管部门监管。功能监管强调跨机构、跨市场的监管,这有利于缓和监管职能冲突,减少监管真空及监管重叠,消除监管套利,适应了混业经营趋势下防控交叉金融风险的需要,实现了对金融体系的全面监管。

行为监管是针对机构和人的金融行为所进行的监管。监管部门对金融机构经营行为实施的监督管理,包括禁止误导销售及欺诈行为、充分信息披露、个人金融信息保护等。我国从事金融业务必须持有金融牌照,行为监管不仅仅对持有牌照的金融机构进行监管,更主要的可以对非牌照机构的经营行为进行监管、取缔和制裁。从通俗意义上理解,也可以认为是全社会所发生的金融活动行为的规范性监管,以实现金融行为的许可经营、市场准入

---

① 李沛霖. 机构监管和功能监管的比较分析及对中国的启示[J]. 北方经济,2008(7):13-15.

② 覃甫政. 协调监管与功能监管之耦合——论我国互联网金融监管机制的创新[J]. 网络法律评论,2015(18):127-141.

规则,同时实现金融消费者的保护。根据行为经济学理论,消费者具有系统性、可预测的行为偏差,金融机构会利用消费者的行为偏差牟利,导致竞争的无效率。据此,行为经济学提出,要在传统纠正市场失灵的方法的基础上,从更深层面上纠正消费者行为偏差。

与功能监管、行为监管相对应的是机构监管,它是我国一行三会分业监管框架下固有的主体监管模式。所谓机构监管(institutional regulation, entity regulation)是指将金融机构类型作为划分监管权限的依据,即同一类型金融机构均由特定的监管者监管,这是历史上金融监管的主要方式。[①] 换言之,当下中国的监管体制强调的是基于金融机构的类型划分以确定监管权力的边界,即由银保监会负责监管商业银行、信托投资公司和保险公司,证监会则负责监管证券公司和基金管理公司,监管者的权力行使的指向主要不是针对金融机构的某项业务或某种产品,而是金融机构本身。机构监管是对一家金融机构从生到死的全程审慎监管,全程关注其风险状况、损失承受能力以及必要的风险处置预案。这一监管模式以金融机构为监管重点,在分业经营模式下起到了较好的监管效果。但随着混业经营的不断发展,金融业务出现跨业、跨市场的交叉,原有的机构监管模式逐渐不能防控金融风险的交叉传染,因此倒逼三会调整监管方式,向机构审批、功能监管的方式转变。

(三)双负责监管体制存在问题

1.机构监管与行为监管分属缺乏理论支持

一般意义上的机构监管、功能监管和行为监管是有理论逻辑的。分业监管体制下容易构建机构监管模式,分业监管模式强调不同的金融领域分别由不同的监管机构负责监管,国家分设专职监管机构,负责金融业各子行业的审慎监管和业务监管。之所以选择机构监管,是因为我国金融市场的自由化程度还不够成熟,尚存大量的行政性管制,尤其在金融机构的市场准入及金融业务和产品的审批方面,监管机构还享有范围较大的权力行使和裁量空间。这种监管规则体系格局在短期内有利于明晰各金融监管部门的权力边界和监管职责。由于传统的金融领域如银行、证券、保险等之间的防火墙十分坚固,彼此交叉融合的现象并不常有,因此强调"机构监管"是应有

---

① M H Miller. Functional Regulation[J]. Pacific-Basin Finance Journal, 1994(1): 139.

之义;不过,随着金融分业经营的壁垒逐渐被打破,尤其是在面对如理财服务这类典型的跨市场金融产品时,传统"机构监管"模式的弊端逐渐显露。事实上,在混业经营的趋势下,即使监管机构基于惯例确认各自的监管权力范围,但蜂拥而出的跨市场创新又会迅速模糊这种边界。

机构监管在互联网金融以及混业经营业态下显得力不从心,因此提出了功能监管和行为监管。这里有一个基本逻辑是功能监管、机构监管均属于同一监管主体的不同监管方式。机构监管就是监管机构以自己的监管对象为目标,对其进行监管,如根据《中华人民共和国银行业监督管理法》第二条规定,国务院银行业监督管理机构负责对全国银行业金融机构及其业务活动监督管理的工作。可以见到,银行监管机关对"银行业金融机构及其业务活动监督管理",也即对"机构监管和行为监管"同时开展,只是对机构外的行为不予监管。而就功能监管而言,也是指不论是什么机构和个人,接受同一规则约束,相同或类似金融活动、金融产品、金融行为应受同等的市场准入、同等的规则规范,接受同样的监管。比如只要是基金销售,不论是银行、证券、保险或其他互联网金融企业,都应依法取得基金销售资格(牌照),并受基金业监管部门的监管约束。可以看到,这里被监管的金融活动或金融行为是受同一机构监管。如果上述逻辑成立,那么对网络借贷中介机构采用"机构监管和行为监管"分离,就比较特殊了。机构监管分配给属地地方省级政府部门,而行为监管分配给中国银行保险监督管理委员会和地方银行业监管局,这种分工至少在理论上尚值得商榷。

2.监管部门职责不明确

第五次全国金融工作会议后,已经明确了地方省级政府金融监管部门承担"7＋4"类金融机构①的监管,没有包括网络借贷平台。根据《暂行办法》规定,从监督的职能归类看,中国银保监会主要负责制定制度等的"顶层设计",地方金融办负责 P2P 网络借贷中介机构的规范引导、备案管理和风险防范等具体处置工作。但从监管执法角度看,行为监管与机构监管有时是相互联系的,对网络机构的管理必然会深入落实到具体的金融行为和金融活动中,而行为监管也必然涉及对某个网络借贷中介机构的行为监管。机构与行为之间边界不是很清晰,就会出现重叠执法或演变成"踢皮球"的监

---

① 所谓"7＋4"类金融机构,是指包括小额贷款公司、融资担保公司、区域性股权市场、典当行、融资租赁公司、商业保理公司、地方资产管理公司 7 类金融机构和辖区内的投资公司、农民专业合作社、社会众筹机构、地方各类交易所 4 类机构。

管状态。2017年3月,山东省人民政府办公厅曾下发《关于印发山东省金融工作办公室(山东省地方金融监督管理局)主要职责内设机构和人员编制规定的通知》,提到职能转变,其中增加的职责:负责全省网络借贷信息中介机构的机构监管工作。网络借贷机构监管具有两个环节,一是网络借贷平台备案环节,由金融办负责;二是网络借贷平台的日常监管,特别是穿透式监管,以银监局为主。目前互联网金融风险专项整治中,对P2P网络借贷中介平台的监管是采用双牵头的共同治理机制。网络借贷平台机构的日常经营活动和经营行为由银监局负责监管,但县一级没有银监局,具体是否由金融办负责监管也不明确。

3. 地方金融监管力量薄弱,各地监管标准不统一

我国各地金融办的职能和组织框架相差很大,地方金融办多数分散于各个部门。地方金融管理部门执法缺乏法律法规依据,许多地方部门缺乏科技、人员和装备。地方部门能否依据《暂行办法》的要求实现自身职责一直有异议。同时,由于P2P网络借贷信息中介机构的备案登记实行属地化管理,因此,全国各地出台的备案规定和日常监管标准不一,总体看北上广等地以控制网络借贷行业的风险为主基调,监管标准要求相对较严,中西部地区注重规范发展机会,备案要求的具体标准相对较松,这样就形成了不同地区之间政策不一,存在监管套利空间的情形。如上海监管相对较严,备案成本较高,一个平台的备案成本大约200万元,而且不一定能够获得备案。为了能够顺利获得备案,同时又节约成本,部分中小平台计划退出或者转移到其他备案环境较宽松的省份进行备案。

第四节　网络借贷中介机构监管体制的完善

(一)厘清功能监管和机构监管的关系

"功能监管"理论最早由哈佛大学商学院的默顿教授提出,主张依据金融体系的基本功能来设计监管制度,实现对金融业跨产品、跨机构、跨市场的协调,也就是说"功能监管"模式重点关注的是金融机构所从事的经营活

动,而并非金融机构本身。[①] 当下中国金融市场已非常有必要实现从"机构监管"向"功能监管"转化,这种转化不仅是保护投资人的需要,而且是金融市场长期健康有序发展的制度保证。但毫无疑问的是,"机构监管"向"功能监管"的模式转变很难一蹴而就。另外,我国金融市场引入"功能监管"来变革相关的法律制度,并不意味着"机构监管"就成为完全被舍弃的一种旧模式。一方面,"功能监管"有其内在的某些缺陷,如可能会因为金融产品的法律定性模糊而影响监管活动的效率以及忽略金融市场的整体风险和偿付能力;另一方面,中国金融市场的某些特质也使得"机构监管"仍有用武之地,机构监管有不可替代的独特作用。"功能监管"模式不能和金融市场单一监管机构体制画等号。"功能监管"强调的是以金融功能的不同对监管者权力进行划分,但它本身并不主张一定要建立起一种"大一统"的监管体制。金融监管机构的不同设置格局并不会影响"功能监管"理念的应用,关键是以什么样的标准来划分不同监管者或者同一监管者内部不同机构的权力界限,而不在于监管机构是单一的还是分立的。[②]

2016 年 10 月 13 日,国务院办公厅在《互联网金融风险专项治理工作实施方案》中正式提出"穿透式"监管这一概念,指出"要立足实践,研究解决互联网金融领域暴露出的金融监管体制不适应等问题,需要强化功能监管和综合监管,抓紧明确跨界、交叉型互联网金融产品的'穿透式'监管规则"。穿透式监管理论源自哈佛大学商学院默顿教授于 1993 年提出的功能监管理论和英国经济学家泰勒于 1995 年提出的行为监管理论,但是面对实践中跨行业、跨市场的复杂金融交易行为,特别是在经过多个通道或多次嵌套、拉长了债务链的情形下,功能监管、行为监管两者各有其不足之处,如果监管失效,则极易出现金融风险的传染性和波动性。[③] 穿透式监管就是透过行为的表面形态,判断金融业务和行为的实质,将资金来源、中间环节与资金的最终投向等全流程信息连接起来,按照"实质重于形式"的原则甄别金融业务和行为的性质,根据产品功能、业务性质和法律属性明确监管主体和适用规则,对业务和行为进行全流程监管。

---

① R C Merton. A Functional Perspective of Financial Intermediation[J]. Financial Management,1995(2):23-41.

② 黄韬. 我国金融市场从"机构监管"到"功能监管"的法律路径[J]. 法学,2011(7):105-119.

③ 林强. 资产证券化在我国的过去、当下及未来[J]. 时代金融,2015(2):158-159.

"穿透式"监管与功能监管、行为监管虽具有高度相关性,但在性质和功能上存在显著差异。功能监管和行为监管要借力于"穿透式"监管,从而区别于"穿透式"监管本身。[①]"穿透式"监管关注的是"事实发现"本身,至于如何据此实施监管以及实施何种监管,并不是"穿透式"监管的重心。在引入"穿透式"监管的基础上,既可以延续原有的行业监管和机构监管,也可以转而采用功能监管或行为监管。作为网络借贷金融的监管,机构监管、功能监管和行为监管均有特殊的作用,特别对于复杂、交叉的金融产品和金融工具而言,只有通过"穿透式"监管才有可能定性,只要定性准确,接下来的机构监管、功能监管和行为监管才能"对症下药"。如对 P2P 网络借贷业务实施"穿透式"监管,可以将监管触角达至最初的投资人和最终的借款人,对于P2P 网贷平台在异化融资过程中以债权转让模式实施的类似发行证券的行为本质进行揭示,方能准确地评价这种模式的风险并对之进行合理有效的规制。

(二)增加证监会为网络借贷平台监管机关

从互联网金融的实践来看,网络借贷平台在业务经营中容易涉及借贷业务、增信担保业务、理财产品出售业务、债权资产证券化销售业务、贷款权证券化业务、金融资产出售业务等。由于我国证券法中证券范围限定为公司股票、公司债券和国务院认定的证券,网络借贷中的相关业务如债权资产证券化等无法归入证券法监管,也不属于银保监会的监管范围,实际上属目前无人管理的范畴。因此,从功能角度看,网络借贷中的借贷业务与银行业的信贷业务相似,但借款人的"一对多"融资、债权资产证券化和理财产品公开发售等更类似于证券发行融资,因此对于网络借贷中介机构从事的借贷、证券类的混合业务,单靠银行业监管机构监管是难以适应的。2015 年 7 月,中央确定中国银保监会负责网络借贷监管,把网络借贷中介机构限定在信息中介的范畴,对不属于银监会管辖的事项和容易出现平台异化的现象以"负面清单"予以禁止。这就很明显地把一个具有多功能的混业经营体机械地割裂,挑选一部分功能列入行为监管,而把机构监管交给地方政府。

网络借贷的基础问题是民间借贷问题。事实上,在没有出现互联网金融、网络借贷的情况下,整个民间借贷的业务本身与银保监会关系不大,银保监会以机构监管的方式监督管理银行及非银行金融机构。自网络借贷出

---

① 叶林,吴烨.金融市场的"穿透式"监管论纲[J].法学,2017(12):12-21.

现后,中国银保监会被授权或指定为 P2P 网络借贷的监管机关。但是,有关民间借贷的法律、法规和规章,并没有更多的出台或配合出台,银保监会其实无法监管民间借贷或网络借贷实质的借贷关系,所有借贷本身的规定,银保监会也没有能力改变,比如民间借贷的定义、借贷法定保护的利率、出借人的权利、借款人的义务等,直接调整出借人的行为比较困难。因此,中国银保监会把监管的重点转向网络借贷平台,希望通过约束网络借贷中介机构的行为规范调整借贷关系。然而,2015 年人民银行等十部门发布的《指导意见》以及 2016 年银监会等部门联合发布的《暂行办法》均明确强调了 P2P 网贷平台信息中介的定位。现实中各个 P2P 平台出于合规宣传的考虑,都宣称自己为"信息中介",但是仅仅靠撮合借贷双方并收取服务费的纯信息中介模式几乎绝迹,实际情况同监管机构设置的理想中介模式之间存在极大的差异。

在网络借贷问题中,网络借贷中介机构运用平台开展自融、资金池、自担保、增信等,其违规性比较明显,由中国银保监会负责监管基本没有争议。争议比较大的是网络借贷中的债权转让模式。与传统的线上模式不同,这种模式中网络借贷平台只提供交易信息,具体交易手续、交易流程的进度都由平台的信贷机构和客户面对面完成,因此被称为线下模式。债权转让模式的运行比较复杂,中国证监会一直没有发出声音,中国银保监会一直比较关注并反对。

我国有学者认为:"平台对债权打包转让的过程,涉及资产切割,组合拆分,期限、流动性和资金错配,涉嫌建立'资金池',出售'理财产品',已经违背了 P2P 网络借贷的互联网中介服务性质和'金融脱媒'的本质,实为资产证券化的过程,如果份额超过 200 份就触犯了证券法规定,涉嫌非法发行证券。"[1]但基于我国《证券法》有关证券的规定,[2]在债权转让模式中,平台向投资人出售的收益权份额,不属于《证券法》规定的"证券",因此,依照罪刑法定的基本原则,不能认定债权转让模式属于擅自发行证券经营证券业务,进而不能认定涉案人员构成非法经营罪。但未来如果修改《证券法》扩展了

---

[1]　张影.P2P 网贷债权转让模式的法律风险与防范[J].哈尔滨商业大学学报(社会科学版),2015(2):125.

[2]　根据《证券法》第二条的规定"在中华人民共和国境内,股票、公司债券和国务院依法认定的其他证券的发行和交易,适用本法;本法未规定的,适用《公司法》和其他法律、行政法规的规定。

证券范围,就完全可以认为网络借贷的债权转让模式符合非法经营证券业务的构成要件。[①] 适当借鉴国外的立法例子,如能将 P2P 网贷平台纳入证券化管理体系,则市场管理的准入、业务规则与风险管理、资本要求(资本充足率的要求、信用评级及作为风险权重依据、证券化风险暴露)等各项监管措施将能够对其发挥作用,对其运行中的债权转让模式则可以加以有效规制,从长远和本质上说,是有利于投资人的权益保护的,同时也有助于预防和减少非法集资类犯罪的发生。我国对于 P2P 网络借贷以债权转让这种"类资产证券化"的融资行为模式,由于受制于分业监管的体制设置,银监部门很难进行行之有效的监管。为此,笔者认为对 P2P 网络借贷中介机构的行为监管应该增加主管证券业务的中国证监会,即在中央层面监管 P2P 网络借贷的机构是中国银保监会和中国证监会。若中国证监会参与其中,涉及中国银保监会监管的业务范围的,可以通过功能监管或行为监管,穿透各个 P2P 网络借贷中介机构和关联公司交易,查明事实真相。

(三)加强地方政府金融部门监管职权

由地方政府负责网络借贷中介机构以及金融活动的监管具有很大的优势。地方政府具有体制和机制形成的特有的领导力和号召力,可以快速整合部门力量,在特殊金融事件处理中能够迅速动用公安、财政、审计、税务、工商等多部门行政力量,为金融监管部门提供强有力的地方资源支持,形成立体化的区域监管协调机制。[②]

P2P 网络借贷起源于民间,根植于地方,对此的监管应当"接地气",不宜采取类似对传统金融机构的集中式统一监管模式,监管权限应逐步下放到地方政府。以浙江为例,2013 年 11 月 22 日浙江省人大常委会通过了《温州市民间融资管理条例》,作为我国首部民间金融地方性法规,它在某种程度上赋予了地方政府金融"监管权"。2015 年 3 月 30 日,《山东省地方金融条例》获得山东省十二届人大常委会第 20 次会议表决通过,这是国内第一部涉及地方金融监管等实质内容,具有开拓意义,全面营造和维护金融发展环境的省级金融法规。《山东省地方金融条例》的落地,很大程度上体现了

---

① 2017 年 4 月 20 日送交全国人大审议的《证券法(修订草案)》二审稿中,"证券"的含义得以扩张,"本法所称证券是指代表特定的财产权益,可均分且可转让或者交易的凭证或者投资性合同"。如果此定义成立,那么以债权转让模式融资的行为完全有可能会被认定为非法经营证券业务,进而也可能被认定构成非法经营罪。

② 金幼芳. 我国政府金融监管协调法律制度的构想[J]. 证券法律评论,2016(1):341-351.

地方和中央分级监管机制设立,可为政府行为立规矩,为市场行为定规范。

地方金融监管完全单一靠中央或地方政府进行监管是不现实的,应该进行适当分权,采取中央和地方双层监管模式。按照"属地管理,权责统一"原则,明确现阶段地方金融监管对象主要是"一行三会"驻地派出机构监管范围之外的新型金融机构和金融业态。① 2017 年 7 月,全国金融工作会议召开后,同年 11 月,经党中央、国务院批准,国务院金融稳定发展委员会成立。② 中央明确地方政府行使"7＋4"的机构管理和监管工作,各地成立地方金融监管局,补上地方金融监管的短板。如浙江省金融办加挂省地方金融监管局的牌子,主要承担地方金融业的监督管理和风险处置职能。有关设立地方金融监管局的实践最早从温州的金融综合改革开始。显然,和政府金融办相比,温州市地方金融管理局增加了很多检查、监管方面的职能,补上了政府金融办侧重协调,难于监管的短板。

(四)积极发挥行业协会自律规范作用

对 P2P 网贷平台来说,行业自律是另外一种形式的监管,政府监管与行业自律相辅相成。③ 新兴行业的健康发展,离不开行业自律。④ 甚至有学者呼吁对网络借贷行业实行软法治理⑤,即以行业协会自律为主要治理途径。金融行业协会自律具有明显的信息优势、专业优势和内生优势,在很大程度上可以对国家强制监管起到积极补充作用。在行政监管执法效率不理想、司法机制的健全性有待提升的地域,行业协会自律具有特殊价值,而我国中

① 周春喜,黄星澍. 地方金融的监管逻辑及规范路径[J]. 浙江工商大学学报,2014(5):86-94.

② 作为国务院统筹协调金融稳定和改革发展重大问题的议事协调机构,其主要职责是:落实党中央、国务院关于金融工作的决策部署;审议金融业改革发展重大规划;统筹金融改革发展与监管,协调货币政策与金融监管相关事项,统筹协调金融监管重大事项,协调金融政策与相关财政政策、产业政策等;分析研判国际国内金融形势,做好国际金融风险应对,研究系统性金融风险防范处置和维护金融稳定重大政策;指导地方金融改革发展与监管,对金融管理部门和地方政府进行业务监督和履职问责等。

③ S T Omarova. Rethinking the Future of Self-Regulation in the Financial Industry. Social Science Electronic Publishing,2010(35):693-706.

④ 邱龙广,刘斌. 公平信息披露的公平理论探究[J]. 财经问题研究,2014(3):10-15.

⑤ "软法"这一概念是由法国学者 Francis Snyder 于 1994 年提出,指原则上没有法律约束力但有事实效力的法律规则。现代社会关系的多样性扩大了法律需求,并产生了与硬法冗长的立法过程及立法者有限认识的矛盾。在这种情况下,软法的作用逐渐受到重视,其概念也延伸为多元意义上的社会规范。

央和地方在金融监管体制中的特殊分工,又进一步强化了这一特殊价值。网络借贷作为互联网金融创新领域,一方面,其间诸多风险难由立法直接规制;①另一方面,有些创新难免会与现行法律规范冲突,因而通过国家行政直接干预可能会伤及行业发展。② 因此,行业协会自律有效弥补了国家立法与监管的滞后性,有必要在我国长期存续。

行业协会作为独立民事主体,有权按照自治原则依法独立运行,进行自律管理和其他活动。我国《暂行办法》规定了中国互联网金融协会履行网络借贷行业自律管理的职责,又规定其下设网络借贷专业委员会开展自律监管活动,但却没有对职责分配、工作办法做出具体规定,也未给予授权,导致虽然成立了行业自律性组织,但未真正发挥其自律功效和实际价值。因此,应当明确该专业委员会对网络借贷平台会员的监管职权,并负责行业自律规则的制定和调整,指导和监督协会会员透彻了解整个行业的各项标准,加强对会员机构及从业人员的管理。③ 具体针对到实际规划上,可以向行业协会转移的职能主要有:制定 P2P 信用评价体系和评价办法,健全披露与共享制度,实施行业风险提示等;建立奖惩机制,对优秀平台予以奖励,对问题平台予以告诫和约束,授予行业协会对违反规定且危害较大的 P2P 网贷平台给予一定的处罚;承担 P2P 网络借贷投资人教育的部分职能,提高其辨识风险和自我保护的能力。④ 行业协会应当出台激励措施,积极鼓励区域性行业自律组织加入并成为协会会员,逐步实现不同区域行业自律力量的整合。⑤

在组建全国性行业自律组织的基础上,应当制定有效的行业自律规范。⑥ 作为网络借贷行业发源地的英国,除了通过 FCA 出台《关于互联网众筹及通过其他媒介发行不易变现证券的监管方法》对消费者保护等事项进行宏观监管外,在 2011 年还成立了网络借贷行业协会(P2PFA),与政府监管双管齐下,对占据 90% 以上市场份额的 8 家会员平台实行自律监管。为提升自律效果,P2PFA 在 FCA 的基本规则下,在微观层面制定了会员平台管理规则,包括《P2PFA 会员资格标准》、《P2PFA 内部治理章程》与《P2PFA

---

① 邓建鹏,黄震. 互联网金融的软法治理:问题和路径[J]. 金融监管研究,2016(1):64-73.

② 黄震. 互联网金融软法治理的思考[J]. 科技与法律,2014(3):408-417.

③ 王峰. 我国 P2P 网贷平台风险监管及防范[J]. 中国流通经济,2016(11):121-127.

④ K N Llewellyn. The Bramble Bush[J]. New Journal for Human Rights, 2008(3):13.

⑤ 崔育菡.我国网络借贷行业自律研究[D]. 长春:吉林财经大学,2014.

⑥ 宋二猛. P2P 网贷平台运营法律规制研究[D]. 重庆:西南政法大学,2014.

协会原则》。① 通过具体的细化规定,确立了宽严相济的会员准入模式,设置了简洁但制衡完善的组织机构、合理的经费管理模式、详细的会员平台行为标准及完善的违规处理规则。行业自律组织要成立专门的机构推进行业自律规范的制定,制定行业自律规范要坚持合法性、科学性、适时性原则,在制定过程中要充分考虑到我国的实际情况并借鉴国外先进经验,在形成规范草案之后要广泛征求各个区域性行业自律组织、P2P 网贷平台、网络借贷投资人及专家学者的建议,对有积极意义的建议要予以采纳并体现在自律规范的条款之中。② 行业自律规范要从市场准入、经营范围、资金管理、服务收费、投资人权益保护、信息披露、风险控制等各方面对 P2P 网贷平台及其从业人员提出具体规范要求。

　　针对网络借贷协会存在的一些问题,如对会员准入制定了不同的条件与程序,如要求申请者在业内有较大影响等,但并无统一标准;各网络借贷协会组织机构设置普遍较复杂,管理层来源也各有不同;相对于网络借贷行业风险频发,少有行业协会能预先向公众警示平台潜在的问题,行业协会在会员管理方面存在不足等。在结合我国实际情况基础之上,建议各行业协会可借鉴英国 P2PFA,完善行业自律规范。严格会员准入条件,完善准入机制,如在入会条件上,各协会可对会员平台需满足的硬性标准,包括成立时间、风险披露情况和注册资本等,结合中国的规章制度做出硬性规定;在组织机构方面,应尽量简化现有形式,在管理层方面,强化外部制衡,可借鉴P2PFA,适当引入外部人员;在会员管理方面,各协会首先应在中央政策的框架下,对网络借贷领域的风险因素进一步规定具体标准;在制度层面确定依据,同时,为保证自律规范的有效落实,对于不能严格遵守行业自律规范的 P2P 网贷平台及其他会员单位,要根据具体情况制定详细的责任条款。此外,为适应网络借贷行业发展模式不断创新的现实,行业自律规范也要与时俱进,根据形势的变化及时做出调整。

---

　　① 邓建鹏,王佳婧. 英国网络借贷行业内部治理模式及借鉴[J]. 清华金融评论,2017(1):97-99.

　　② 邓建鹏,王佳婧. 中国网络借贷行业自律的潜在问题与完善对策研究[J]. 金融监管研究,2017(12):52-67.

参考文献

A Ashta, D Assadi, S Johnson. Online or Offline?: The Rise of "Peer-to-Peer" Lending in Microfinance[J]. IGI Global, 2010, 8(3):26-37.

A Bachmann, A Becker, D Buerckner,et al. Online peer-to-peer lending-A literature review[J]. Journal of Internet Banking & Commerce, 2011, 16(2):1-18.

A Hamdani. Gatekeeper Liability[M]. Southern California Law Review, 2003, 77(1):53-122.

B Cheng, I Ioannou, Serafeim G. Corporate Social Responsibility and Access to Finance[J]. Strategic Management Journal, 2014(1):1-23.

B M Owen, R R Braeutigam. The Regulation Game: Strategic Use of the Administrative Process[J]. Southern Economic Journal, 1978, 46(2): 391-394.

C Coglianese, D Lazer. Management-Based Regulation: Prescribing Private Management to Achieve Public Goals[J]. Social Science Electronic Publishing, 2003(4):691-730.

C Combe. Privacy, Big Data, and the Public Good: Frameworks for Engagement[J]. American Statistician, 2016(1):181-182(2).

E Burkett. A Crowdfunding Exemption? Online Investment Crowd Funding and U. S. Securities Regulation [J]. Transactions the Tennessee Journal of Business Law, 2011(13):93-105.

E C Chaffee, G C Rapp. Regulating On-Line Peer-to-Peer Lending in the

Aftermath of Dodd-Frank: In Search of an Evolving Regulatory Regime for an Evolving Industry[J]. Washington & Lee Law Review, 2012 (2):485-529.

F Akinbami. Financial services and consumer protection after the crisis[J]. International Journal of Bank Marketing, 2011, 29(2):134-147.

G A Akerlof. The Market for "Lemons": Quality Uncertainty and the Market Mechanism[J]. The Quarterly Journal of Economics, 1995, 84 (3):488-500.

H Buhaug, L Cederman, K S Gleditsch. Square Pegs in Round Holes: Inequalities, Grievances, and Civil War[J]. Social Science Electronic Publishing, 2014(2):418-431.

I Galloway. Peer-to-peer lending and community development finance[M]. Community Development Investment Center Working Paper. 2009 (Win):19-39.

J Wright. Access pricing under competition: an application to cellular networks[J]. The Journal of industrial economics, 2002, 50 (3): 289-315.

Jiaqi Yan, Leon Zhao. How signaling and search costs affect information asymmetry in P2P lending: the economics of big data[J]. Financial Innovation, 2016, 1(10):1-11.

K E Davis, A Gelpern. Peer-to-Peer Financing for Development: Regulating the Intermediaries [J]. Social Science Electronic Publishing, 2010(107):309-321.

K N Llewellyn. The Bramble Bush[J]. New Journal for Human Rights, 2008(3):13.

L Puro, J E Teich, H Wallenius. Borrower Decision Aid for people-to-people lending[J]. Decision Support Systems, 2010, 49(1):52-60.

M Chen, A Guariglia. Internal Financial Constraints and Firm Productivity in China: Do Liquidity and Export Behavior Make a Difference? [J]. Journal of Comparative Economics, 2013(4):1123-1140.

M H Miller. Functional Regulation[J]. Pacific-Basin Finance Journal, 1994 (1):139-139.

M Herzenstein,R L Andrews. The Democratization of Personal Consumer

Loans? Determinants of Success in Online Peer-to-Peer Loan Auctions [J]. Bulletin of the University of Delaware, 2008(3):274-277.

M Lin, N Prabhala, S Viswanathan. Judging Borrowers by the Company They Keep: Friendship Networks and Information Asymmetry in Online Peer-to-Peer Lending[J]. Social Science Electronic Publishing, 2013(1):17-35.

Mark Armstrong. Competition in Two-sided Markets [J]. Journal of Economics, 2006, 37(3):668-691.

MR Darby, E Karni. Free Competition and the Optimal Amount of Fraud [J]. Journal of Law & Economics,1973,16(1):67-88.

N Ryder, C Chambers. The Credit Crunch-Are credit unions able to ride out the storm? [J]. Journal of Banking Regulation, 2009,11(1): 76-86.

P Cartwright, K Law. Consumer protection in financial services [M]. Hague: Kluwer, 1999:3.

P Slattery. Square Pegs in a Round Hole: SEC Regulation of Online Peer-to-Peer Lending and the CFPB Alternative [J]. Yale Journal on Regulation, 2013(30):233-275.

R C Clark. The Soundness of Financial Intermediaries [J]. Yale Law Journal, 1976, 86(1):1-102.

R C Merton. A Functional Perspective of Financial Intermediation [J]. Financial Management, 1995(2):23-41.

R Iyer, A I Khwaja, E F P Luttmer, K Shue. Screening in New Credit Markets: Can Individual Lenders Infer Borrower Creditworthiness in Peer-to-Peer Lending? [J]. Scholarly Articles, 2009(9):31.

R Levine. Law, finance and economic growth[J]. Journal of Financial Intermediation, 1999(1-2):8-35.

S Berger, F Gleisner. Emergence of Financial Intermediaries on Electronic Markets: The Case of Online P2P Lending[D]. Frankfurt: University of Frankfurt, 2008.

S Lumpkin. Consumer Protection and Financial Innovation: A Few Basic Propositions[J]. Oecd Journal Financial Market Trends, 2010(1):117-139.

S R Cohn. The New Crowdfunding Registration Exemption：Good Idea，Bad Execution［J］. Social Science Electronic Publishing，2012(1)：1436.

S T Omarova. Rethinking the Future of Self-Regulation in the Financial Industry. Social Science Electronic Publishing，2010(35)：693-706.

S Tennyson. Analyzing the Role for a Consumer Financial Protection Agency［J］. Ssrn Electronic Journal，2009(1)：3-4.

Seth Freedman，Ginger Zhe Jin. Learning by Doing with Asymmetric Information：Evidence from Prosper. Com［J］. Nber Working Papers，2011(1)：203-212.

Slavin B. Peer-to-peer lending：an industry insight. 2007-6-21［2018-2-12］，http：//www. bradslavin. com/wp-content/uploads/2007/06/peer-to-peer-lending. pdf.

USGA Office. Person-To-Person Lending：New Regulatory Challenges Could Emerge as the Industry Grows［R］. Government Accountability Office Reports，2011.

安邦坤，阮金阳. 互联网金融：监管与法律准则［J］. 金融监管研究，2014(3)：57-70.

安东尼·奥格斯. 规制：法律形式与经济学理论［M］. 骆梅英，译. 北京：中国人民大学出版社，2008：30.

巴曙松. 分立的金融监管：不能是"各管一段"［J］. 金融管理与研究：杭州金融研修学院学报，2005(4)：49-50.

卜振兴. 资管新规的要点分析与影响前瞻［J］. 南方金融，2018(6)：66-72.

曹小艳. 英美P2P网络借贷监管经验及其对我国的启示［J］. 武汉金融，2014(9)：16-19.

柴华，易纲. 任何金融都要持牌经营 监管会实现全覆盖［N］. 金融时报，2017-09-23(1).

陈洁. 投资者到金融消费者的角色嬗变［J］. 法学研究，2011(5)：84-95.

陈晓俊. 互金整改一周年882家平台退出［J］. 理财，2017(10)：61-61.

陈孝明，陈慧中. P2P网贷平台的风险识别与监管研究——基于信息中介视角［J］. 浙江金融，2017(10)：11-18.

陈阳，陶冉，高静. P2P网贷平台的风险控制与监管转型［J］. 时代金融，2017(30)：284-285.

陈志峰，钱如锦. 我国区块链金融监管机制探究——以构建"中国式沙箱监管"机制为制度进路[J]. 上海金融，2018(1)：60-68.

崔育蔼. 我国网络借贷行业自律研究[D]. 长春：吉林财经大学，2014.

丹尼尔·F. 史普博. 管制与市场[M]. 余晖，等译. 上海：上海三联书店，上海人民出版社，1999：98.

道格拉斯·C. 诺斯. 经济史中的结构与变迁[M]. 陈郁，罗华平，等，译. 上海：上海人民出版社，1997：225-226.

邓春生. 网络借贷平台风险规制体系的审视及完善[J]. 四川理工学院学报（社会科学版），2019(5)：54-66.

邓建鹏，黄震. 互联网金融的软法治理：问题和路径[J]. 金融监管研究，2016(1)：64-73.

邓建鹏，王佳婧. 英国网络借贷行业内部治理模式及借鉴[J]. 清华金融评论，2017(1)：97-99.

邓建鹏，王佳婧. 中国网络借贷行业自律的潜在问题与完善对策研究[J]. 金融监管研究，2017(12)：52-67.

邓建鹏. 互联网金融时代众筹模式的法律风险分析[J]. 江苏行政学院学报，2014(3)：115-121.

邓建鹏. 互联网金融消费者困境及其权益保障[J]. 银行家，2016 (11)：124-126.

邓建鹏. 监管办法为网贷立规矩：《网络借贷信息中介机构业务活动管理暂行办法》解读[N]. 金融时报，2016-08-29.

E. 博登海默. 法理学：法律哲学与法律方法[M]. 北京：中国政法大学出版社，1999：415.

范应胜. P2P网贷平台发展模式及风险防控研究[J]. 经济师，2016(11)：178-179.

冯果，蒋莎莎. 论我国P2P网络贷款平台的异化及其监管[J]. 法商研究，2013(5)：29-37.

冯果，吴双. 技法融合：应用区块链实现金融精准扶贫的法治进路[J]. 上海政法学院学报（法治论丛），2018(2)：24-32.

冯果. 金融法的"三足定理"及中国金融法制的变革[J]. 法学，2011(9)：93-101.

高晋康. 民间金融法制化的界限与路径选择[J]. 中国法学，2008(4)：34-42.

郭冠男，李晓琳. 市场准入负面清单管理制度与路径选择：一个总体框架[J]. 改革，2015(7)：28-38.

郭金良. P2P 网络借贷中投资者保护法律机制研究[J]. 中国社会科学院研究生院学报，2016(2)：78-83.

国家检察官学院课题组. P2P 网贷平台异化的刑事规制[J]. 国家检察官学院学报，2018(1)：76-95.

哈特. 法律的概念[M]. 张文显等，译. 北京：中国大百科全书出版社，1996：182.

胡朝培. 我国 P2P 网络借贷出借人资金安全保护研究[D]. 开封：河南大学，2016.

胡光志，周强. 论我国互联网金融创新中的消费者权益保护[J]. 法学评论，2014(6)：135-143.

黄民礼. 双边市场与市场形态演进[J]. 首都经济贸易大学学报，2007(3)：43-49.

黄韬. 我国金融市场从"机构监管"到"功能监管"的法律路径[J]. 法学，2011(7)：105-119.

黄砚丽. P2P 网贷平台的法律问题研究[J]. 法律适用，2015(11)：25-29.

黄勇，徐会志. 论 P2P 网络借贷金融消费者权益保护[J]. 河北法学，2016(9)：16-27.

黄震，邓建鹏，熊明，等. 英美监管体系比较与我国监管思路研究[J]. 金融监管研究，2014(10)：45-58.

黄震，邓建鹏. 英美 P2P 监管体系比较及启示[J]. 中国农村金融，2016(15)：84-86.

黄震. 互联网金融软法治理的思考[J]. 科技与法律，2014(3)：408-417.

季立刚，张梦. 跨国银行破产法律制度基本原则之探讨[J]. 政治与法律，2004(5)：86-91.

季立刚. 金融监管与金融安全[N]. 文汇报，2006-06-19(14).

贾甫，冯科. 当金融互联网遇上互联网金融：替代还是融合[J]. 上海金融，2014(2)：30-35.

贾丽平，邵利敏. P2P 网络借贷的监管边界：理论探讨与中国的检验[J]. 经济社会体制比较，2015(3)：175-184.

蒋大兴，王首杰. 法律规制共享经济的事实前提[J]. 扬州大学学报（人文社会科学版），2017(3)：42-54.

蒋大兴，王首杰. 共享经济的法律规制[J]. 中国社会科学，2017(9)：141-162.

蒋大兴. "先照后证"与监管创新——以协同监管模式重塑"信用国家[N]. 中国工商报，2015-11-25(3).

蒋大兴. 金融"过度监管"是个伪命题[N]. 人民日报，2013-06-05(5).

金幼芳. 我国政府金融监管协调法律制度的构想[J]. 证券法律评论，2016：341-351.

蓝紫文. 对网络新生态——P2P融资新模式的研究[J]. 财经问题研究，2014(2)：36-38.

李爱君. 互联网金融的本质与监管[J]. 中国政法大学学报，2016(2)：51-64.

李爱君. 互联网金融风险事件的法律剖析与规范发展[N]. 金融时报，2016-06-13(2).

李爱君. 网络借贷信息中介机构业务活动管理暂行办法解读——网络借贷行业从业人员必备[M]. 北京：法律出版社，2016：91.

李沛霖. 机构监管和功能监管的比较分析及对中国的启示[J]. 北方经济，2008(7)：13-15.

李雪静. 国外P2P网贷平台的监管及对我国的启示[J]. 金融理论与实践，2013(7)：101-104.

李有星，陈飞，金幼芳. 互联网金融监管的探析[J]. 浙江大学学报(人文社会科学版)，2014(4)：87-97.

李有星，金幼芳. 互联网金融规范发展中的重点问题探讨[J]. 法律适用，2017(5)：31-38.

李有星，王琳. 金融科技监管的合作治理路径[J]. 浙江大学学报(人文社会科学版)，2019(1)：214-226.

廖凡，张怡. 英国金融监管体制改革的最新发展及其启示[J]. 金融监管研究，2012(2)：88-102.

林强. 资产证券化在我国的过去、当下及未来[J]. 时代金融，2015(2)：158-159.

刘进一. 日本网络借贷监管制度及启示[J]. 现代日本经济，2019(2)：36-47.

刘丽丽. 我国P2P网络借贷的风险和监管问题探讨[J]. 征信，2013(11)：29-32.

刘璐，张明霞，张胜满. 我国网络借贷行业的问题与对策研究[J]. 中国物价，2016(5):43-46.

刘然. 我国 P2P 网贷平台的法律性质[J]. 法学杂志，2015，36(4)：133-140.

刘为波.《关于审理非法集资刑事案件具体应用法律若干问题的解释》的理解与适用[J]. 人民司法，2011(5):24-31.

刘云甫，王丹. 行政审批负面清单管理的法理界说[J]. 政法学刊，2015(4):72-75.

刘志伟. 非法集资行为的法律规制:理念检视与路径转换[J]. 江西财经大学学报，2016(1):110-117.

刘志云，史欣媛. 论证券市场中介机构"看门人"角色的理性归位[J]. 现代法学，2017(4):94-106.

卢馨，李慧敏. P2P 网络借贷的运行模式与风险管控[J]. 改革，2015(2):60-68.

鲁钊阳. 论 P2P 网络借贷中金融消费者权益保护法律制度的完善[J]. 金融理论与实践，2019(2):55-60.

路伟果. 新形势下促进 P2P 网贷平台健康发展的思考[J]. 绿色财会，2016(5):53-56.

麻斯亮，魏福义. 人工智能技术在金融领域的应用:主要难点与对策建议[J]. 南方金融，2018(3):78-84.

马伟利. P2P 网络借贷洗钱风险剖析及策略选择[J]. 金融会计，2014(1):74-78.

孟娜娜，蔺鹏. 监管沙盒机制与我国金融科技创新的适配性研究——基于包容性监管视角[J].南方金融，2018(1):42-49.

彭冰. P2P 网络借贷与非法集资[J]. 金融监管研究，2014(6):13-25.

彭诚信，刘海安. 论征收制度中认定公共利益的程序性设计[J].吉林大学社会科学学报，2009(1):102-109.

彭诚信，邹潇. 义务观念的现代理解[J]. 学习与探索，2005(5):103-107.

彭诚信. 从利益到权利——以正义为中介与内核[J]. 法制与社会发展，2004(5):73-88.

彭岳. 互联网金融监管理论争议的方法论考察[J]. 中外法学，2016，28(6):1618-1633.

蒲银. 关于规范 P2P 平台退出机制的建议[J]. 黑龙江金融，2016(1):

21-22.

邱龙广,刘斌. 公平信息披露的公平理论探究[J]. 财经问题研究,2014
(3):10-15.

施天涛. 商法学[M]. 北京:法律出版社,2003:5.

施天涛. 商事关系的重新发现与当今商法的使命[J]. 清华法学,2017(6):
136-155.

斯蒂格利茨. 经济学(第二版)[M]. 梁小民等,译. 北京:中国人民大学出版
社,2000:140-141.

斯密·亚当. 国民财富的性质和原因的研究(上卷)[M]. 郭大力,王亚南,
译. 北京:商务印书馆,1994:34-35.

宋二猛. P2P 网贷平台运营法律规制研究[D]. 重庆:西南政法大学,2014.

宋鹏程,吴志国,赵京. 投融资效率与投资者保护的平衡:P2P 借贷平台监
管模式研究[J]. 金融理论与实践,2014(1):33-38.

宋逸夫. 发展个人理财业务的对策[J]. 现代金融,2011(11):54.

孙天琦. 金融消费者保护:行为经济学的理论解析与政策建议[J]. 西部金
融,2014(5):4-17.

覃甫政. 协调监管与功能监管之耦合——论我国互联网金融监管机制的创
新[J]. 网络法律评论,2015(18):127-141.

唐应茂. 金融消费者有什么权利? ——也谈美国 2010 年《消费者金融保护
法》[J]. 比较法研究,2013(4):106-115.

王东东. 建立 P2P 网络借贷平台退出机制的探讨[J]. 武汉金融,2017(5):
32-34.

王峰. 我国 P2P 网贷平台风险监管及防范[J]. 中国流通经济,2016(11):
121-127.

王会娟. P2P 网络借贷中出借人的投资策略[J]. 金融论坛,2014(10):
29-36.

王建文. 从商人到企业:商人制度变革的依据与取向[J]. 法律科学,2009
(5):94.

王静. 中小企业财务风险的原因分析与防范对策[J]. 北方经贸,2011(11):
71-72.

王腊梅. P2P 网贷平台市场准入监管研究[J]. 人民论坛,2015(20):73-75.

王兰. 商事登记与市场准入关系的法经济学思辨[J]. 现代法学,2010(2):
54-61.

王利明. 负面清单管理模式与私法自治[J]. 中国法学，2014(5):26-40.

王朋月，李钧. 美国 P2P 借贷平台发展:历史、现状与展望[J]. 金融监管研究，2013(7):26-39.

王全兴. 经济法基础理论专题研究[M]. 北京:中国检察出版社，2002:120-121.

王铁山，康云鹏，潘昱璇. 中美 P2P 网络借贷平台模式比较分析[J]. 西安邮电大学学报，2016(5):80-87.

王相敏，张慧一. 民间金融、非正规金融、地下金融:概念比较与分析[J]. 东北师大学报(哲学社会科学版)，2009(6):66-68.

网贷之家. 上海网贷 145 条整改认定细则传出活期产品被禁. 2017-9-7 [2018-2-8]，https://www. wdzj. com/news/zhengce/864266. html? abtest＝wdzj.

伍坚. 我国 P2P 网贷平台监管的制度构建[J]. 法学，2015(4):92-97.

肖怡. 我国 P2P 网贷平台触及非法集资犯罪红线的研究[J]. 法学杂志，2019(11):99-100.

谢平，邹传伟，刘海二. 互联网金融监管的必要性与核心原则[J]. 国际金融研究，2014(8):3-9.

谢平，邹传伟，刘海二. 互联网金融模式研究[J]. 金融研究，2012(1):11-22.

邢会强. 国务院金融稳定发展委员会的目标定位与职能完善——以金融法中的"三足定理"为视角[J]. 法学评论，2018(3):88-98.

邢会强. 相对安全理念下规范互联网金融的法律模式与路径[J]. 法学，2017(12):22-28.

徐孟洲，杨晖. 金融功能异化的金融法矫治[J]. 法学家，2010(5):102-113.

徐孟洲，殷华. 论我国互联网金融消费者纠纷解决机制的构建[J]. 财经法学，2015(5):48-58.

许多奇. 互联网金融风险的社会特性与监管创新[J]. 法学研究，2018(5):20-39.

许多奇. 金融科技的"破坏性创新"本质与监管科技新思路[J]. 东方法学，2018(2):4-13.

许恋天. 互联网金融"穿透式"监管研究[J]. 金融监管研究，2019(3):98-111.

闫真宇.关于当前互联网金融风险的若干思考[J]. 浙江金融，2013(12):

40-42.

杨东. P2P 网络借贷平台的异化及其规制[J]. 社会科学, 2015(8):88-90.

杨东. 互联网金融风险规制路径[J]. 中国法学, 2015(3):80-97.

杨振能. P2P 网络借贷平台经营行为的法律分析与监管研究[J]. 金融监管研究, 2014(11):25-41.

姚海放, 彭岳, 肖建国, 等. 网络平台借贷的法律规制研究[J]. 法学家, 2013(5):94-98.

姚海放. 论证券概念的扩大及对金融监管的意义[J]. 政治与法律, 2012(8):22-29.

姚海放. 网络平台借贷的金融法规制路径[J]. 法学家, 2013(5):94-97.

姚海放. 治标和治本:互联网金融监管法律制度新动向的审思[J]. 政治与法律, 2018(12):12-22.

姚建宗, 方芳. 新兴权利研究的几个问题[J]. 苏州大学学报(哲学社会科学版), 2015(3):50-59.

姚军, 马云飞, 张小莉. 以 e 租宝事件为视角探讨我国互联网金融消费者权益保护体系的完善[J]. 金融法苑, 2017(1):137-148.

叶林, 吴烨. 金融市场的"穿透式"监管论纲[J]. 法学, 2017(12):12-21.

叶旺春. 互联网金融与现行监管规则[J]. 科技与法律, 2014(1):430-438.

叶湘榕, 彭冰. P2P 借贷的模式风险与监管研究[J]. 金融监管研究, 2014(3):71-82.

叶湘榕. P2P 借贷的模式风险与监管研究[J]. 金融监管研究, 2014(3):71-82.

易燕, 徐会志. 网络借贷法律监管比较研究[J]. 河北法学, 2015(11):82-92.

于立, 肖兴志. 规制理论发展综述[J]. 财经问题研究, 2001(1):17-24.

袁远. 我国互联网金融理财产品法律监管研究——以 P2P 网贷"自动投标"理财产品为中心[J]. 东方法学, 2018(4):150-160.

岳彩申. 互联网时代民间融资法律规制的新问题[J]. 政法论丛, 2014(3):3-10.

岳彩申. 民间借贷的激励性法律规制[J]. 中国社会科学, 2013(10):121-139.

曾宝华. 金融监管公共利益理论及其质疑[J]. 金融经济学研究, 2006(6):39-42.

张超宇,陈飞. P2P 网络借贷平台模式异化及去担保化问题研究[J]. 南方
　　金融,2018(1):68-74.

张琛. 中国 P2P 网贷行业的监管问题研究[D]. 大连:东北财经大学,2014.

张海洋. 信息披露监管与 P2P 借贷运营模式[J]. 经济学季刊,2016(4):
　　371-392.

张红. 监管沙盒及与我国行政法体系的兼容[J]. 浙江学刊,2018(1):
　　77-86.

张守文. 经济法原理[M]. 北京:北京大学出版社,2013:8-10.

张守文. 中国经济法理论的新发展[J]. 政治与法律,2016(12):2-12.

张双梅. 中国互联网金融立法与科技乐观主义[J]. 政法论坛,2018(4):
　　57-68.

张勋,万广华,张佳佳,何宗樾. 数字经济、普惠金融与包容性增长[J]. 经
　　济研究,2019(8):71-86.

张永亮. 金融监管科技之法制化路径[J]. 法商研究,2019(3):127-139.

张职. P2P 网贷平台营运模式的比较、问题及对策研究[D]. 上海:华东理工
　　大学,2013.

赵渊. 直接融资视角下的 P2P 网络借贷法律问题研究[J]. 交大法学,2014
　　(4):146-158.

郑晴. P2P 网络借贷资金池问题研究[D]. 长春:吉林大学,2016.

周春喜,黄星澍. 地方金融的监管逻辑及规范路径[J]. 浙江工商大学学报,
　　2014(5):86-94.

周文辉. 网络借贷融资平台审核义务研究[D]. 杭州:浙江大学,2017.

周小川. 守住不发生系统性金融风险的底线[J]. 中国邮政,2018(1):
　　13-16.

周仲飞,李敬伟. 金融科技背景下金融监管范式的转变[J]. 法学研究,
　　2018(5):3-19.

朱贝贝. P2P 网络借贷平台破产后续处理机制研究[J]. 时代金融,2016
　　(32):265-266.

朱娟. 我国区块链金融的法律规制——基于智慧监管的视角[J]. 法学,
　　2018(11):129-138.

朱侃. 互联网基金销售中信息披露乱象及其监管[J]. 互联网金融与法律,
　　2014(7):8-19.

附录 1

网络借贷相关的重要规定

《关于促进互联网金融健康发展的指导意见》

中国人民银行　工业和信息化部　公安部　财政部　国家工商总局
国务院法制办　中国银行业监督管理委员会
中国证券监督管理委员会　中国保险监督管理委员会
国家互联网信息办公室
银发〔2015〕221 号
（2015 年 7 月 18 日）

近年来，互联网技术、信息通信技术不断取得突破，推动互联网与金融快速融合，促进了金融创新，提高了金融资源配置效率，但也存在一些问题和风险隐患。为全面贯彻落实党的十八大和十八届二中、三中、四中全会精神，按照党中央、国务院决策部署，遵循"鼓励创新、防范风险、趋利避害、健康发展"的总体要求，从金融业健康发展全局出发，进一步推进金融改革创新和对外开放，促进互联网金融健康发展，经党中央、国务院同意，现提出以下意见。

一、鼓励创新，支持互联网金融稳步发展

互联网金融是传统金融机构与互联网企业（以下统称从业机构）利用互联网技术和信息通信技术实现资金融通、支付、投资和信息中介服务的新型金融业务模式。互联网与金融深度融合是大势所趋，将对金融产品、业务、组织和服务等方面产生更加深刻的影响。互联网金融对促进小微企业发展和扩大就业发挥了现有金融机构难以替代的积极作用，为大众创业、万众创新打开了大门。促进互联网金融健康发展，有利于提升金融服务质量和效率，深化金融改革，促进金融创新发展，扩大金融业对内对外开放，构建多层次金融体系。作为新生事物，互联网金融既需要市场驱动，鼓励创新，也需要政策助力，促进发展。

（一）积极鼓励互联网金融平台、产品和服务创新，激发市场活力

鼓励银行、证券、保险、基金、信托和消费金融等金融机构依托互联网技术，实现传统金融业务与服务转型升级，积极开发基于互联网技术的新产品和新服务。支持有条件的金融机构建设创新型互联网平台开展网络银行、网络证券、网络保险、网络基金销售和网络消费金融等业务。支持互联网企业依法合规设立互联网支付机构、网络借贷平台、股权众筹融资平台、网络金融产品销售平台,建立服务实体经济的多层次金融服务体系,更好地满足中小微企业和个人投融资需求,进一步拓展普惠金融的广度和深度。鼓励电子商务企业在符合金融法律法规规定的条件下自建和完善线上金融服务体系,有效拓展电商供应链业务。鼓励从业机构积极开展产品、服务、技术和管理创新,提升从业机构核心竞争力。

(二)鼓励从业机构相互合作,实现优势互补

支持各类金融机构与互联网企业开展合作,建立良好的互联网金融生态环境和产业链。鼓励银行业金融机构开展业务创新,为第三方支付机构和网络贷款平台等提供资金存管、支付清算等配套服务。支持小微金融服务机构与互联网企业开展业务合作,实现商业模式创新。支持证券、基金、信托、消费金融、期货机构与互联网企业开展合作,拓宽金融产品销售渠道,创新财富管理模式。鼓励保险公司与互联网企业合作,提升互联网金融企业风险抵御能力。

(三)拓宽从业机构融资渠道,改善融资环境

支持社会资本发起设立互联网金融产业投资基金,推动从业机构与创业投资机构、产业投资基金深度合作。鼓励符合条件的优质从业机构在主板、创业板等境内资本市场上市融资。鼓励银行业金融机构按照支持小微企业发展的各项金融政策,对处于初创期的从业机构予以支持。针对互联网企业特点,创新金融产品和服务。

(四)坚持简政放权,提供优质服务

各金融监管部门要积极支持金融机构开展互联网金融业务。按照法律法规规定,对符合条件的互联网企业开展相关金融业务实施高效管理。工商行政管理部门要支持互联网企业依法办理工商注册登记。电信主管部门、国家互联网信息管理部门要积极支持互联网金融业务,电信主管部门对互联网金融业务涉及的电信业务进行监管,国家互联网信息管理部门负责对金融信息服务、互联网信息内容等业务进行监管。积极开展互联网金融领域立法研究,适时出台相关管理规章,营造有利于互联网金融发展的良好制度环境。加大对从业机构专利、商标等知识产权的保护力度。鼓励省级人民政府加大对互联网金融的政策支持。支持设立专业化互联网金融研究机构,鼓励建设互联网金融信息交流平台,积极开展互联网金融研究。

(五)落实和完善有关财税政策

按照税收公平原则,对于业务规模较小、处于初创期的从业机构,符合我国现行对中小企业特别是小微企业税收政策条件的,可按规定享受税收优惠政策。结合金融业营业税改征增值税改革,统筹完善互联网金融税收政策。落实从业机构新技术、新产品研发费用税前加计扣除政策。

(六)推动信用基础设施建设,培育互联网金融配套服务体系

支持大数据存储、网络与信息安全维护等技术领域基础设施建设。鼓励从业机构依法

建立信用信息共享平台。推动符合条件的相关从业机构接入金融信用信息基础数据库。允许有条件的从业机构依法申请征信业务许可。支持具备资质的信用中介组织开展互联网企业信用评级,增强市场信息透明度。鼓励会计、审计、法律、咨询等中介服务机构为互联网企业提供相关专业服务。

二、分类指导,明确互联网金融监管责任

互联网金融本质仍属于金融,没有改变金融风险隐蔽性、传染性、广泛性和突发性的特点。加强互联网金融监管,是促进互联网金融健康发展的内在要求。同时,互联网金融是新生事物和新兴业态,要制定适度宽松的监管政策,为互联网金融创新留有余地和空间。通过鼓励创新和加强监管相互支撑,促进互联网金融健康发展,更好地服务实体经济。互联网金融监管应遵循"依法监管、适度监管、分类监管、协同监管、创新监管"的原则,科学合理界定各业态的业务边界及准入条件,落实监管责任,明确风险底线,保护合法经营,坚决打击违法和违规行为。

(七)互联网支付

互联网支付是指通过计算机、手机等设备,依托互联网发起支付指令、转移货币资金的服务。互联网支付应始终坚持服务电子商务发展和为社会提供小额、快捷、便民小微支付服务的宗旨。银行业金融机构和第三方支付机构从事互联网支付,应遵守现行法律法规和监管规定。第三方支付机构与其他机构开展合作的,应清晰界定各方的权利义务关系,建立有效的风险隔离机制和客户权益保障机制。要向客户充分披露服务信息,清晰地提示业务风险,不得夸大支付服务中介的性质和职能。互联网支付业务由人民银行负责监管。

(八)网络借贷

网络借贷包括个体网络借贷(即 P2P 网络借贷)和网络小额贷款。个体网络借贷是指个体和个体之间通过互联网平台实现的直接借贷。在个体网络借贷平台上发生的直接借贷行为属于民间借贷范畴,受合同法、民法通则等法律法规以及最高人民法院相关司法解释规范。个体网络借贷要坚持平台功能,为投资方和融资方提供信息交互、撮合、资信评估等中介服务。个体网络借贷机构要明确信息中介性质,主要为借贷双方的直接借贷提供信息服务,不得提供增信服务,不得非法集资。网络小额贷款是指互联网企业通过其控制的小额贷款公司,利用互联网向客户提供的小额贷款。网络小额贷款应遵守现有小额贷款公司监管规定,发挥网络贷款优势,努力降低客户融资成本。网络借贷业务由银监会负责监管。

(九)股权众筹融资

股权众筹融资主要是指通过互联网形式进行公开小额股权融资的活动。股权众筹融资必须通过股权众筹融资中介机构平台(互联网网站或其他类似的电子媒介)进行。股权众筹融资中介机构可以在符合法律法规规定前提下,对业务模式进行创新探索,发挥股权众筹融资作为多层次资本市场有机组成部分的作用,更好服务创新创业企业。股权众筹融资方应为小微企业,应通过股权众筹融资中介机构向投资人如实披露企业的商业模式、经营管理、财务、资金使用等关键信息,不得误导或欺诈投资人。投资人应当充分了解股权众筹融资活

动风险,具备相应风险承受能力,进行小额投资。股权众筹融资业务由证监会负责监管。

(十)互联网基金销售

基金销售机构与其他机构通过互联网合作销售基金等理财产品的,要切实履行风险披露义务,不得通过违规承诺收益方式吸引客户;基金管理人应当采取有效措施防范资产配置中的期限错配和流动性风险;基金销售机构及其合作机构通过其他活动为投资人提供收益的,应当对收益构成、先决条件、适用情形等进行全面、真实、准确表述和列示,不得与基金产品收益混同。第三方支付机构在开展基金互联网销售支付服务过程中,应当遵守人民银行、证监会关于客户备付金及基金销售结算资金的相关监管要求。第三方支付机构的客户备付金只能用于办理客户委托的支付业务,不得用于垫付基金和其他理财产品的资金赎回。互联网基金销售业务由证监会负责监管。

(十一)互联网保险

保险公司开展互联网保险业务,应遵循安全性、保密性和稳定性原则,加强风险管理,完善内控系统,确保交易安全、信息安全和资金安全。专业互联网保险公司应当坚持服务互联网经济活动的基本定位,提供有针对性的保险服务。保险公司应建立对所属电子商务公司等非保险类子公司的管理制度,建立必要的防火墙。保险公司通过互联网销售保险产品,不得进行不实陈述、片面或夸大宣传过往业绩、违规承诺收益或者承担损失等误导性描述。互联网保险业务由保监会负责监管。

(十二)互联网信托和互联网消费金融

信托公司、消费金融公司通过互联网开展业务的,要严格遵循监管规定,加强风险管理,确保交易合法合规,并保守客户信息。信托公司通过互联网进行产品销售及开展其他信托业务的,要遵守合格投资人等监管规定,审慎甄别客户身份和评估客户风险承受能力,不能将产品销售给与风险承受能力不相匹配的客户。信托公司与消费金融公司要制定完善产品文件签署制度,保证交易过程合法合规,安全规范。互联网信托业务、互联网消费金融业务由银监会负责监管。

三、健全制度,规范互联网金融市场秩序

发展互联网金融要以市场为导向,遵循服务实体经济、服从宏观调控和维护金融稳定的总体目标,切实保障消费者合法权益,维护公平竞争的市场秩序。要细化管理制度,为互联网金融健康发展营造良好环境。

(十三)互联网行业管理

任何组织和个人开设网站从事互联网金融业务的,除应按规定履行相关金融监管程序外,还应依法向电信主管部门履行网站备案手续,否则不得开展互联网金融业务。工业和信息化部负责对互联网金融业务涉及的电信业务进行监管,国家互联网信息办公室负责对金融信息服务、互联网信息内容等业务进行监管,两部门按职责制定相关监管细则。

(十四)客户资金第三方存管制度

除另有规定外,从业机构应当选择符合条件的银行业金融机构作为资金存管机构,对客

户资金进行管理和监督，实现客户资金与从业机构自身资金分账管理。客户资金存管账户应接受独立审计并向客户公开审计结果。人民银行会同金融监管部门按照职责分工实施监管，并制定相关监管细则。

（十五）信息披露、风险提示和合格投资人制度

从业机构应当对客户进行充分的信息披露，及时向投资人公布其经营活动和财务状况的相关信息，以便投资人充分了解从业机构运作状况，促使从业机构稳健经营和控制风险。从业机构应当向各参与方详细说明交易模式、参与方的权利和义务，并进行充分的风险提示。要研究建立互联网金融的合格投资人制度，提升投资人保护水平。有关部门按照职责分工负责监管。

（十六）消费者权益保护

研究制定互联网金融消费者教育规划，及时发布维权提示。加强互联网金融产品合同内容、免责条款规定等与消费者利益相关的信息披露工作，依法监督处理经营者利用合同格式条款侵害消费者合法权益的违法、违规行为。构建在线争议解决、现场接待受理、监管部门受理投诉、第三方调解以及仲裁、诉讼等多元化纠纷解决机制。细化完善互联网金融个人信息保护的原则、标准和操作流程。严禁网络销售金融产品过程中的不实宣传、强制捆绑销售。人民银行、银监会、证监会、保监会会同有关行政执法部门，根据职责分工依法开展互联网金融领域消费者和投资人权益保护工作。

（十七）网络与信息安全

从业机构应当切实提升技术安全水平，妥善保管客户资料和交易信息，不得非法买卖、泄露客户个人信息。人民银行、银监会、证监会、保监会、工业和信息化部、公安部、国家互联网信息办公室分别负责对相关从业机构的网络与信息安全保障进行监管，并制定相关监管细则和技术安全标准。

（十八）反洗钱和防范金融犯罪

从业机构应当采取有效措施识别客户身份，主动监测并报告可疑交易，妥善保存客户资料和交易记录。从业机构有义务按照有关规定，建立健全有关协助查询、冻结的规章制度，协助公安机关和司法机关依法、及时查询、冻结涉案财产，配合公安机关和司法机关做好取证和执行工作。坚决打击涉及非法集资等互联网金融犯罪，防范金融风险，维护金融秩序。金融机构在和互联网企业开展合作、代理时应根据有关法律和规定签订包括反洗钱和防范金融犯罪要求的合作、代理协议，并确保不因合作、代理关系而降低反洗钱和金融犯罪执行标准。人民银行牵头负责对从业机构履行反洗钱义务进行监管，并制定相关监管细则。打击互联网金融犯罪工作由公安部牵头负责。

（十九）加强互联网金融行业自律

充分发挥行业自律机制在规范从业机构市场行为和保护行业合法权益等方面的积极作用。人民银行会同有关部门，组建中国互联网金融协会。协会要按业务类型，制订经营管理

规则和行业标准,推动机构之间的业务交流和信息共享。协会要明确自律惩戒机制,提高行业规则和标准的约束力。强化守法、诚信、自律意识,树立从业机构服务经济社会发展的正面形象,营造诚信规范发展的良好氛围。

(二十)监管协调与数据统计监测

各监管部门要相互协作、形成合力,充分发挥金融监管协调部际联席会议制度的作用。人民银行、银监会、证监会、保监会应当密切关注互联网金融业务发展及相关风险,对监管政策进行跟踪评估,适时提出调整建议,不断总结监管经验。财政部负责互联网金融从业机构财务监管政策。人民银行会同有关部门,负责建立和完善互联网金融数据统计监测体系,相关部门按照监管职责分工负责相关互联网金融数据统计和监测工作,并实现统计数据和信息共享。

《关于审理民间借贷案件适用法律若干问题的规定》

最高人民法院

法释〔2020〕6 号

(2020 年 8 月 19 日)

为正确审理民间借贷纠纷案件,根据《中华人民共和国民法典》《中华人民共和国民事诉讼法》《中华人民共和国刑事诉讼法》等相关法律之规定,结合审判实践,制定本规定。

第一条 本规定所称的民间借贷,是指自然人、法人和非法人组织之间进行资金融通的行为。

经金融监管部门批准设立的从事贷款业务的金融机构及其分支机构,因发放贷款等相关金融业务引发的纠纷,不适用本规定。

第二条 出借人向人民法院提起民间借贷诉讼时,应当提供借据、收据、欠条等债权凭证以及其他能够证明借贷法律关系存在的证据。

当事人持有的借据、收据、欠条等债权凭证没有载明债权人,持有债权凭证的当事人提起民间借贷诉讼的,人民法院应予受理。被告对原告的债权人资格提出有事实依据的抗辩,人民法院经审查认为原告不具有债权人资格的,裁定驳回起诉。

第三条 借贷双方就合同履行地未约定或者约定不明确,事后未达成补充协议,按照合同相关条款或者交易习惯仍不能确定的,以接受货币一方所在地为合同履行地。

第四条 保证人为借款人提供连带责任保证,出借人仅起诉借款人的,人民法院可以不追加保证人为共同被告;出借人仅起诉保证人的,人民法院可以追加借款人为共同被告。

保证人为借款人提供一般保证,出借人仅起诉保证人的,人民法院应当追加借款人为共同被告;出借人仅起诉借款人的,人民法院可以不追加保证人为共同被告。

第五条 人民法院立案后,发现民间借贷行为本身涉嫌非法集资等犯罪的,应当裁定驳回起诉,并将涉嫌非法集资等犯罪的线索、材料移送公安或者检察机关。

公安或者检察机关不予立案,或者立案侦查后撤销案件,或者检察机关作出不起诉决定,或者经人民法院生效判决认定不构成非法集资等犯罪,当事人又以同一事实向人民法院提起诉讼的,人民法院应予受理。

第六条　人民法院立案后,发现与民间借贷纠纷案件虽有关联但不是同一事实的涉嫌非法集资等犯罪的线索、材料的,人民法院应当继续审理民间借贷纠纷案件,并将涉嫌非法集资等犯罪的线索、材料移送公安或者检察机关。

第七条　民间借贷纠纷的基本案件事实必须以刑事案件的审理结果为依据,而该刑事案件尚未审结的,人民法院应当裁定中止诉讼。

第八条　借款人涉嫌犯罪或者生效判决认定其有罪,出借人起诉请求担保人承担民事责任的,人民法院应予受理。

第九条　自然人之间的借款合同具有下列情形之一的,可以视为合同成立:

(一)以现金支付的,自借款人收到借款时;

(二)以银行转账、网上电子汇款等形式支付的,自资金到达借款人账户时;

(三)以票据交付的,自借款人依法取得票据权利时;

(四)出借人将特定资金账户支配权授权给借款人的,自借款人取得对该账户实际支配权时;

(五)出借人以与借款人约定的其他方式提供借款并实际履行完成时。

第十条　法人之间、非法人组织之间以及它们相互之间为生产、经营需要订立的民间借贷合同,除存在民法典第一百四十六条、第一百五十三条、第一百五十四条以及本规定第十三条规定的情形外,当事人主张民间借贷合同有效的,人民法院应予支持。

第十一条　法人或者非法人组织在本单位内部通过借款形式向职工筹集资金,用于本单位生产、经营,且不存在民法典第一百四十四条、第一百四十六条、第一百五十三条、第一百五十四条以及本规定第十三条规定的情形,当事人主张民间借贷合同有效的,人民法院应予支持。

第十二条　借款人或者出借人的借贷行为涉嫌犯罪,或者已经生效的裁判认定构成犯罪,当事人提起民事诉讼的,民间借贷合同并不当然无效。人民法院应当依据民法典第一百四十四条、第一百四十六条、第一百五十三条、第一百五十四条以及本规定第十三条之规定,认定民间借贷合同的效力。

担保人以借款人或者出借人的借贷行为涉嫌犯罪或者已经生效的裁判认定构成犯罪为由,主张不承担民事责任的,人民法院应当依据民间借贷合同与担保合同的效力、当事人的过错程度,依法确定担保人的民事责任。

第十三条　具有下列情形之一的,人民法院应当认定民间借贷合同无效:

(一)套取金融机构贷款转贷的;

(二)以向其他营利法人借贷、向本单位职工集资,或者以向公众非法吸收存款等方式取得的资金转贷的;

(三)未依法取得放贷资格的出借人,以营利为目的向社会不特定对象提供借款的;

(四)出借人事先知道或者应当知道借款人借款用于违法犯罪活动仍然提供借款的;

（五）违反法律、行政法规强制性规定的；

（六）违背公序良俗的。

第十四条　原告以借据、收据、欠条等债权凭证为依据提起民间借贷诉讼，被告依据基础法律关系提出抗辩或者反诉，并提供证据证明债权纠纷非民间借贷行为引起的，人民法院应当依据查明的案件事实，按照基础法律关系审理。

当事人通过调解、和解或者清算达成的债权债务协议，不适用前款规定。

第十五条　原告仅依据借据、收据、欠条等债权凭证提起民间借贷诉讼，被告抗辩已经偿还借款的，被告应当对其主张提供证据证明。被告提供相应证据证明其主张后，原告仍应就借贷关系的存续承担举证责任。

被告抗辩借贷行为尚未实际发生并能作出合理说明的，人民法院应当结合借贷金额、款项交付、当事人的经济能力、当地或者当事人之间的交易方式、交易习惯、当事人财产变动情况以及证人证言等事实和因素，综合判断查证借贷事实是否发生。

第十六条　原告仅依据金融机构的转账凭证提起民间借贷诉讼，被告抗辩转账系偿还双方之前借款或者其他债务的，被告应当对其主张提供证据证明。被告提供相应证据证明其主张后，原告仍应就借贷关系的成立承担举证责任。

第十七条　依据《最高人民法院关于适用〈中华人民共和国民事诉讼法〉的解释》第一百七十四条第二款之规定，负有举证责任的原告无正当理由拒不到庭，经审查现有证据无法确认借贷行为、借贷金额、支付方式等案件主要事实的，人民法院对原告主张的事实不予认定。

第十八条　人民法院审理民间借贷纠纷案件时发现有下列情形之一的，应当严格审查借贷发生的原因、时间、地点、款项来源、交付方式、款项流向以及借贷双方的关系、经济状况等事实，综合判断是否属于虚假民事诉讼：

（一）出借人明显不具备出借能力；

（二）出借人起诉所依据的事实和理由明显不符合常理；

（三）出借人不能提交债权凭证或者提交的债权凭证存在伪造的可能；

（四）当事人双方在一定期限内多次参加民间借贷诉讼；

（五）当事人无正当理由拒不到庭参加诉讼，委托代理人对借贷事实陈述不清或者陈述前后矛盾；

（六）当事人双方对借贷事实的发生没有任何争议或者诉辩明显不符合常理；

（七）借款人的配偶或者合伙人、案外人的其他债权人提出有事实依据的异议；

（八）当事人在其他纠纷中存在低价转让财产的情形；

（九）当事人不正当放弃权利；

（十）其他可能存在虚假民间借贷诉讼的情形。

第十九条　经查明属于虚假民间借贷诉讼，原告申请撤诉的，人民法院不予准许，并应当依据民事诉讼法第一百一十二条之规定，判决驳回其请求。

诉讼参与人或者其他人恶意制造、参与虚假诉讼，人民法院应当依据民事诉讼法第一百一十一条、第一百一十二条和第一百一十三条之规定，依法予以罚款、拘留；构成犯罪的，应当移送有管辖权的司法机关追究刑事责任。

单位恶意制造、参与虚假诉讼的，人民法院应当对该单位进行罚款，并可以对其主要负责人或者直接责任人员予以罚款、拘留；构成犯罪的，应当移送有管辖权的司法机关追究刑事责任。

第二十条　他人在借据、收据、欠条等债权凭证或者借款合同上签名或者盖章，但是未表明其保证人身份或者承担保证责任，或者通过其他事实不能推定其为保证人，出借人请求其承担保证责任的，人民法院不予支持。

第二十一条　借贷双方通过网络贷款平台形成借贷关系，网络贷款平台的提供者仅提供媒介服务，当事人请求其承担担保责任的，人民法院不予支持。

网络贷款平台的提供者通过网页、广告或者其他媒介明示或者有其他证据证明其为借贷提供担保，出借人请求网络贷款平台的提供者承担担保责任的，人民法院应予支持。

第二十二条　法人的法定代表人或者非法人组织的负责人以单位名义与出借人签订民间借贷合同，有证据证明所借款项系法定代表人或者负责人个人使用，出借人请求将法定代表人或者负责人列为共同被告或者第三人的，人民法院应予准许。

法人的法定代表人或者非法人组织的负责人以个人名义与出借人订立民间借贷合同，所借款项用于单位生产经营，出借人请求单位与个人共同承担责任的，人民法院应予支持。

第二十三条　当事人以订立买卖合同作为民间借贷合同的担保，借款到期后借款人不能还款，出借人请求履行买卖合同的，人民法院应当按照民间借贷法律关系审理。当事人根据法庭审理情况变更诉讼请求的，人民法院应当准许。

按照民间借贷法律关系审理作出的判决生效后，借款人不履行生效判决确定的金钱债务，出借人可以申请拍卖买卖合同标的物，以偿还债务。就拍卖所得的价款与应偿还借款本息之间的差额，借款人或者出借人有权主张返还或者补偿。

第二十四条　借贷双方没有约定利息，出借人主张支付利息的，人民法院不予支持。

自然人之间借贷对利息约定不明，出借人主张支付利息的，人民法院不予支持。除自然人之间借贷的外，借贷双方对借贷利息约定不明，出借人主张利息的，人民法院应当结合民间借贷合同的内容，并根据当地或者当事人的交易方式、交易习惯、市场报价利率等因素确定利息。

第二十五条　出借人请求借款人按照合同约定利率支付利息的，人民法院应予支持，但是双方约定的利率超过合同成立时一年期贷款市场报价利率四倍的除外。

前款所称"一年期贷款市场报价利率"，是指中国人民银行授权全国银行间同业拆借中心自 2019 年 8 月 20 日起每月发布的一年期贷款市场报价利率。

第二十六条　借据、收据、欠条等债权凭证载明的借款金额，一般认定为本金。预先在本金中扣除利息的，人民法院应当将实际出借的金额认定为本金。

第二十七条　借贷双方对前期借款本息结算后将利息计入后期借款本金并重新出具债权凭证，如果前期利率没有超过合同成立时一年期贷款市场报价利率四倍，重新出具的债权凭证载明的金额可认定为后期借款本金。超过部分的利息，不应认定为后期借款本金。

按前款计算，借款人在借款期间届满后应当支付的本息之和，超过以最初借款本金与以最初借款本金为基数、以合同成立时一年期贷款市场报价利率四倍计算的整个借款期间的利息之和的,人民法院不予支持。

第二十八条　借贷双方对逾期利率有约定的,从其约定,但是以不超过合同成立时一年期贷款市场报价利率四倍为限。

未约定逾期利率或者约定不明的,人民法院可以区分不同情况处理:

(一)既未约定借期内利率,也未约定逾期利率,出借人主张借款人自逾期还款之日起参照当时一年期贷款市场报价利率标准计算的利息承担逾期还款违约责任的,人民法院应予支持;

(二)约定了借期内利率但是未约定逾期利率,出借人主张借款人自逾期还款之日起按照借期内利率支付资金占用期间利息的,人民法院应予支持。

第二十九条　出借人与借款人既约定了逾期利率,又约定了违约金或者其他费用,出借人可以选择主张逾期利息、违约金或者其他费用,也可以一并主张,但是总计超过合同成立时一年期贷款市场报价利率四倍的部分,人民法院不予支持。

第三十条　借款人可以提前偿还借款,但是当事人另有约定的除外。

借款人提前偿还借款并主张按照实际借款期限计算利息的,人民法院应予支持。

第三十一条　本规定施行后,人民法院新受理的一审民间借贷纠纷案件,适用本规定。

2020 年 8 月 20 日之后新受理的一审民间借贷案件,借贷合同成立于 2020 年 8 月 20 日之前,当事人请求适用当时的司法解释计算自合同成立到 2020 年 8 月 19 日的利息部分的,人民法院应予支持;对于自 2020 年 8 月 20 日到借款返还之日的利息部分,适用起诉时本规定的利率保护标准计算。

本规定施行后,最高人民法院以前作出的相关司法解释与本规定不一致的,以本规定为准。

《关于依法妥善审理民间借贷案件的通知》

最高人民法院

法〔2018〕215 号

(2018 年 8 月 1 日)

各省、自治区、直辖市高级人民法院,解放军军事法院,新疆维吾尔自治区高级人民法院生产建设兵团分院:

民间借贷在一定程度上满足了社会多元化融资需求,促进了多层次信贷市场的形成和完善。与此同时,民间借贷纠纷案件也呈现爆炸式增长,给人民法院的审判工作带来新的挑战。近年来,社会上不断出现着民间借贷外衣,通过"虚增债务""伪造证据""恶意制造违约""收取高额费用"等方式非法侵占财物的"套路贷"诈骗等新型犯罪,严重侵害了人民群众的合法权益,扰乱了金融市场秩序,影响社会和谐稳定。为充分发挥民商事审判工作的评价、教育、指引功能,妥善审理民间借贷纠纷案件,防范化解各类风险,现将有关事项通知如下:

一、加大对借贷事实和证据的审查力度。"套路贷"诈骗等犯罪设局者具备知识型犯罪特征,善于通过虚增债权债务、制造银行流水痕迹、故意失联制造违约等方式,形成证据链条闭环,并借助民事诉讼程序实现非法目的。因此,人民法院在审理民间借贷纠纷案件中,除根据《最高人民法院关于审理民间借贷案件适用法律若干问题的规定》第十五条、第十六条规定,对借据、收据、欠条等债权凭证及银行流水等款项交付凭证进行审查外,还应结合款项来源、交易习惯、经济能力、财产变化情况、当事人关系以及当事人陈述等因素综合判断借贷的真实情况。有违法犯罪等合理怀疑,代理人对案件事实无法说明的,应当传唤当事人本人到庭,就有关案件事实接受询问。要适当加大调查取证力度,查明事实真相。

二、严格区分民间借贷行为与诈骗等犯罪行为。人民法院在审理民间借贷纠纷案件中,要切实提高对"套路贷"诈骗等犯罪行为的警觉,加强对民间借贷行为与诈骗等犯罪行为的甄别,发现涉嫌违法犯罪线索、材料的,要及时按照《最高人民法院关于在审理经济纠纷案件中涉及经济犯罪嫌疑若干问题的规定》和《最高人民法院关于审理民间借贷案件适用法律若干问题的规定》依法处理。民间借贷行为本身涉及违法犯罪的,应当裁定驳回起诉,并将涉嫌犯罪的线索、材料移送公安机关或检察机关,切实防范犯罪分子将非法行为合法化,利用民事判决堂而皇之侵占被害人财产。刑事判决认定出借人构成"套路贷"诈骗等犯罪的,人民法院对已按普通民间借贷纠纷做出的生效判决,应当及时通过审判监督程序予以纠正。

三、依法严守法定利率红线。《最高人民法院关于审理民间借贷案件适用法律若干问题的规定》依法确立了法定利率的司法红线,应当从严把握。人民法院在民间借贷纠纷案件审理过程中,对于各种以"利息""违约金""服务费""中介费""保证金""延期费"等突破或变相突破法定利率红线的,应当依法不予支持。对于"出借人主张系以现金方式支付大额贷款本金""借款人抗辩所谓现金支付本金系出借人预先扣除的高额利息"的,要加强对出借人主张的现金支付款项来源、交付情况等证据的审查,依法认定借贷本金数额和高额利息扣收事实。发现交易平台、交易对手、交易模式等以"创新"为名行高利贷之实的,应当及时采取发送司法建议函等有效方式,坚决予以遏制。

四、建立民间借贷纠纷防范和解决机制。人民法院在防范和化解民间借贷各类风险中,要紧密结合党和国家工作大局,紧紧依靠党委领导和政府支持,探索审判机制创新,加强联动效应,探索建立跨部门综合治理机制。要加大法制宣传力度,引导社会良好风气,认真总结审判经验,加强调查研究。

各级人民法院在审理民间借贷纠纷案件中发现新情况、新问题,请及时层报最高人民法院。

《关于办理涉互联网金融犯罪案件有关问题座谈会纪要》

最高人民检察院

高检诉〔2017〕14 号

(2017 年 6 月 2 日)

互联网金融是金融与互联网相互融合形成的新型金融业务模式。发展互联网金融,对加快实施创新驱动发展战略、推进供给侧结构性改革、促进经济转型升级具有积极作用。但是,在互联网金融快速发展过程中,部分机构、业态偏离了正确方向,有些甚至打着"金融创新"的幌子进行非法集资、金融诈骗等违法犯罪活动,严重扰乱了金融管理秩序,侵害了人民群众合法权益。2016年4月,国务院部署开展了互联网金融风险专项整治工作,集中整治违法违规行为,防范和化解互联网金融风险。各级检察机关积极参与专项整治工作,依法办理进入检察环节的涉互联网金融犯罪案件。针对办案中遇到的新情况、新问题,高检院公诉厅先后在昆明、上海、福州召开座谈会,对办理涉互联网金融犯罪案件中遇到的有关行为性质、法律适用、证据审查、追诉范围等问题进行了深入研究。纪要如下:

一、办理涉互联网金融犯罪案件的基本要求

促进和保障互联网金融规范健康发展,是检察机关服务经济社会发展的重要内容。各地检察机关公诉部门应当充分认识防范和化解互联网金融风险的重要性、紧迫性和复杂性,立足检察职能,积极参与互联网金融风险专项整治工作,有效预防、依法惩治涉互联网金融犯罪,切实维护人民群众合法权益,维护国家金融安全。

1. 准确认识互联网金融的本质。互联网金融的本质仍然是金融,其潜在的风险与传统金融没有区别,甚至还可能因互联网的作用而被放大。要依据现有的金融管理法律规定,依法准确判断各类金融活动、金融业态的法律性质,准确界定金融创新和金融违法犯罪的界限。在办理涉互联网金融犯罪案件时,判断是否符合"违反国家规定""未经有关国家主管部门批准"等要件时,应当以现行刑事法律和金融管理法律法规为依据。对各种类型互联网金融活动,要深入剖析行为实质并据此判断其性质,从而准确区分罪与非罪、此罪与彼罪、罪轻与罪重、打击与保护的界限,不能机械地被所谓"互联网金融创新"表象所迷惑。

2. 妥善把握刑事追诉的范围和边界。涉互联网金融犯罪案件涉案人员众多,要按照区别对待的原则分类处理,综合运用刑事追诉和非刑事手段处置和化解风险,打击少数、教育挽救大多数。要坚持主客观相统一的原则,根据犯罪嫌疑人在犯罪活动中的地位作用、涉案数额、危害结果、主观过错等主客观情节,综合判断责任轻重及刑事追诉的必要性,做到罪责适应、罚当其罪。对犯罪情节严重、主观恶性大、在犯罪中起主要作用的人员,特别是核心管理层人员和骨干人员,依法从严打击;对犯罪情节相对较轻、主观恶性较小、在犯罪中起次要作用的人员依法从宽处理。

3. 注重案件统筹协调推进。涉互联网金融犯罪跨区域特征明显,各地检察机关公诉部门要按照"统一办案协调、统一案件指挥、统一资产处置、分别侦查诉讼、分别落实维稳"(下称"三统两分")的要求分别处理好辖区内案件,加强横向、纵向联系,在上级检察机关特别是省级检察院的指导下统一协调推进办案工作,确保辖区内案件处理结果相对平衡统一。跨区县案件由地市级检察院统筹协调,跨地市案件由省级检察院统一协调,跨省案件由高检院公诉厅统一协调。各级检察机关公诉部门要加强与公安机关、地方金融办等相关单位以及检察机关内部侦监、控申等部门的联系,建立健全案件信息通报机制,及时掌握重大案件的立案、侦查、批捕、信访等情况,适时开展提前介入侦查等工作,并及时上报上级检察院。省级检察院公诉部门要发挥工作主动性,主动掌握社会影响大的案件情况,研究制定工作方案,统筹协调解决办案中遇到的问题,重大、疑难、复杂问题要及时向高检院报告。

4.坚持司法办案"三个效果"有机统一。涉互联网金融犯罪影响广泛,社会各界特别是投资人群体十分关注案件处理。各级检察机关公诉部门要从有利于全案依法妥善处置的角度出发,切实做好提前介入侦查引导取证、审查起诉、出庭公诉等各个阶段的工作,依法妥善处理重大敏感问题,不能机械司法、就案办案。同时,要把办案工作与保障投资人合法权益紧密结合起来,同步做好释法说理、风险防控、追赃挽损、维护稳定等工作,努力实现司法办案的法律效果、社会效果、政治效果有机统一。

二、准确界定涉互联网金融行为法律性质

5.互联网金融涉及 P2P 网络借贷、股权众筹、第三方支付、互联网保险以及通过互联网开展资产管理及跨界从事金融业务等多个金融领域,行为方式多样,所涉法律关系复杂。违法犯罪行为隐蔽性、迷惑性强,波及面广,社会影响大,要根据犯罪行为的实质特征和社会危害,准确界定行为的法律性质和刑法适用的罪名。

(一)非法吸收公众存款行为的认定

6.涉互联网金融活动在未经有关部门依法批准的情形下,公开宣传并向不特定公众吸收资金,承诺在一定期限内还本付息的,应当依法追究刑事责任。其中,应重点审查互联网金融活动相关主体是否存在归集资金、沉淀资金,致使投资人资金存在被挪用、侵占等重大风险等情形。

7.互联网金融的本质是金融,判断其是否属于"未经有关部门依法批准",即行为是否具有非法性的主要法律依据是《商业银行法》、《非法金融机构和非法金融业务活动取缔办法》(国务院令第 247 号)等现行有效的金融管理法律规定。

8.对以下网络借贷领域的非法吸收公众资金的行为,应当以非法吸收公众存款罪分别追究相关行为主体的刑事责任:

(1)中介机构以提供信息中介服务为名,实际从事直接或间接归集资金、甚至自融或变相自融等行为,应当依法追究中介机构的刑事责任。特别要注意识别变相自融行为,如中介机构通过拆分融资项目期限、实行债权转让等方式为自己吸收资金的,应当认定为非法吸收公众存款。

(2)中介机构与借款人存在以下情形之一的,应当依法追究刑事责任:①中介机构与借款人合谋或者明知借款人存在违规情形,仍为其非法吸收公众存款提供服务的;中介机构与借款人合谋,采取向出借人提供信用担保、通过电子渠道以外的物理场所开展借贷业务等违规方式向社会公众吸收资金的;②双方合谋通过拆分融资项目期限、实行债权转让等方式为借款人吸收资金的。在对中介机构、借款人进行追诉时,应根据各自在非法集资中的地位、作用确定其刑事责任。中介机构虽然没有直接吸收资金,但是通过大肆组织借款人开展非法集资并从中收取费用数额巨大、情节严重的,可以认定为主犯。

(3)借款人故意隐瞒事实,违反规定,以自己名义或借用他人名义利用多个网络借贷平台发布借款信息,借款总额超过规定的最高限额,或将吸收资金用于明确禁止的投资股票、场外配资、期货合约等高风险行业,造成重大损失和社会影响的,应当依法追究借款人的刑事责任。对于借款人将借款主要用于正常的生产经营活动,能够及时清退所吸收资金,不作为犯罪处理。

9. 在非法吸收公众存款罪中，原则上认定主观故意并不要求以明知法律的禁止性规定为要件。特别是具备一定涉金融活动相关从业经历、专业背景或在犯罪活动中担任一定管理职务的犯罪嫌疑人，应当知晓相关金融法律管理规定，如果有证据证明其实际从事的行为应当批准而未经批准，行为在客观上具有非法性，原则上就可以认定其具有非法吸收公众存款的主观故意。在证明犯罪嫌疑人的主观故意时，可以收集运用犯罪嫌疑人的任职情况、职业经历、专业背景、培训经历、此前任职单位或者其本人因从事同类行为受到处罚情况等证据，证明犯罪嫌疑人提出的"不知道相关行为被法律所禁止，故不具有非法吸收公众存款的主观故意"等辩解不能成立。除此之外，还可以收集运用以下证据进一步印证犯罪嫌疑人知道或应当知道其所从事行为具有非法性，比如犯罪嫌疑人故意规避法律以逃避监管的相关证据：自己或要求下属与投资人签订虚假的亲友关系确认书，频繁更换宣传用语逃避监管，实际推介内容与宣传用语、实际经营状况不一致，刻意向投资人夸大公司兑付能力，在培训课程中传授或接受规避法律的方法，等等。

10. 对于无相关职业经历、专业背景，且从业时间短暂，在单位犯罪中层级较低，纯属执行单位领导指令的犯罪嫌疑人提出辩解的，如确实无其他证据证明其具有主观故意的，可以不作为犯罪处理。另外，实践中还存在犯罪嫌疑人提出因信赖行政主管部门出具的相关意见而陷入错误认识的辩解。如果上述辩解确有证据证明，不作为犯罪处理，但应当对行政主管部门出具的相关意见及其出具过程进行查证，如存在以下情形之一，仍应认定犯罪嫌疑人具有非法吸收公众存款的主观故意：

(1) 行政主管部门出具意见所涉及的行为与犯罪嫌疑人实际从事的行为不一致的；

(2) 行政主管部门出具的意见未对是否存在非法吸收公众存款问题进行合法性审查，仅对其他合法性问题进行审查的；

(3) 犯罪嫌疑人在行政主管部门出具意见时故意隐瞒事实、弄虚作假的；

(4) 犯罪嫌疑人与出具意见的行政主管部门的工作人员存在利益输送行为的；

(5) 犯罪嫌疑人存在其他影响和干扰行政主管部门出具意见公正性的情形的。

对于犯罪嫌疑人提出因信赖专家学者、律师等专业人士、主流新闻媒体宣传或有关行政主管部门工作人员的个人意见而陷入错误认识的辩解，不能作为犯罪嫌疑人判断自身行为合法性的根据和排除主观故意的理由。

11. 负责或从事吸收资金行为的犯罪嫌疑人非法吸收公众存款金额，根据其实际参与吸收的全部金额认定。但以下金额不应计入该犯罪嫌疑人的吸收金额：

(1) 犯罪嫌疑人自身及其近亲属所投资的资金金额；

(2) 记录在犯罪嫌疑人名下，但其未实际参与吸收且未从中收取任何形式好处的资金。

吸收金额经过司法会计鉴定的，可以将前述不计入部分直接扣除。但是，前述两项所涉金额仍应计入相对应的上一级负责人及所在单位的吸收金额。

12. 投资人在每期投资结束后，利用投资账户中的资金（包括每期投资结束后归还的本金、利息）进行反复投资的金额应当累计计算，但对反复投资的数额应当做出说明。对负责或从事行政管理、财务会计、技术服务等辅助工作的犯罪嫌疑人，应当按照其参与的犯罪事实，结合其在犯罪中的地位和作用，依法确定刑事责任范围。

13.确定犯罪嫌疑人的吸收金额时,应当重点审查、运用以下证据:(1)涉案主体自身的服务器或第三方服务器上存储的交易记录等电子数据;(2)会计账簿和会计凭证;(3)银行账户交易记录、POS机支付记录;(4)资金收付凭证、书面合同等书证。仅凭投资人报案数据不能认定吸收金额。

(二)集资诈骗行为的认定

14.以非法占有为目的,使用诈骗方法非法集资,是集资诈骗罪的本质特征。是否具有非法占有目的,是区分非法吸收公众存款罪和集资诈骗罪的关键要件,对此要重点围绕融资项目真实性、资金去向、归还能力等事实进行综合判断。犯罪嫌疑人存在以下情形之一的,原则上可以认定具有非法占有目的:

(1)大部分资金未用于生产经营活动,或名义上投入生产经营但又通过各种方式抽逃转移资金的;

(2)资金使用成本过高,生产经营活动的盈利能力不具有支付全部本息的现实可能性的;

(3)对资金使用的决策极度不负责任或肆意挥霍造成资金缺口较大的;

(4)归还本息主要通过借新还旧来实现的;

(5)其他依照有关司法解释可以认定为非法占有目的的情形。

15.对于共同犯罪或单位犯罪案件中,不同层级的犯罪嫌疑人之间存在犯罪目的发生转化或者犯罪目的明显不同的,应当根据犯罪嫌疑人的犯罪目的分别认定。

(1)注意区分犯罪目的发生转变的时间节点。犯罪嫌疑人在初始阶段仅具有非法吸收公众存款的故意,不具有非法占有目的,但在发生经营失败、资金链断裂等问题后,明知没有归还能力仍然继续吸收公众存款的,这一时间节点之后的行为应当认定为集资诈骗罪,此前的行为应当认定为非法吸收公众存款罪。

(2)注意区分犯罪嫌疑人的犯罪目的的差异。在共同犯罪或单位犯罪中,犯罪嫌疑人由于层级、职责分工、获取收益方式、对全部犯罪事实的知情程度等不同,其犯罪目的也存在不同。在非法集资犯罪中,有的犯罪嫌疑人具有非法占有的目的,有的则不具有非法占有目的,对此,应当分别认定为集资诈骗罪和非法吸收公众存款罪。

16.证明主观上是否具有非法占有目的,可以重点收集、运用以下客观证据:

(1)与实施集资诈骗整体行为模式相关的证据:投资合同、宣传资料、培训内容等;

(2)与资金使用相关的证据:资金往来记录、会计账簿和会计凭证、资金使用成本(包括利息和佣金等)、资金决策使用过程、资金主要用途、财产转移情况等;

(3)与归还能力相关的证据:吸收资金所投资项目内容、投资实际经营情况、盈利能力、归还本息资金的主要来源、负债情况、是否存在虚构业绩等虚假宣传行为等;

(4)其他涉及欺诈等方面的证据:虚构融资项目进行宣传、隐瞒资金实际用途、隐匿销毁账簿;等等。司法会计鉴定机构对相关数据进行鉴定时,办案部门可以根据查证犯罪事实的需要提出重点鉴定的项目,保证司法会计鉴定意见与待证的构成要件事实之间的关联性。

17.集资诈骗的数额,应当以犯罪嫌疑人实际骗取的金额计算。犯罪嫌疑人为吸收公众资金制造还本付息的假象,在诈骗的同时对部分投资人还本付息的,集资诈骗的金额以案发时实际未兑付的金额计算。案发后,犯罪嫌疑人主动退还集资款项的,不能从集资诈骗的金额中扣除,但可以作为量刑情节考虑。

　　(三)非法经营资金支付结算行为的认定

　　18.支付结算业务(也称支付业务)是商业银行或者支付机构在收付款人之间提供的货币资金转移服务。非银行机构从事支付结算业务,应当经中国人民银行批准取得《支付业务许可证》,成为支付机构。未取得支付业务许可从事该业务的行为,违反《非法金融机构和非法金融业务活动取缔办法》第四条第一款第(三)、(四)项的规定,破坏了支付结算业务许可制度,危害支付市场秩序和安全,情节严重的,适用刑法第二百二十五条第(三)项,以非法经营罪追究刑事责任。具体情形:

　　(1)未取得支付业务许可经营基于客户支付账户的网络支付业务。无证网络支付机构为客户非法开立支付账户,客户先把资金支付到该支付账户,再由无证机构根据订单信息从支付账户平台将资金结算到收款人银行账户。

　　(2)未取得支付业务许可经营多用途预付卡业务。无证发卡机构非法发行可跨地区、跨行业、跨法人使用的多用途预付卡,聚集大量的预付卡销售资金,并根据客户订单信息向商户划转结算资金。

　　19.在具体办案时,要深入剖析相关行为是否具备资金支付结算的实质特征,准确区分支付工具的正常商业流转与提供支付结算服务、区分单用途预付卡与多用途预付卡业务,充分考虑具体行为与“地下钱庄”等同类犯罪在社会危害方面的相当性以及刑事处罚的必要性,严格把握入罪和出罪标准。

三、依法认定单位犯罪及其责任人员

　　20.涉互联网金融犯罪案件多以单位形式组织实施,所涉单位数量众多、层级复杂,其中还包括大量分支机构和关联单位,集团化特征明显。有的涉互联网金融犯罪案件中分支机构遍布全国,既有具备法人资格的,又有不具备法人资格的;既有受总公司直接领导的,又有受总公司的下属单位领导的。公安机关在立案时做法不一,有的对单位立案,有的不对单位立案,有的被立案的单位不具有独立法人资格,有的仅对最上层的单位立案而不对分支机构立案。对此,检察机关公诉部门在审查起诉时,应当从能够全面揭示犯罪行为基本特征、全面覆盖犯罪活动、准确界定区分各层级人员的地位作用、有利于有力指控犯罪、有利于追缴违法所得等方面依法具体把握,确定是否以单位犯罪追究。

　　21.涉互联网金融犯罪所涉罪名中,刑法规定应当追究单位刑事责任的,对同时具备以下情形且具有独立法人资格的单位,可以以单位犯罪追究:

　　(1)犯罪活动经单位决策实施;

　　(2)单位的员工主要按照单位的决策实施具体犯罪活动;

　　(3)违法所得归单位所有,经单位决策使用,收益亦归单位所有。但是,单位设立后专门从事违法犯罪活动的,应当以自然人犯罪追究刑事责任。

　　22.对参与涉互联网金融犯罪,但不具有独立法人资格的分支机构,是否追究其刑事责任,可以区分两种情形处理:

　　(1)全部或部分违法所得归分支机构所有并支配,分支机构作为单位犯罪主体追究刑事

责任；

（2）违法所得完全归分支机构上级单位所有并支配的，不能对分支机构作为单位犯罪主体追究刑事责任，而是应当对分支机构的上级单位（符合单位犯罪主体资格）追究刑事责任。

23.分支机构认定为单位犯罪主体的，该分支机构相关涉案人员应当作为该分支机构的"直接负责的主管人员"或者"其他直接责任人员"追究刑事责任。仅将分支机构的上级单位认定为单位犯罪主体的，该分支机构相关涉案人员可以作为该上级单位的"其他直接责任人员"追究刑事责任。

24.对符合追诉条件的分支机构（包括具有独立法人资格的和不具有独立法人资格）及其所属单位，公安机关均没有作为犯罪嫌疑单位移送审查起诉，仅将其所属单位的上级单位作为犯罪嫌疑单位移送审查起诉的，对相关分支机构涉案人员可以区分以下情形处理：

（1）有证据证明被立案的上级单位（比如总公司）在业务、财务、人事等方面对下属单位及其分支机构进行实际控制，下属单位及其分支机构涉案人员可以作为被移送审查起诉的上级单位的"其他直接责任人员"追究刑事责任。在证明实际控制关系时，应当收集、运用公司决策、管理、考核等相关文件，OA系统等电子数据，资金往来记录等证据。对不同地区同一单位的分支机构涉案人员起诉时，证明实际控制关系的证据体系、证明标准应基本一致。

（2）据现有证据无法证明被立案的上级单位与下属单位及其分支机构之间存在实际控制关系的，对符合单位犯罪构成要件的下属单位或分支机构应当补充起诉，下属单位及其分支机构已不具备补充起诉条件的，可以将下属单位及其分支机构的涉案犯罪嫌疑人直接起诉。

四、综合运用定罪量刑情节

25.在办理跨区域涉互联网金融犯罪案件时，在追诉标准、追诉范围以及量刑建议等方面应当注意统一平衡。对于同一单位在多个地区分别设立分支机构的，在同一省（自治区、直辖市）范围内应当保持基本一致。分支机构所涉犯罪嫌疑人与上级单位主要犯罪嫌疑人之间应当保持适度平衡，防止出现责任轻重"倒挂"的现象。

26.单位犯罪中，直接负责的主管人员和其他直接责任人员在涉互联网金融犯罪案件中的地位、作用存在明显差别的，可以区分主犯和从犯。对起组织领导作用的总公司的直接负责的主管人员和发挥主要作用的其他直接责任人员，可以认定为全案的主犯，其他人员可以认定为从犯。

27.最大限度减少投资人的实际损失是办理涉互联网金融犯罪案件特别是非法集资案件的重要工作。在决定是否起诉、提出量刑建议时，要重视对是否具有认罪认罚、主动退赃退赔等情节的考察。分支机构涉案人员积极配合调查、主动退还违法所得、真诚认罪悔罪的，应当依法提出从轻、减轻处罚的量刑建议。其中，对情节轻微、可以免予刑事处罚的，或者情节显著轻微、危害不大、不认为是犯罪的，应当依法做出不起诉决定。对被不起诉人需要给予行政处罚或者没收违法所得的，应当向行政主管部门提出检察意见。

五、证据的收集、审查与运用

28.涉互联网金融犯罪案件证据种类复杂、数量庞大、且分散于各地，收集、审查、运用证据的难度大。各地检察机关公诉部门要紧紧围绕证据的真实性、合法性、关联性,引导公安机关依法全面收集固定证据,加强证据的审查、运用,确保案件事实经得起法律的检验。

29.对于重大、疑难、复杂涉互联网金融犯罪案件,检察机关公诉部门要依法提前介入侦查,围绕指控犯罪的需要积极引导公安机关全面收集固定证据,必要时与公安机关共同会商,提出完善侦查思路、侦查提纲的意见建议。加强对侦查取证合法性的监督,对应当依法排除的非法证据坚决予以排除,对应当补正或做出合理解释的及时提出意见。

30.电子数据在涉互联网金融犯罪案件的证据体系中地位重要,对于指控证实相关犯罪事实具有重要作用。随着互联网技术的不断发展,电子数据的形式、载体出现了许多新的变化,对电子数据的勘验、提取、审查等提出了更高要求,处理不当会对电子数据的真实性、合法性造成不可逆转的损害。检察机关公诉部门要严格执行《最高人民法院、最高人民检察院、公安部关于办理刑事案件收集提取和审查判断电子数据问题的若干规定》(法发〔2016〕22 号),加强对电子数据收集、提取程序和技术标准的审查,确保电子数据的真实性、合法性。对云存储电子数据等新类型电子数据进行提取、审查时,要高度重视程序合法性、数据完整性等问题,必要时主动征求相关领域专家意见,在提取前会同公安机关、云存储服务提供商制定科学合法的提取方案,确保万无一失。

31.落实"三统两分"要求,健全证据交换共享机制,协调推进跨区域案件办理。对涉及主案犯罪嫌疑人的证据,一般由主案侦办的办案机构负责收集,其他地区提供协助。其他地区办案机构需要主案侦办地提供证据材料的,应当向主案侦办地办案机构提出证据需求,由主案侦办地办案机构收集并依法移送。无法移送证据原件的,应当在移送复制件的同时,按照相关规定做出说明。各地检察机关公诉部门之间要加强协作,加强与公安机关的协调,督促本地公安机关与其他地区公安机关做好证据交换共享相关工作。案件进入审查起诉阶段后,检察机关公诉部门可以根据案件需要,直接向其他地区检察机关调取证据,其他地区检察机关公诉部门应积极协助。此外,各地检察机关在办理案件过程中发现对其他地区案件办理有重要作用的证据,应当及时采取措施并通知相应检察机关,做好依法移送工作。

六、投资人合法权益的保护

32.涉互联网金融犯罪案件投资人诉求复杂多样,矛盾化解和维护稳定工作任务艰巨繁重,各地检察机关公诉部门在办案过程中要坚持刑事追诉和权益保护并重,根据《刑事诉讼法》等相关法律规定,依法保证互联网金融活动中投资人的合法权益,坚持把追赃挽损等工作贯穿到侦查、起诉、审判各个环节,配合公安、法院等部门最大限度减少投资人的实际损失,加强与本院控申部门、公安机关的联系沟通,及时掌握涉案动态信息,认真开展办案风险评估预警工作,周密制定处置预案,并落实责任到位,避免因部门之间衔接不畅、处置不当造成工作被动。发现重大风险隐患的,及时向有关部门通报情况,必要时逐级上报高检院。

随着互联网金融的发展,涉互联网金融犯罪中的新情况、新问题还将不断出现,各地检察机关公诉部门要按照会议纪要的精神,结合各地办案实际,依法办理涉互联网金融犯罪案件;在办好案件的同时,要不断总结办案经验,加强对重大疑难复杂案件的研究,努力提高办理涉互联网金融犯罪案件的能力和水平,为促进互联网金融规范发展、保障经济社会大局稳定做出积极贡献。在办案过程中遇到疑难问题的,要及时层报高检院公诉厅。

《关于办理"套路贷"刑事案件若干问题的意见》

最高人民法院 最高人民检察院 公安部 司法部

法发〔2019〕11 号

（2019 年 4 月 9 日）

为持续深入开展扫黑除恶专项斗争，准确甄别和依法严厉惩处"套路贷"违法犯罪分子，根据刑法、刑事诉讼法、有关司法解释以及最高人民法院、最高人民检察院、公安部、司法部《关于办理黑恶势力犯罪案件若干问题的指导意见》等规范性文件的规定，现对办理"套路贷"刑事案件若干问题提出如下意见：

一、准确把握"套路贷"与民间借贷的区别

1. "套路贷"，是对以非法占有为目的，假借民间借贷之名，诱使或迫使被害人签订"借贷"或变相"借贷""抵押""担保"等相关协议，通过虚增借贷金额、恶意制造违约、肆意认定违约、毁匿还款证据等方式形成虚假债权债务，并借助诉讼、仲裁、公证或者采用暴力、威胁以及其他手段非法占有被害人财物的相关违法犯罪活动的概括性称谓。

2. "套路贷"与平等主体之间基于意思自治而形成的民事借贷关系存在本质区别，民间借贷的出借人是为了到期按照协议约定的内容收回本金并获取利息，不具有非法占有他人财物的目的，也不会在签订、履行借贷协议过程中实施虚增借贷金额、制造虚假给付痕迹、恶意制造违约、肆意认定违约、毁匿还款证据等行为。

司法实践中，应当注意非法讨债引发的案件与"套路贷"案件的区别，犯罪嫌疑人、被告人不具有非法占有目的，也未使用"套路"与借款人形成虚假债权债务，不应视为"套路贷"。因使用暴力、威胁以及其他手段强行索债构成犯罪的，应当根据具体案件事实定罪处罚。

3. 实践中，"套路贷"的常见犯罪手法和步骤包括但不限于以下情形：

（1）制造民间借贷假象。犯罪嫌疑人、被告人往往以"小额贷款公司""投资公司""咨询公司""担保公司""网络借贷平台"等名义对外宣传，以低息、无抵押、无担保、快速放款等为诱饵吸引被害人借款，继而以"保证金""行规"等虚假理由诱使被害人基于错误认识签订金额虚高的"借贷"协议或相关协议。有的犯罪嫌疑人、被告人还会以被害人先前借贷违约等理由，迫使对方签订金额虚高的"借贷"协议或相关协议。

（2）制造资金走账流水等虚假给付事实。犯罪嫌疑人、被告人按照虚高的"借贷"协议金额将资金转入被害人账户，制造已将全部借款交付被害人的银行流水痕迹，随后便采取各种手段将其中全部或者部分资金收回，被害人实际上并未取得或者完全取得"借贷"协议、银行流水上显示的钱款。

（3）故意制造违约或者肆意认定违约。犯罪嫌疑人、被告人往往会以设置违约陷阱、制造还款障碍等方式，故意造成被害人违约，或者通过肆意认定违约，强行要求被害人偿还虚假债务。

(4)恶意垒高借款金额。当被害人无力偿还时,有的犯罪嫌疑人、被告人会安排其所属公司或者指定的关联公司、关联人员为被害人偿还"借款",继而与被害人签订金额更大的虚高"借贷"协议或相关协议,通过这种"转单平账""以贷还贷"的方式不断垒高"债务"。

(5)软硬兼施"索债"。在被害人未偿还虚高"借款"的情况下,犯罪嫌疑人、被告人借助诉讼、仲裁、公证或者采用暴力、威胁以及其他手段向被害人或者被害人的特定关系人索取"债务"。

二、依法严惩"套路贷"犯罪

4.实施"套路贷"过程中,未采用明显的暴力或者威胁手段,其行为特征从整体上表现为以非法占有为目的,通过虚构事实、隐瞒真相骗取被害人财物的,一般以诈骗罪定罪处罚;对于在实施"套路贷"过程中多种手段并用,构成诈骗、敲诈勒索、非法拘禁、虚假诉讼、寻衅滋事、强迫交易、抢劫、绑架等多种犯罪的,应当根据具体案件事实,区分不同情况,依照刑法及有关司法解释的规定数罪并罚或者择一重处。

5.多人共同实施"套路贷"犯罪,犯罪嫌疑人、被告人在所参与的犯罪中起主要作用的,应当认定为主犯,对其参与或组织、指挥的全部犯罪承担刑事责任;起次要或辅助作用的,应当认定为从犯。

明知他人实施"套路贷"犯罪,具有以下情形之一的,以相关犯罪的共犯论处,但刑法和司法解释等另有规定的除外:

(1)组织发送"贷款"信息、广告,吸引、介绍被害人"借款"的;

(2)提供资金、场所、银行卡、账号、交通工具等帮助的;

(3)出售、提供、帮助获取公民个人信息的;

(4)协助制造走账记录等虚假给付事实的;

(5)协助办理公证的;

(6)协助以虚假事实提起诉讼或者仲裁的;

(7)协助套现、取现、办理动产或不动产过户等,转移犯罪所得及其产生的收益的;

(8)其他符合共同犯罪规定的情形。

上述规定中的"明知他人实施'套路贷'犯罪",应当结合行为人的认知能力、既往经历、行为次数和手段、与同案人、被害人的关系、获利情况、是否曾因"套路贷"受过处罚、是否故意规避查处等主客观因素综合分析认定。

6.在认定"套路贷"犯罪数额时,应当与民间借贷相区别,从整体上予以否定性评价,"虚高债务"和以"利息""保证金""中介费""服务费""违约金"等名目被犯罪嫌疑人、被告人非法占有的财物,均应计入犯罪数额。

犯罪嫌疑人、被告人实际给付被害人的本金数额,不计入犯罪数额。

已经着手实施"套路贷",但因意志以外原因未得逞的,可以根据相关罪名所涉及的刑法、司法解释规定,按照已着手非法占有的财物数额认定犯罪未遂。既有既遂,又有未遂,犯罪既遂部分与未遂部分分别对应不同法定刑幅度的,应当先决定对未遂部分是否减轻处罚,确定未遂部分对应的法定刑幅度,再与既遂部分对应的法定刑幅度进行比较,选择处罚较重的法定刑幅度,并酌情从重处罚;二者在同一量刑幅度的,以犯罪既遂酌情从重处罚。

7.犯罪嫌疑人、被告人实施"套路贷"违法所得的一切财物,应当予以追缴或者责令退赔;对被害人的合法财产,应当及时返还。有证据证明是犯罪嫌疑人、被告人为实施"套路贷"而交付给被害人的本金,赔偿被害人损失后如有剩余,应依法予以没收。

犯罪嫌疑人、被告人已将违法所得的财物用于清偿债务、转让或者设置其他权利负担,具有下列情形之一的,应当依法追缴:

(1)第三人明知是违法所得财物而接受的;

(2)第三人无偿取得或者以明显低于市场的价格取得违法所得财物的;

(3)第三人通过非法债务清偿或者违法犯罪活动取得违法所得财物的;

(4)其他应当依法追缴的情形。

8.以老年人、未成年人、在校学生、丧失劳动能力的人为对象实施"套路贷",或者因实施"套路贷"造成被害人或其特定关系人自杀、死亡、精神失常、为偿还"债务"而实施犯罪活动的,除刑法、司法解释另有规定的外,应当酌情从重处罚。

在坚持依法从严惩处的同时,对于认罪认罚、积极退赃、真诚悔罪或者具有其他法定、酌定从轻处罚情节的被告人,可以依法从宽处罚。

9.对于"套路贷"犯罪分子,应当根据其所触犯的具体罪名,依法加大财产刑适用力度。符合刑法第三十七条之一规定的,可以依法禁止从事相关职业。

10.三人以上为实施"套路贷"而组成的较为固定的犯罪组织,应当认定为犯罪集团。对首要分子应按照集团所犯全部罪行处罚。

符合黑恶势力认定标准的,应当按照黑社会性质组织、恶势力或者恶势力犯罪集团侦查、起诉、审判。

三、依法确定"套路贷"刑事案件管辖

11."套路贷"犯罪案件一般由犯罪地公安机关侦查,如果由犯罪嫌疑人居住地公安机关立案侦查更为适宜的,可以由犯罪嫌疑人居住地公安机关立案侦查。犯罪地包括犯罪行为发生地和犯罪结果发生地。

"犯罪行为发生地"包括为实施"套路贷"所设立的公司所在地、"借贷"协议或相关协议签订地、非法讨债行为实施地、为实施"套路贷"而进行诉讼、仲裁、公证的受案法院、仲裁委员会、公证机构所在地,以及"套路贷"行为的预备地、开始地、途经地、结束地等。

"犯罪结果发生地"包括违法所得财物的支付地、实际取得地、藏匿地、转移地、使用地、销售地等。

除犯罪地、犯罪嫌疑人居住地外,其他地方公安机关对于公民扭送、报案、控告、举报或者犯罪嫌疑人自首的"套路贷"犯罪案件,都应当立即受理,经审查认为有犯罪事实的,移送有管辖权的公安机关处理。

黑恶势力实施的"套路贷"犯罪案件,由侦办黑社会性质组织、恶势力或者恶势力犯罪集团案件的公安机关进行侦查。

12.具有下列情形之一的,有关公安机关可以在其职责范围内并案侦查:

(1)一人犯数罪的;

(2)共同犯罪的;

(3)共同犯罪的犯罪嫌疑人还实施其他犯罪的;

(4)多个犯罪嫌疑人实施的犯罪存在直接关联,并案处理有利于查明案件事实的。

13.本意见自 2019 年 4 月 9 日起施行。

《网络借贷信息中介机构业务活动管理暂行办法》

中国银行业监督管理委员会 中华人民共和国工业和信息化部
中华人民共和国公安部 国家互联网信息办公室
国家互联网信息办公室令〔2016〕1 号
(2016 年 8 月 17 日)

第一章 总 则

第一条 为规范网络借贷信息中介机构业务活动,保护出借人、借款人、网络借贷信息中介机构及相关当事人合法权益,促进网络借贷行业健康发展,更好满足中小微企业和个人投融资需求,根据《关于促进互联网金融健康发展的指导意见》提出的总体要求和监管原则,依据《中华人民共和国民法通则》、《中华人民共和国公司法》、《中华人民共和国合同法》等法律法规,制定本办法。

第二条 在中国境内从事网络借贷信息中介业务活动,适用本办法,法律法规另有规定的除外。

本办法所称网络借贷是指个体和个体之间通过互联网平台实现的直接借贷。个体包含自然人、法人及其他组织。网络借贷信息中介机构是指依法设立,专门从事网络借贷信息中介业务活动的金融信息中介公司。该类机构以互联网为主要渠道,为借款人与出借人(即贷款人)实现直接借贷提供信息搜集、信息公布、资信评估、信息交互、借贷撮合等服务。

本办法所称地方金融监管部门是指各省级人民政府承担地方金融监管职责的部门。

第三条 网络借贷信息中介机构按照依法、诚信、自愿、公平的原则为借款人和出借人提供信息服务,维护出借人与借款人合法权益,不得提供增信服务,不得直接或间接归集资金,不得非法集资,不得损害国家利益和社会公共利益。

借款人与出借人遵循借贷自愿、诚实守信、责任自负、风险自担的原则承担借贷风险。网络借贷信息中介机构承担客观、真实、全面、及时进行信息披露的责任,不承担借贷违约风险。

第四条 按照《关于促进互联网金融健康发展的指导意见》中"鼓励创新、防范风险、趋利避害、健康发展"的总体要求和"依法监管、适度监管、分类监管、协同监管、创新监管"的监管原则,落实各方管理责任。国务院银行业监督管理机构及其派出机构负责制定网络借贷信息中介机构业务活动监督管理制度,并实施行为监管。各省级人民政府负责本辖区网络借贷信息中介机构的机构监管。工业和信息化部负责对网络借贷信息中介机构业务活动涉及的电信业务进行监管。公安部牵头负责对网络借贷信息中介机构的互联网服务进行安全监管,依法查处违反网络安全监管的违法违规活动,打击网络借贷涉及的金融犯罪及相关犯罪。国家互联网信息办公室负责对金融信息服务、互联网信息内容等业务进行监管。

第二章　备案管理

第五条　拟开展网络借贷信息中介服务的网络借贷信息中介机构及其分支机构,应当在领取营业执照后,于10个工作日以内携带有关材料向工商登记注册地地方金融监管部门备案登记。

地方金融监管部门负责为网络借贷信息中介机构办理备案登记。地方金融监管部门应当在网络借贷信息中介机构提交的备案登记材料齐备时予以受理,并在各省(区、市)规定的时限内完成备案登记手续。备案登记不构成对网络借贷信息中介机构经营能力、合规程度、资信状况的认可和评价。

地方金融监管部门有权根据本办法和相关监管规则对备案登记后的网络借贷信息中介机构进行评估分类,并及时将备案登记信息及分类结果在官方网站上公示。

网络借贷信息中介机构完成地方金融监管部门备案登记后,应当按照通信主管部门的相关规定申请相应的电信业务经营许可;未按规定申请电信业务经营许可的,不得开展网络借贷信息中介业务。

网络借贷信息中介机构备案登记、评估分类等具体细则另行制定。

第六条　开展网络借贷信息中介业务的机构,应当在经营范围中实质明确网络借贷信息中介,法律、行政法规另有规定的除外。

第七条　网络借贷信息中介机构备案登记事项发生变更的,应当在5个工作日以内向工商登记注册地地方金融监管部门报告并进行备案信息变更。

第八条　经备案的网络借贷信息中介机构拟终止网络借贷信息中介服务的,应当在终止业务前提前至少10个工作日,书面告知工商登记注册地地方金融监管部门,并办理备案注销。

经备案登记的网络借贷信息中介机构依法解散或者依法宣告破产的,除依法进行清算外,由工商登记注册地地方金融监管部门注销其备案。

第三章　业务规则与风险管理

第九条　网络借贷信息中介机构应当履行下列义务:

(一)依据法律法规及合同约定为出借人与借款人提供直接借贷信息的采集整理、甄别筛选、网上发布,以及资信评估、借贷撮合、融资咨询、在线争议解决等相关服务;

(二)对出借人与借款人的资格条件、信息的真实性、融资项目的真实性、合法性进行必要审核;

(三)采取措施防范欺诈行为,发现欺诈行为或其他损害出借人利益的情形,及时公告并终止相关网络借贷活动;

(四)持续开展网络借贷知识普及和风险教育活动,加强信息披露工作,引导出借人以小额分散的方式参与网络借贷,确保出借人充分知悉借贷风险;

(五)按照法律法规和网络借贷有关监管规定要求报送相关信息,其中网络借贷有关债权债务信息要及时向有关数据统计部门报送并登记;

(六)妥善保管出借人与借款人的资料和交易信息,不得删除、篡改,不得非法买卖、泄露出借人与借款人的基本信息和交易信息；

（七）依法履行客户身份识别、可疑交易报告、客户身份资料和交易记录保存等反洗钱和反恐怖融资义务；

（八）配合相关部门做好防范查处金融违法犯罪相关工作；

（九）按照相关要求做好互联网信息内容管理、网络与信息安全相关工作；

（十）国务院银行业监督管理机构、工商登记注册地省级人民政府规定的其他义务。

第十条　网络借贷信息中介机构不得从事或者接受委托从事下列活动：

（一）为自身或变相为自身融资；

（二）直接或间接接受、归集出借人的资金；

（三）直接或变相向出借人提供担保或者承诺保本保息；

（四）自行或委托、授权第三方在互联网、固定电话、移动电话等电子渠道以外的物理场所进行宣传或推介融资项目；

（五）发放贷款，但法律法规另有规定的除外；

（六）将融资项目的期限进行拆分；

（七）自行发售理财等金融产品募集资金，代销银行理财、券商资管、基金、保险或信托产品等金融产品；

（八）开展类资产证券化业务或实现以打包资产、证券化资产、信托资产、基金份额等形式的债权转让行为；

（九）除法律法规和网络借贷有关监管规定允许外，与其他机构投资、代理销售、经纪等业务进行任何形式的混合、捆绑、代理；

（十）虚构、夸大融资项目的真实性、收益前景，隐瞒融资项目的瑕疵及风险，以歧义性语言或其他欺骗性手段等进行虚假片面宣传或促销等，捏造、散布虚假信息或不完整信息损害他人商业信誉，误导出借人或借款人；

（十一）向借款用途为投资股票、场外配资、期货合约、结构化产品及其他衍生品等高风险的融资提供信息中介服务；

（十二）从事股权众筹等业务；

（十三）法律法规、网络借贷有关监管规定禁止的其他活动。

第十一条　参与网络借贷的出借人与借款人应当为网络借贷信息中介机构核实的实名注册用户。

第十二条　借款人应当履行下列义务：

（一）提供真实、准确、完整的用户信息及融资信息；

（二）提供在所有网络借贷信息中介机构未偿还借款信息；

（三）保证融资项目真实、合法，并按照约定用途使用借贷资金，不得用于出借等其他目的；

（四）按照约定向出借人如实报告影响或可能影响出借人权益的重大信息；

（五）确保自身具有与借款金额相匹配的还款能力并按照合同约定还款；

（六）借贷合同及有关协议约定的其他义务。

第十三条　借款人不得从事下列行为：

（一）通过故意变换身份、虚构融资项目、夸大融资项目收益前景等形式的欺诈借款；

（二）同时通过多个网络借贷信息中介机构，或者通过变换项目名称、对项目内容进行非实质性变更等方式，就同一融资项目进行重复融资；

（三）在网络借贷信息中介机构以外的公开场所发布同一融资项目的信息；

（四）已发现网络借贷信息中介机构提供的服务中含有本办法第十条所列内容，仍进行交易；

（五）法律法规和网络借贷有关监管规定禁止从事的其他活动。

第十四条　参与网络借贷的出借人，应当具备投资风险意识、风险识别能力、拥有非保本类金融产品投资的经历并熟悉互联网。

第十五条　参与网络借贷的出借人应当履行下列义务：

（一）向网络借贷信息中介机构提供真实、准确、完整的身份等信息；

（二）出借资金为来源合法的自有资金；

（三）了解融资项目信贷风险，确认具有相应的风险认知和承受能力；

（四）自行承担借贷产生的本息损失；

（五）借贷合同及有关协议约定的其他义务。

第十六条　网络借贷信息中介机构在互联网、固定电话、移动电话等电子渠道以外的物理场所只能进行信用信息采集、核实、贷后跟踪、抵质押管理等风险管理及网络借贷有关监管规定明确的部分必要经营环节。

第十七条　网络借贷金额应当以小额为主。网络借贷信息中介机构应当根据本机构风险管理能力，控制同一借款人在同一网络借贷信息中介机构平台及不同网络借贷信息中介机构平台的借款余额上限，防范信贷集中风险。

同一自然人在同一网络借贷信息中介机构平台的借款余额上限不超过人民币 20 万元；同一法人或其他组织在同一网络借贷信息中介机构平台的借款余额上限不超过人民币 100 万元；同一自然人在不同网络借贷信息中介机构平台借款总余额不超过人民币 100 万元；同一法人或其他组织在不同网络借贷信息中介机构平台借款总余额不超过人民币 500 万元。

第十八条　网络借贷信息中介机构应当按照国家网络安全相关规定和国家信息安全等级保护制度的要求，开展信息系统定级备案和等级测试，具有完善的防火墙、入侵检测、数据加密以及灾难恢复等网络安全设施和管理制度，建立信息科技管理、科技风险管理和科技审计有关制度，配置充足的资源，采取完善的管理控制措施和技术手段保障信息系统安全稳健运行，保护出借人与借款人的信息安全。

网络借贷信息中介机构应当记录并留存借贷双方上网日志信息，信息交互内容等数据，留存期限为自借贷合同到期起 5 年；每两年至少开展一次全面的安全评估，接受国家或行业主管部门的信息安全检查和审计。

网络借贷信息中介机构成立两年以内，应当建立或使用与其业务规模相匹配的应用级灾备系统设施。

第十九条　网络借贷信息中介机构应当为单一融资项目设置募集期，最长不超过 20 个工作日。

第二十条　借款人支付的本金和利息应当归出借人所有。网络借贷信息中介机构应当与出借人、借款人另行约定费用标准和支付方式。

第二十一条　网络借贷信息中介机构应当加强与金融信用信息基础数据库运行机构、征信机构等的业务合作,依法提供、查询和使用有关金融信用信息。

第二十二条　各方参与网络借贷信息中介机构业务活动,需要对出借人与借款人的基本信息和交易信息等使用电子签名、电子认证时,应当遵守法律法规的规定,保障数据的真实性、完整性及电子签名、电子认证的法律效力。

网络借贷信息中介机构使用第三方数字认证系统,应当对第三方数字认证机构进行定期评估,保证有关认证安全可靠并具有独立性。

第二十三条　网络借贷信息中介机构应当采取适当的方法和技术,记录并妥善保存网络借贷业务活动数据和资料,做好数据备份。保存期限应当符合法律法规及网络借贷有关监管规定的要求。借贷合同到期后应当至少保存 5 年。

第二十四条　网络借贷信息中介机构暂停、终止业务时应当至少提前 10 个工作日通过官方网站等有效渠道向出借人与借款人公告,并通过移动电话、固定电话等渠道通知出借人与借款人。网络借贷信息中介机构业务暂停或者终止,不影响已经签订的借贷合同当事人有关权利义务。

网络借贷信息中介机构因解散或宣告破产而终止的,应当在解散或破产前,妥善处理已撮合存续的借贷业务,清算事宜按照有关法律法规的规定办理。

网络借贷信息中介机构清算时,出借人与借款人的资金分别属于出借人与借款人,不属于网络借贷信息中介机构的财产,不列入清算财产。

第四章　出借人与借款人保护

第二十五条　未经出借人授权,网络借贷信息中介机构不得以任何形式代出借人行使决策。

第二十六条　网络借贷信息中介机构应当向出借人以醒目方式提示网络借贷风险和禁止性行为,并经出借人确认。

网络借贷信息中介机构应当对出借人的年龄、财务状况、投资经验、风险偏好、风险承受能力等进行尽职评估,不得向未进行风险评估的出借人提供交易服务。

网络借贷信息中介机构应当根据风险评估结果对出借人实行分级管理,设置可动态调整的出借限额和出借标的限制。

第二十七条　网络借贷信息中介机构应当加强出借人与借款人信息管理,确保出借人与借款人信息采集、处理及使用的合法性和安全性。

网络借贷信息中介机构及其资金存管机构、其他各类外包服务机构等应当为业务开展过程中收集的出借人与借款人信息保密,未经出借人与借款人同意,不得将出借人与借款人提供的信息用于所提供服务之外的目的。

在中国境内收集的出借人与借款人信息的储存、处理和分析应当在中国境内进行。除法律法规另有规定外,网络借贷信息中介机构不得向境外提供境内出借人和借款人信息。

第二十八条　网络借贷信息中介机构应当实行自身资金与出借人和借款人资金的隔离管理,并选择符合条件的银行业金融机构作为出借人与借款人的资金存管机构。

第二十九条　出借人与网络借贷信息中介机构之间、出借人与借款人之间、借款人与网络借贷信息中介机构之间等纠纷,可以通过以下途径解决:

(一)自行和解;

(二)请求行业自律组织调解;

(三)向仲裁部门申请仲裁;

(四)向人民法院提起诉讼。

第五章　信息披露

第三十条　网络借贷信息中介机构应当在其官方网站上向出借人充分披露借款人基本信息、融资项目基本信息、风险评估及可能产生的风险结果、已撮合未到期融资项目资金运用情况等有关信息。

披露内容应符合法律法规关于国家秘密、商业秘密、个人隐私的有关规定。

第三十一条　网络借贷信息中介机构应当及时在其官方网站显著位置披露本机构所撮合借贷项目等经营管理信息。

网络借贷信息中介机构应当在其官方网站上建立业务活动经营管理信息披露专栏,定期以公告形式向公众披露年度报告、法律法规、网络借贷有关监管规定。

网络借贷信息中介机构应当聘请会计师事务所定期对本机构出借人与借款人资金存管、信息披露情况、信息科技基础设施安全、经营合规性等重点环节实施审计,并且应当聘请有资质的信息安全测评认证机构定期对信息安全实施测评认证,向出借人与借款人等披露审计和测评认证结果。

网络借贷信息中介机构应当引入律师事务所、信息系统安全评价等第三方机构,对网络信息中介机构合规和信息系统稳健情况进行评估。

网络借贷信息中介机构应当将定期信息披露公告文稿和相关备查文件报送工商登记注册地地方金融监管部门,并置备于机构住所供社会公众查阅。

第三十二条　网络借贷信息中介机构的董事、监事、高级管理人员应当忠实、勤勉地履行职责,保证披露的信息真实、准确、完整、及时、公平,不得有虚假记载、误导性陈述或者重大遗漏。

借款人应当配合网络借贷信息中介机构及出借人对融资项目有关信息的调查核实,保证提供的信息真实、准确、完整。

网络借贷信息披露具体细则另行制定。

第六章　监督管理

第三十三条　国务院银行业监督管理机构及其派出机构负责制定统一的规范发展政策措施和监督管理制度,负责网络借贷信息中介机构的日常行为监管,指导和配合地方人民政府做好网络借贷信息中介机构的机构监管和风险处置工作,建立跨部门跨地区监管协调机制。

各地方金融监管部门具体负责本辖区网络借贷信息中介机构的机构监管,包括对本辖区网络借贷信息中介机构的规范引导、备案管理和风险防范、处置工作。

第三十四条　中国互联网金融协会从事网络借贷行业自律管理,并履行下列职责:

(一)制定自律规则、经营细则和行业标准并组织实施,教育会员遵守法律法规和网络借贷有关监管规定;

(二)依法维护会员的合法权益,协调会员关系,组织相关培训,向会员提供行业信息、法律咨询等服务,调解纠纷;

(三)受理有关投诉和举报,开展自律检查;

(四)成立网络借贷专业委员会;

(五)法律法规和网络借贷有关监管规定赋予的其他职责。

第三十五条　借款人、出借人、网络借贷信息中介机构、资金存管机构、担保人等应当签订资金存管协议,明确各自权利义务和违约责任。

资金存管机构对出借人与借款人开立和使用资金账户进行管理和监督,并根据合同约定,对出借人与借款人的资金进行存管、划付、核算和监督。

资金存管机构承担实名开户和履行合同约定及借贷交易指令表面一致性的形式审核责任,但不承担融资项目及借贷交易信息真实性的实质审核责任。

资金存管机构应当按照网络借贷有关监管规定报送数据信息并依法接受相关监督管理。

第三十六条　网络借贷信息中介机构应当在下列重大事件发生后,立即采取应急措施并向工商登记注册地地方金融监管部门报告:

(一)因经营不善等原因出现重大经营风险;

(二)网络借贷信息中介机构或其董事、监事、高级管理人员发生重大违法违规行为;

(三)因商业欺诈行为被起诉,包括违规担保、夸大宣传、虚构隐瞒事实、发布虚假信息、签订虚假合同、错误处置资金等行为。

地方金融监管部门应当建立网络借贷行业重大事件的发现、报告和处置制度,制定处置预案,及时、有效地协调处置有关重大事件。

地方金融监管部门应当及时将本辖区网络借贷信息中介机构重大风险及处置情况信息报送省级人民政府、国务院银行业监督管理机构和中国人民银行。

第三十七条　除本办法第七条规定的事项外,网络借贷信息中介机构发生下列情形的,应当在 5 个工作日以内向工商登记注册地地方金融监管部门报告:

(一)因违规经营行为被查处或被起诉;

(二)董事、监事、高级管理人员违反境内外相关法律法规行为;

(三)国务院银行业监督管理机构、地方金融监管部门等要求的其他情形。

第三十八条　网络借贷信息中介机构应当聘请会计师事务所进行年度审计,并在上一会计年度结束之日起 4 个月内向工商登记注册地地方金融监管部门报送年度审计报告。

第七章　法律责任

第三十九条　地方金融监管部门存在未依照本办法规定报告重大风险和处置情况、未依照本办法规定向国务院银行业监督管理机构提供行业统计或行业报告等违反法律法规及本办法规定情形的,应当对有关责任人依法给予行政处分;构成犯罪的,依法追究刑事责任。

第四十条　网络借贷信息中介机构违反法律法规和网络借贷有关监管规定,有关法律法规有处罚规定的,依照其规定给予处罚;有关法律法规未作处罚规定的,工商登记注册地地方金融监管部门可以采取监管谈话、出具警示函、责令改正、通报批评、将其违法违规和不履行公开承诺等情况记入诚信档案并公布等监管措施,以及给予警告、人民币3万元以下罚款和依法可以采取的其他处罚措施;构成犯罪的,依法追究刑事责任。

网络借贷信息中介机构违反法律规定从事非法集资活动或欺诈的,按照相关法律法规和工作机制处理;构成犯罪的,依法追究刑事责任。

第四十一条　网络借贷信息中介机构的出借人及借款人违反法律法规和网络借贷有关监管规定,依照有关规定给予处罚;构成犯罪的,依法追究刑事责任。

第八章　附　则

第四十二条　银行业金融机构及国务院银行业监督管理机构批准设立的其他金融机构和省级人民政府批准设立的融资担保公司、小额贷款公司等投资设立具有独立法人资格的网络借贷信息中介机构,设立办法另行制定。

第四十三条　中国互联网金融协会网络借贷专业委员会按照《关于促进互联网金融健康发展的指导意见》和协会章程开展自律并接受相关监管部门指导。

第四十四条　本办法实施前设立的网络借贷信息中介机构不符合本办法规定的,除违法犯罪行为按照本办法第四十条处理外,由地方金融监管部门要求其整改,整改期不超过12个月。

第四十五条　省级人民政府可以根据本办法制定实施细则,并报国务院银行业监督管理机构备案。

第四十六条　本办法解释权归国务院银行业监督管理机构、工业和信息化部、公安部、国家互联网信息办公室。

第四十七条　本办法所称不超过、以下、以内,包括本数。

《网络借贷信息中介机构备案登记管理指引》

中国银监会办公厅　工业和信息化部办公厅　工商总局办公厅

银监办发〔2016〕160号

(2016年8月24日)

第一章　总　则

第一条　为建立健全网络借贷信息中介机构备案登记管理制度,加强网络借贷信息中介机构事中事后监管,完善网络借贷信息中介机构基本统计信息,根据《网络借贷信息中介机构业务活动管理暂行办法》等规定,制定本指引。

第二条　本指引所称网络借贷信息中介机构是指在中华人民共和国境内依法设立,专门从事网络借贷信息中介业务活动的金融信息中介公司。

本指引所称备案登记是指地方金融监管部门依申请对辖内网络借贷信息中介机构的基本信息进行登记、公示并建立相关机构档案的行为。备案登记不构成对机构经营能力、合规程度、资信状况的认可和评价。

第三条　新设立的网络借贷信息中介机构在依法完成工商登记注册、领取企业法人营业执照后，应当于 10 个工作日内向工商登记注册地地方金融监管部门申请备案登记。网络借贷信息中介机构设立的分支机构无须办理备案登记。

本指引发布前，已经设立并开展经营的网络借贷信息中介机构，应当依据 P2P 网络借贷风险专项整治工作有关安排，在各地完成分类处置后再行申请备案登记。

第四条　地方金融监管部门应当结合监管工作实际，按照依法、准确、公开、高效的原则为本辖区网络借贷信息中介机构办理备案登记。

第二章　新设机构备案登记申请

第五条　新设立的网络借贷信息中介机构备案登记包括下列程序：

（一）网络借贷信息中介机构办理工商登记注册并领取企业法人营业执照，并在经营范围中明确网络借贷信息中介等相关内容；

（二）网络借贷信息中介机构向工商登记注册地地方金融监管部门提出备案登记申请；

（三）地方金融监管部门应当在文件材料齐备、形式合规的情况下，办理备案登记，并向申请备案登记的网络借贷信息中介机构出具备案登记证明文件；

备案登记证明文件由地方金融监管部门自行设计、印制，其中应当包括网络借贷信息中介机构的基本信息、地方金融监管部门公章等要素。

第六条　新设立的网络借贷信息中介机构申请办理备案登记时应当向地方金融监管部门提交以下文件材料：

（一）网络借贷信息中介机构基本信息，包括名称、住所地、组织形式等；

（二）股东或出资人名册及其出资额、股权结构；

（三）经营发展战略和规划；

（四）合规经营承诺书；

（五）企业法人营业执照正副本复印件；

（六）法定代表人以及董事、监事、高级管理人员基本信息资料；

（七）分支机构名册及其所在地；

（八）网络借贷信息中介机构官方网站网址及相关 APP 名称；

（九）地方金融监管部门要求提交的其他文件、资料。

第七条　新设立的网络借贷信息中介机构申请备案登记时应当以书面形式提交合规经营承诺书，对下列事项进行承诺：

（一）在经营期间严格遵守《网络借贷信息中介机构业务活动管理暂行办法》有关规定，依法合规经营；

（二）依法配合地方金融监管部门、银监局的监管工作；

（三）确保及时向地方金融监管部门、银监局报送真实、准确的相关数据、资料。

第八条　地方金融监管部门应当在收到新设立的网络借贷信息中介机构提交的备案材

料后,采取多方数据比对、网上核验、实地认证、现场勘查、高管约谈等方式对备案材料进行审核,并要求网络借贷信息中介机构法定代表人或经法定代表人授权的高级管理人员等对核实后的备案登记信息进行签字确认。

第九条　新设立的网络借贷信息中介机构办理备案登记的具体时限由地方金融监管部门根据本辖区情况具体规定,但不得超过 40 个工作日。

第三章　已存续机构备案管理特别规定

第十条　在本指引发布前,已经设立并开展经营的网络借贷信息中介机构申请备案登记的,地方金融监管部门应当依据 P2P 网络借贷风险专项整治中分类处置有关工作安排,对合规类机构的备案登记申请予以受理,对整改类机构,在其完成整改并经有关部门认定后受理其备案登记申请。

已经设立并开展经营的网络借贷信息中介机构在申请备案登记前,应当到工商登记部门修改经营范围,明确网络借贷信息中介等相关内容。

第十一条　在本指引发布前,已经设立并开展经营的网络借贷信息中介机构在申请备案登记时,除需要提交本指引第六条所列备案登记材料外,还应当提交机构经营总体情况、产品信息以及违法违规整改情况说明等。补充材料的具体内容可以由地方金融监管部门根据本辖区情况另行明确。

第十二条　在本指引发布前已经设立并开展经营的网络借贷信息中介机构办理备案登记的具体时限,由地方金融监管部门根据本地情况具体规定,但不得超过 50 个工作日。

第四章　备案后管理

第十三条　网络借贷信息中介机构在完成备案登记后,应当根据《网络借贷信息中介机构业务活动管理暂行办法》有关规定,持地方金融监管部门出具的备案登记证明,按照通信主管部门的相关规定申请增值电信业务经营许可,并将许可结果在通信主管部门办理完成后 5 个工作日内反馈工商登记注册地地方金融监管部门。

第十四条　网络借贷信息中介机构在完成备案登记后,应当持地方金融监管部门出具的备案登记证明,与银行业金融机构签订资金存管协议,并将资金存管协议的复印件在该协议签订后 5 个工作日内反馈工商登记注册地地方金融监管部门。

第十五条　地方金融监管部门应当及时将完成备案登记的网络借贷信息中介机构信息在地方金融监管部门网站上进行公示,公示信息应当包含网络借贷信息中介机构的基本信息、增值电信业务经营许可信息及银行存管信息等。

地方金融监管部门应当将本辖区备案登记的网络借贷信息中介机构设立分支机构情况于备案登记完成后 5 个工作日内告知分支机构所在地地方金融监管部门。

第十六条　地方金融监管部门在完成备案登记后,应当根据相关备案登记信息,建立本辖区网络借贷信息中介机构档案,并将档案信息与本辖区银监局进行共享,为后续日常监管提供依据。

第十七条　网络借贷信息中介机构名称、住所地、组织形式、注册资本、高级管理人员、合作的资金存管银行业金融机构等基本信息发生变更的,以及出现合并、重组、股权重大变更、增值电信业务经营许可变更等情况的,应当在变更之日起 5 个工作日内向工商登记注册地地方金融监管部门申请备案变更。

地方金融监管部门应当在 15 个工作日内完成变更信息的工商登记注册核实并进行公示。

第十八条　网络借贷信息中介机构拟终止网络借贷信息中介服务的,应当在终止业务前至少 10 个工作日,书面告知工商登记注册地地方金融监管部门,同时提供存续借贷业务处置及资金清算完成情况等相关资料,并办理备案注销。

经备案的网络借贷信息中介机构依法解散或者依法宣告破产的,除依法进行清算外,由工商登记注册地地方金融监管部门注销其备案。

第五章　附　则

第十九条　各银监局应当在职责范围内,发挥自身专业优势,配合所在地地方金融监管部门做好网络借贷信息中介机构备案登记工作。

第二十条　本指引第九条、第十二条、第十五条对地方金融监管部门具体行政行为的时限要求,均自其受理相关备案登记申请之日起计算,网络借贷信息中介机构按要求补正有关备案登记材料的时间不计算在内。

网络借贷信息中介机构按要求补正有关备案登记材料的具体时限由地方金融监管部门自行确定,但不得超过 15 个工作日。

第二十一条　地方金融监管部门可以根据本辖区实际情况,依据《网络借贷信息中介机构业务活动管理暂行办法》及本指引制定网络借贷信息中介机构备案登记管理的实施细则。

第二十二条　本指引由国务院银行业监督管理机构会同工业和信息化部、国家工商总局负责解释。

第二十三条　本指引自发布之日起施行。

《网络借贷资金存管业务指引》

中国银行业监督管理委员会

银监办发〔2017〕21 号

（2017 年 2 月 23 日）

第一章　总　则

第一条　为规范网络借贷资金存管业务活动,促进网络借贷行业健康发展,根据《中华人民共和国合同法》、《中华人民共和国商业银行法》和《关于促进互联网金融健康发展的指导意见》、《网络借贷信息中介机构业务活动管理暂行办法》及其他有关法律法规,制定本指引。

第二条　本指引所称网络借贷资金存管业务,是指商业银行作为存管人接受委托人的委托,按照法律法规规定和合同约定,履行网络借贷资金存管专用账户的开立与销户、资金保管、资金清算、账务核对、提供信息报告等职责的业务。存管人开展网络借贷资金存管业务,不对网络借贷交易行为提供保证或担保,不承担借贷违约责任。

第三条　本指引所称网络借贷资金,是指网络借贷信息中介机构作为委托人,委托存管人保管的,由借款人、出借人和担保人等进行投融资活动形成的专项借贷资金及相关资金。

第四条　本指引所称委托人,即网络借贷信息中介机构,是指依法设立,专门从事网络借贷信息中介业务活动的金融信息中介公司。

第五条　本指引所称存管人,是指为网络借贷业务提供资金存管服务的商业银行。

第六条　本指引所称网络借贷资金存管专用账户,是指委托人在存管人处开立的资金存管汇总账户,包括为出借人、借款人及担保人等在资金存管汇总账户下所开立的子账户。

第七条　网络借贷业务有关当事机构开展网络借贷资金存管业务应当遵循"诚实履约、勤勉尽责、平等自愿、有偿服务"的原则。

第二章　委托人

第八条　网络借贷信息中介机构作为委托人,委托存管人开展网络借贷资金存管业务应符合《网络借贷信息中介机构业务活动管理暂行办法》及《网络借贷信息中介机构备案登记管理指引》的有关规定,包括但不限于在工商管理部门完成注册登记并领取营业执照、在工商登记注册地地方金融监管部门完成备案登记、按照通信主管部门的相关规定申请获得相应的增值电信业务经营许可等。

第九条　在网络借贷资金存管业务中,委托人应履行以下职责:

(一)负责网络借贷平台技术系统的持续开发及安全运营;

(二)组织实施网络借贷信息中介机构信息披露工作,包括但不限于委托人基本信息、借贷项目信息、借款人基本信息及经营情况、各参与方信息等应向存管人充分披露的信息;

(三)每日与存管人进行账务核对,确保系统数据的准确性;

(四)妥善保管网络借贷资金存管业务活动的记录、账册、报表等相关资料,相关纸质或电子介质信息应当自借贷合同到期后保存5年以上;

(五)组织对客户资金存管账户的独立审计并向客户公开审计结果;

(六)履行并配合存管人履行反洗钱义务;

(七)法律、行政法规、规章及其他规范性文件和网络借贷资金存管合同(以下简称存管合同)约定的其他职责。

第三章　存管人

第十条　在中华人民共和国境内依法设立并取得企业法人资格的商业银行,作为存管人开展网络借贷资金存管业务应符合以下要求:

(一)明确负责网络借贷资金存管业务管理与运营的一级部门,部门设置能够保障存管业务运营的完整与独立;

(二)具有自主管理、自主运营且安全高效的网络借贷资金存管业务技术系统;

(三)具有完善的内部业务管理、运营操作、风险监控的相关制度;

(四)具备在全国范围内为客户提供资金支付结算服务的能力;

(五)具有良好的信用记录,未被列入企业经营异常名录和严重违法失信企业名单;

(六)国务院银行业监督管理机构要求的其他条件。

第十一条　存管人的网络借贷资金存管业务技术系统应当满足以下条件:

（一）具备完善规范的资金存管清算和明细记录的账务体系,能够根据资金性质和用途为委托人、委托人的客户(包括出借人、借款人及担保人等)进行明细登记,实现有效的资金管理和登记;

（二）具备完整的业务管理和交易校验功能,存管人应在充值、提现、缴费等资金清算环节设置交易密码或其他有效的指令验证方式,通过履行表面一致性的形式审核义务对客户资金及业务授权指令的真实性进行认证,防止委托人非法挪用客户资金;

（三）具备对接网络借贷信息中介机构系统的数据接口,能够完整记录网络借贷客户信息、交易信息及其他关键信息,并具备提供账户资金信息查询的功能;

（四）系统具备安全高效稳定运行的能力,能够支撑对应业务量下的借款人和出借人各类峰值操作;

（五）国务院银行业监督管理机构要求的其他条件。

第十二条　在网络借贷资金存管业务中,存管人应履行以下职责:

（一）存管人对申请接入的网络借贷信息中介机构,应设置相应的业务审查标准,为委托人提供资金存管服务;

（二）为委托人开立网络借贷资金存管专用账户和自有资金账户,为出借人、借款人和担保人等在网络借贷资金存管专用账户下分别开立子账户,确保客户网络借贷资金和网络借贷信息中介机构自有资金分账管理,安全保管客户交易结算资金;

（三）根据法律法规规定和存管合同约定,按照出借人与借款人发出的指令或业务授权指令,办理网络借贷资金的清算支付;

（四）记录资金在各交易方、各类账户之间的资金流转情况;

（五）每日根据委托人提供的交易数据进行账务核对;

（六）根据法律法规规定和存管合同约定,定期提供网络借贷资金存管报告;

（七）妥善保管网络借贷资金存管业务相关的交易数据、账户信息、资金流水、存管报告等包括纸质或电子介质在内的相关数据信息和业务档案,相关资料应当自借贷合同到期后保存 5 年以上;

（八）存管人应对网络借贷资金存管专用账户内的资金履行安全保管责任,不应外包或委托其他机构代理进行资金账户开立、交易信息处理、交易密码验证等操作;

（九）存管人应当加强出借人与借款人信息管理,确保出借人与借款人信息采集、处理及使用的合法性和安全性;

（十）法律、行政法规、规章及其他规范性文件和存管合同约定的其他职责。

第四章　业务规范

第十三条　存管人与委托人根据网络借贷交易模式约定资金运作流程,即资金在不同交易模式下的汇划方式和要求,包括但不限于不同模式下的发标、投标、流标、撤标、项目结束等环节。

第十四条　委托人开展网络借贷资金存管业务,应指定唯一一家存管人作为资金存管机构。

第十五条　存管合同至少应包括以下内容:

（一）当事人的基本信息；

（二）当事人的权利和义务；

（三）网络借贷资金存管专用账户的开立和管理；

（四）网络借贷信息中介机构客户开户、充值、投资、缴费、提现及还款等环节资金清算及信息交互的约定；

（五）网络借贷资金划拨的条件和方式；

（六）网络借贷资金使用情况监督和信息披露；

（七）存管服务费及费用支付方式；

（八）存管合同期限和终止条件；

（九）风险提示；

（十）反洗钱职责；

（十一）违约责任和争议解决方式；

（十二）其他约定事项。

第十六条　委托人和存管人应共同制定供双方业务系统遵守的接口规范，并在上线前组织系统联网和灾备应急测试，及时安排系统优化升级，确保数据传输安全、顺畅。

第十七条　资金对账工作由委托人和存管人双方共同完成，每日日终交易结束后，存管人根据委托人发送的日终清算数据，进行账务核对，对资金明细流水、资金余额数据进行分分资金对账、总分资金对账，确保双方账务一致。

第十八条　存管人应按照存管合同的约定，定期向委托人和合同约定的对象提供资金存管报告，披露网络借贷信息中介机构客户交易结算资金的保管及使用情况，报告内容应至少包括以下信息：委托人的交易规模、借贷余额、存管余额、借款人及出借人数量等。

第十九条　委托人暂停、终止业务时应制定完善的业务清算处置方案，并至少提前30个工作日通知地方金融监管部门及存管人，存管人应配合地方金融监管部门、委托人或清算处置小组等相关方完成网络借贷资金存管专用账户资金的清算处置工作，相关清算处置事宜按照有关规定及与委托人的合同约定办理。

第二十条　委托人需向存管人提供真实准确的交易信息数据及有关法律文件，包括并不限于网络借贷信息中介机构当事人信息、交易指令、借贷信息、收费服务信息、借贷合同等。存管人不承担借款项目及借贷交易信息真实性的审核责任，不对网络借贷信息数据的真实性、准确性和完整性负责，因委托人故意欺诈、伪造数据或数据发生错误导致的业务风险和损失，由委托人承担相应责任。

第二十一条　在网络借贷资金存管业务中，除必要的披露及监管要求外，委托人不得用"存管人"做营销宣传。

第二十二条　商业银行担任网络借贷资金的存管人，不应被视为对网络借贷交易以及其他相关行为提供保证或其他形式的担保。存管人不对网络借贷资金本金及收益予以保证或承诺，不承担资金运用风险，出借人须自行承担网络借贷投资责任和风险。

第二十三条　存管人应根据存管金额、期限、服务内容等因素，与委托人平等协商确定存管服务费，不得以开展存管业务为由开展捆绑销售及变相收取不合理费用。

第五章 附 则

第二十四条 网络借贷信息中介机构与商业银行开展网络借贷资金存管业务,应当依据《网络借贷信息中介机构业务活动管理暂行办法》及本指引,接受国务院银行业监督管理机构的监督管理。其他机构违法违规从事网络借贷资金存管业务的,由国务院银行业监督管理机构建立监管信息共享协调机制,对其进行业务定性,按照监管职责分工移交相应的监管部门,由监管部门依照相关规定进行查处;涉嫌犯罪的,依法移交公安机关处理。

第二十五条 中国银行业协会依据本指引及其他有关法律法规、自律规则,对商业银行开展网络借贷资金存管业务进行自律管理。

第二十六条 中国互联网金融协会依据本指引及其他有关法律法规、自律规则,对网络借贷信息中介机构开展网络借贷资金存管业务进行自律管理。

第二十七条 对于已经开展了网络借贷资金存管业务的委托人和存管人,在业务过程中存在不符合本指引要求情形的,应在本指引公布后进行整改,整改期自本指引公布之日起不超过 6 个月。逾期未整改的,按照《网络借贷信息中介机构业务活动管理暂行办法》及《网络借贷信息中介机构备案登记管理指引》的有关规定执行。

第二十八条 本指引解释权归国务院银行业监督管理机构。

第二十九条 本指引自公布之日起施行。

《网络借贷信息中介机构业务活动信息披露指引》

中国银行业监督管理委员会
银监办发〔2017〕113 号
(2017 年 8 月 24 日)

第一章 总 则

第一条 为规范网络借贷信息中介机构业务活动信息披露行为,维护参与网络借贷信息中介机构业务活动主体的合法权益,建立客观、公平、透明的网络借贷信息中介业务活动环境,促进网络借贷行业健康发展,依据《中华人民共和国民法通则》《关于促进互联网金融健康发展的指导意见》《网络借贷信息中介机构业务活动管理暂行办法》等法律法规,制定本指引。

第二条 本指引所称信息披露,是指网络借贷信息中介机构及其分支机构通过其官方网站及其他互联网渠道向社会公众公示网络借贷信息中介机构基本信息、运营信息、项目信息、重大风险信息、消费者咨询投诉渠道信息等相关信息的行为。

第三条 网络借贷信息中介机构应当在其官方网站及提供网络借贷信息中介服务的网络渠道显著位置设置信息披露专栏,展示信息披露内容。披露用语应当准确、精练、严谨、通俗易懂。

第四条 其他互联网渠道包括网络借贷信息中介机构手机应用软件、微信公众号、微博等社交媒体渠道及网络借贷信息中介机构授权开展信息披露的其他互联网平台。各渠道间披露信息内容应当保持一致。

第五条　信息披露应当遵循"真实、准确、完整、及时"原则,不得有虚假记载、误导性陈述、重大遗漏或拖延披露。

第六条　信息披露内容应当符合法律法规关于国家秘密、商业秘密、个人隐私的有关规定。

第二章　信息披露内容

第七条　网络借贷信息中介机构应当向公众披露如下信息:

(一)网络借贷信息中介机构备案信息

1. 网络借贷信息中介机构在地方金融监管部门的备案登记信息;

2. 网络借贷信息中介机构取得的电信业务经营许可信息;

3. 网络借贷信息中介机构资金存管信息;

4. 网络借贷信息中介机构取得的公安机关核发的网站备案图标及编号;

5. 网络借贷信息中介机构风险管理信息。

(二)网络借贷信息中介机构组织信息

1. 网络借贷信息中介机构工商信息,应当包含网络借贷信息中介机构全称、简称、统一社会信用代码、注册资本、实缴注册资本、注册地址、经营地址、成立时间、经营期限、经营状态、主要人员(包括法定代表人、实际控制人、董事、监事、高级管理人员)信息、经营范围;

2. 网络借贷信息中介机构股东信息,应当包含股东全称、股东股权占比;

3. 网络借贷信息中介机构组织架构及从业人员概况;

4. 网络借贷信息中介机构分支机构工商信息,应当包含分支机构全称、分支机构所在地、分支机构成立时间、分支机构主要负责人姓名,分支机构联系电话、投诉电话,员工人数;存在多个分支机构的应当逐一列明;

5. 网络借贷信息中介机构官方网站、官方手机应用及其他官方互联网渠道信息;存在多个官方渠道的应当逐一列明。

(三)网络借贷信息中介机构审核信息

1. 网络借贷信息中介机构上一年度的财务审计报告;

2. 网络借贷信息中介机构经营合规重点环节的审计结果;

3. 网络借贷信息中介机构上一年度的合规性审查报告。

网络借贷信息中介机构应当于每年1月10日前披露本条款(一)、(二)项信息;应当于每年4月30日前披露本条款(三)项信息。若上述任一信息发生变更,网络借贷信息中介机构应当于变更后10个工作日内更新披露信息。

第八条　网络借贷信息中介机构应当在每月前5个工作日内,向公众披露截止于上一月末经网络借贷信息中介机构撮合交易的如下信息:

(一)自网络借贷信息中介机构成立以来的累计借贷金额及笔数;

(二)借贷余额及笔数;

(三)累计出借人数量、累计借款人数量;

(四)当期出借人数量、当期借款人数量;

（五）前十大借款人待还金额占比、最大单一借款人待还金额占比；

（六）关联关系借款余额及笔数；

（七）逾期金额及笔数；

（八）逾期 90 天（不含）以上金额及笔数；

（九）累计代偿金额及笔数；

（十）收费标准；

（十一）其他经营信息。

第九条 网络借贷信息中介机构应当及时向出借人披露如下信息：

（一）借款人基本信息，应当包含借款人主体性质（自然人、法人或其他组织）、借款人所属行业、借款人收入及负债情况、截至借款前 6 个月内借款人征信报告中的逾期情况、借款人在其他网络借贷平台借款情况；

（二）项目基本信息，应当包含项目名称和简介、借款金额、借款期限、借款用途、还款方式、年化利率、起息日、还款来源、还款保障措施；

（三）项目风险评估及可能产生的风险结果；

（四）已撮合未到期项目有关信息，应当包含借款资金运用情况、借款人经营状况及财务状况、借款人还款能力变化情况、借款人逾期情况、借款人涉诉情况、借款人受行政处罚情况等可能影响借款人还款的重大信息。

本条款（一）、（二）、（三）项内容，网络借贷信息中介机构应当于出借人确认向借款人出借资金前向出借人披露。

本条款（四）项内容，若借款期限不超过六个月，网络借贷信息中介机构应当按月（每月前 5 个工作日内）向出借人披露；若借款期限超过六个月，网络借贷信息中介机构应当按季度（每季度前 5 个工作日内）向出借人披露。若已发生足以导致借款人不能按约定期限足额还款的情形时，网络借贷信息中介机构应当及时向出借人披露。

出借人应当对借款人信息予以保密，不得非法收集、使用、加工、传输借款人个人信息，不得非法买卖、提供或者公开借款人个人信息。

第十条 网络借贷信息中介机构或其分支机构发生下列情况之一的，网络借贷信息中介机构应当于发生之日起 48 小时内将事件的起因、目前的状态、可能产生的影响和采取的措施向公众进行披露。

（一）公司减资、合并、分立、解散或申请破产；

（二）公司依法进入破产程序；

（三）公司被责令停业、整顿、关闭；

（四）公司涉及重大诉讼、仲裁，或涉嫌违法违规被有权机关调查，或受到刑事处罚、重大行政处罚；

（五）公司法定代表人、实际控制人、主要负责人、董事、监事、高级管理人员涉及重大诉讼、仲裁，或涉嫌违法违纪被有权机关调查，或受到刑事处罚、重大行政处罚，或被采取强制措施；

（六）公司主要或者全部业务陷入停顿；

（七）存在欺诈、损害出借人利益等其他影响网络借贷信息中介机构经营活动的重大事项。

第十一条　网络借贷信息中介机构应当向公众披露咨询、投诉、举报联系电话、电子邮箱、通信地址。

网络借贷信息中介机构应当在其官方网站上定期以公告形式向公众披露其年度报告、相关法律法规及网络借贷有关监管规定。

第十二条　披露的信息应当采用中文文本。同时采用外文文本的，应当保证两种文本的内容一致。两种文本产生歧义的，以中文文本为准。

第十三条　披露的信息应当采用阿拉伯数字。除特别说明外，货币单位应当为人民币"元"。

第三章　信息披露管理

第十四条　网络借贷信息中介机构应当建立健全信息披露制度，指定专人负责信息披露事务，确保信息披露专栏内容可供社会公众随时查阅。

第十五条　网络借贷信息中介机构应当对信息披露内容进行书面留存，并应自披露之日起保存五年以上。

第十六条　网络借贷信息中介机构应当按要求将信息披露公告文稿和相关备查文件报送其工商登记注册地方金融监管部门、国务院银行业监督管理机构派出机构，并置备于网络借贷信息中介机构住所供社会公众查阅。

第十七条　网络借贷信息中介机构的董事、监事、高级管理人员应当忠实、勤勉、尽职，保证披露的信息真实、准确、完整、及时。网络借贷信息中介机构信息披露专栏内容均应当有网络借贷信息中介机构法定代表人的签字确认。

第十八条　借款人应当配合网络借贷信息中介机构及出借人对项目有关信息进行调查核实，保证提供的信息真实、准确、及时、完整、有效。

第十九条　本指引没有规定，但不披露相关信息可能导致借款人、出借人产生错误判断的，网络借贷信息中介机构应当将相关信息予以及时披露。

第二十条　网络借贷信息中介机构拟披露信息属于国家秘密的，按本指引规定披露可能导致其违反国家有关保密法律法规的，可以豁免披露。本指引所称的国家秘密，是指国家有关保密法律法规及部门规章规定的，关系国家安全和利益，依照法定程序确定，在一定时间内只限一定范围的人员知悉，泄露后可能损害国家在政治、经济、国防、外交等领域的安全和利益的信息。

第二十一条　未按本指引要求开展信息披露的相关当事人，由相关监管部门按照《网络借贷信息中介机构业务活动管理暂行办法》第四十条、第四十一条予以处罚。

第二十二条　网络借贷信息中介机构应当按要求及时将信息披露内容报送监管机构。

第四章　附则

第二十三条　网络借贷信息中介业务活动信息披露行为，应当依据《网络借贷信息中介机构业务活动管理暂行办法》及本指引，接受国务院银行业监督管理机构及其派出机构和地方金融监管部门的监督管理。

第二十四条　中国互联网金融协会依据本指引及其他有关法律法规、自律规则,对网络借贷行业的信息披露进行自律管理。

第二十五条　已开展网络借贷信息中介业务的机构,在开展业务过程中存在不符合本指引要求情形的,应在本指引公布后进行整改,整改期自本指引公布之日起不超过 6 个月。逾期未整改的,按照《网络借贷信息中介机构业务活动管理暂行办法》及《网络借贷信息中介机构备案登记管理指引》的有关规定执行。

第二十六条　本指引所称不超过、以内、以下,包括本数。

第二十七条　本指引解释权归国务院银行业监督管理机构。

第二十八条　本指引自公布之日起施行。

附件　信息披露内容说明

1.1　数据按月披露的,统计时点为统计月末最后一日 24 时。数据按季度披露的,统计时点为统计季度末最后一日 24 时。

1.2　信息披露货币单位为人民币"元",保留两位以上小数;数量单位为"个""人";比例统计单位"%"。

1.3　信息披露日期格式统一为"yyyy-mm-dd",如"2015-1-31"。

1.4　信息披露电话格式统一为"区号-电话号码"或"手机号"。

1.5　网络借贷信息中介机构以下简称网贷机构。

2.1　网贷机构备案信息

2.1.1　备案信息:指网贷机构已经备案登记的相关信息,包括备案登记地方金融监管部门、备案登记时间、备案登记编号(如有)等。

2.1.2　电信业务经营许可信息:指网贷机构获得的网络借贷中介业务电信业务经营许可证号。

2.1.3　资金存管信息:指网贷机构资金存管的银行全称。

2.1.4　网站备案图标及编号:指网贷机构获得的公安机关出具的网站备案图标及编号。

2.1.5　风险管理信息:指网贷机构风险管理架构、风险评估流程、风险预警管理情况、催收方式等信息。

2.2　网贷机构组织信息

2.2.1　网贷机构工商信息

(1)公司全称:指网贷机构在工商部门登记注册的公司全称。

(2)公司简称(常用名):指网贷机构对外简称或常用简称,如有多个简称,应当逐一列明并以分号分隔。

(3)统一社会信用代码:指网贷机构在工商部门登记注册后获得的统一社会信用代码;若无统一社会信用代码,则填写组织机构代码。

(4)公司注册资本:指网贷机构在工商部门依法登记的注册资本。有限责任公司的注册资本为在工商部门依法登记的全体股东认缴的出资额。股份有限公司采取发起设立方式设立的,注册资本为在工商部门依法登记的全体发起人认购的股本总额;股份有限公司采取募集设立方式设立的,注册资本为在工商部门依法登记的实收股本总额。

(5) 实缴注册资本:指网贷机构已实际出资的资金总额。

(6) 公司注册地:指网贷机构在工商部门登记注册的公司地址。

(7) 公司经营地:指网贷机构实际开展经营的地址,如有多个经营地,应当逐一列明并以分号分隔。

(8) 公司成立时间:指网贷机构注册成立的日期,即营业执照上的公司成立日期。

(9) 公司经营期限:指网贷机构在工商部门注册的存续期间。

(10) 公司经营状态:指网贷机构目前公司经营状况,分为开业、停业、注销、吊销。若为停业状况,应补充说明原因。

(11) 公司法定代表人:指网贷机构营业执照上登记的法定代表人姓名。

(12) 公司经营范围:指网贷机构于工商登记注册部门核准登记的经营范围。

2.2.2　网贷机构股东信息

(1) 公司股东名称:指网贷机构股东在工商部门依法登记注册的全称。

(2) 公司股东占股比例:指网贷机构股东持有股份占网贷机构全部股份的比例,单位为百分比。

2.2.3　组织架构及从业人员概况

(1) 组织架构:指网贷机构内部部门设置及层级。

(2) 从业人员概况:指在网贷机构工作,由网贷机构支付工资的各类人员,以及有工作岗位,但由于学习、病休产假等原因暂未工作,仍由单位支付工资的员工,包括正式人员、劳务派遣人员、临时聘用人员等的人员总数、年龄分布、学历分布等情况。

2.2.4　分支机构信息

(1) 分支机构全称:指网贷机构的分支机构在工商部门登记注册的公司全称。

(2) 分支机构所在地:指网贷机构的分支机构在工商部门登记注册的公司地址。

(3) 分支机构成立时间:指网贷机构的分支机构注册成立的日期,即分支机构营业执照上的分支机构成立日期。

(4) 分支机构负责人:指网贷机构的分支机构的负责人姓名。

(5) 分支机构联系电话:指网贷机构的分支机构的联系电话。

(6) 分支机构投诉电话:指网贷机构的分支机构的投诉电话。

(7) 分支机构员工人数:指网贷机构的分支机构的员工总人数。同时应当区分正式员工、派遣员工、临时员工数量。

2.2.5　渠道信息

(1) 公司官方网址:指网贷机构在运营的网站域名及 IP 地址。

(2) 平台 APP 名称、微信公众号、微博:指网贷机构依法注册并使用的开展网络借贷信息中介服务的 APP、社交媒体账号及 IP 地址(或链接)。

2.3　网贷机构审核信息

2.3.1　财务审计报告:指会计师事务所出具的网贷机构上一年度审计报告。

2.3.2　重点环节审计结果：指会计师事务所出具的对网贷机构出借人与借款人资金存管、信息披露情况、信息科技基础设施安全、经营合规性、资金运用流程等重点环节的审计结果。

2.3.3　合规报告：指律师事务所出具的对网贷机构合规情况审查报告。

2.4　网贷机构经营信息

2.4.1　累计交易总额：指自网贷机构成立起，经网贷机构撮合完成的借款项目的本金总合。

2.4.2　累计交易笔数：指自网贷机构成立起，经网贷机构撮合完成的借款交易笔数总合。

2.4.3　借贷余额：指截至统计时点，通过网贷机构已经上线运行的网络借贷信息中介平台完成的借款总余额。

2.4.4　累计借款人数量：指借款人通过网贷机构成功借款的借款人总数。同一借款人多次借款的，按实际借款人计算。（例如：张三借款 3 次，累计借款人数量为 1）

2.4.5　累计出借人数量：指出借人通过网贷机构成功出借资金的出借人总数。同一出借人多次出借的，按实际出借人计算。（例如：张三出借 3 次，累计出借人数量为 1）

2.4.6　当前借款人数量：指截至统计时点仍存在待还借款的借款人总数。同一借款人多次借款的，按实际借款人计算。

2.4.7　当前出借人数量：指截至统计时点仍存在待收借款的出借人总数。同一出借人多次出借的，按实际出借人计算。

2.4.8　前十大借款人待还金额占比：指在平台撮合的项目中，借款最多的前十户借款人的借款余额占总借款余额的比例。

2.4.9　最大单一借款人待还金额占比：指在平台撮合的项目中，借款最多一户借款人的借款余额占总借款余额的比例。

2.4.10　关联关系借款余额：指截至统计时点，与平台具有关联关系的借款人通过平台撮合完成的借款总余额。关联关系指网络借贷信息中介机构主要股东、实际控制人、董事、监事、高级管理人员与其直接或间接控制、有重大影响的企业、自然人之间的关系，以及可能导致网络借贷信息中介机构利益转移的其他关系（主要股东，指持有或控制网络信息借贷中介机构 5% 以上股份或表决权的自然人、法人或其他组织；直接或间接控制企业，指直接或间接持有企业 5% 以上股份或表决权）。

2.4.11　逾期金额：指按合同约定，出借人到期未收到本金和利息的金额总合。收到，是指资金实际划付至出借人银行账户。

2.4.12　逾期笔数：指按合同约定，出借人到期未收到本金和利息的借款的笔数。收到，是指资金实际划付至出借人银行账户。

2.4.13　逾期 90 天以上金额：指逾期 90 天（不含）以上的借款本金余额。

2.4.14　逾期 90 天以上笔数：指逾期 90 天（不含）以上的借款的笔数。

2.4.15　代偿金额：指因借款方违约等原因第三方（非借款人、非网贷机构）代为偿还的总金额。

2.4.16　代偿笔数：指因借款方违约等原因第三方（非借款人、非网贷机构）代为偿还的笔数。

2.4.17　收费标准:指网贷机构向借款人收取费用的名目及费用计算标准。如涉及多个收费项目,应当逐一列明。

2.5　网贷机构项目信息

2.5.1　借款人基本信息

(1)借款人主体性质:指借款人为自然人、法人或其他组织。

(2)借款人所属行业:指借款自然人所在单位、借款法人或其他组织根据《国民经济行业分类》划分的行业类别。

(3)借款人收入及负债情况:指借款人在日常活动中所形成的、会导致所有者权益增加的、非所有者投入资本的经济利益的总流入,以及借款人过去的交易或者事项形成的、预期会导致经济利益流出企业的现时义务。

(4)借款人征信报告情况:指脱敏处理后,经借款人授权由中国人民银行征信系统出具的征信报告中借款人的逾期情况。

2.5.2　项目基本信息

(5)项目名称和简介:指网络借贷信息中介平台上展示的借款人借款项目的名称和基本情况介绍。

(6)借款金额:指借款人申请借款的本金金额。

(7)借款期限:指借款人申请借款的时长,应当以天、月、年为单位列明。

(8)借款用途:指借款人申请借款的具体去向。

(9)还款方式:还款方式应当以文字说明,并向出借人列明计算方式。如:按月付息到期还本。借款金额为 X,年利率为 Y,借款期限为 Z 月,则每月应还利息计算公式为:$X \times Y/12$,应还总利息计算公式为:$X \times Y/12 \times Z$。应还本金为 X。

(10)年化利率:指借款人向出借人支付的利息费率,利率应当以年化形式披露,年以365 天计算。

(11)起息日:指利息产生的起始日期。

(12)还款来源:指借款人借款的还款依据。

(13)担保措施:指在借款活动中,债权人为保障其债权的实现,要求债务人向债权人提供担保的方式(包括担保主体名称、担保措施、是否已履行完毕法律法规需办理的相关手续等信息)。

《商业银行互联网贷款管理暂行办法》

中国银行保险监督管理委员会

中国银行保险监督管理委员会令〔2016〕9 号

(2020 年 7 月 12 日)

第一章　总　则

第一条　为规范商业银行互联网贷款业务经营行为,促进互联网贷款业务健康发展,依据《中华人民共和国银行业监督管理法》《中华人民共和国商业银行法》等法律法规,制定本办法。

第二条　中华人民共和国境内依法设立的商业银行经营互联网贷款业务,应遵守本办法。

第三条　本办法所称互联网贷款,是指商业银行运用互联网和移动通信等信息通信技术,基于风险数据和风险模型进行交叉验证和风险管理,线上自动受理贷款申请及开展风险评估,并完成授信审批、合同签订、贷款支付、贷后管理等核心业务环节操作,为符合条件的借款人提供的用于消费、日常生产经营周转等的个人贷款和流动资金贷款。

第四条　本办法所称风险数据,是指商业银行在对借款人进行身份确认,以及贷款风险识别、分析、评价、监测、预警和处置等环节收集、使用的各类内外部数据。

本办法所称风险模型,是指应用于互联网贷款业务全流程的各类模型,包括但不限于身份认证模型、反欺诈模型、反洗钱模型、合规模型、风险评价模型、风险定价模型、授信审批模型、风险预警模型、贷款清收模型等。

本办法所称合作机构,是指在互联网贷款业务中,与商业银行在营销获客、共同出资发放贷款、支付结算、风险分担、信息科技、逾期清收等方面开展合作的各类机构,包括但不限于银行业金融机构、保险公司等金融机构和小额贷款公司、融资担保公司、电子商务公司、非银行支付机构、信息科技公司等非金融机构。

第五条　下列贷款不适用本办法:

(一)借款人虽在线上进行贷款申请等操作,商业银行线下或主要通过线下进行贷前调查、风险评估和授信审批,贷款授信核心判断来源于线下的贷款;

(二)商业银行发放的抵质押贷款,且押品需进行线下或主要经过线下评估登记和交付保管;

(三)中国银行保险监督管理委员会规定的其他贷款。

上述贷款适用其他相关监管规定。

第六条　互联网贷款应当遵循小额、短期、高效和风险可控的原则。

单户用于消费的个人信用贷款授信额度应当不超过人民币 20 万元,到期一次性还本的,授信期限不超过一年。中国银行保险监督管理委员会可以根据商业银行的经营管理情况、风险水平和互联网贷款业务开展情况等对上述额度进行调整。商业银行应在上述规定额度内,根据本行客群特征、客群消费场景等,制定差异化授信额度。

商业银行应根据自身风险管理能力,按照互联网贷款的区域、行业、品种等,确定单户用于生产经营的个人贷款和流动资金贷款授信额度上限。对期限超过一年的上述贷款,至少每年对该笔贷款对应的授信进行重新评估和审批。

第七条　商业银行应当根据其市场定位和发展战略,制定符合自身特点的互联网贷款业务规划,涉及合作机构的,应当明确合作方式。

第八条　商业银行应当对互联网贷款业务实行统一管理,将互联网贷款业务纳入全面风险管理体系,建立健全适应互联网贷款业务特点的风险治理架构、风险管理政策和程序、内部控制和审计体系,有效识别、评估、监测和控制互联网贷款业务风险,确保互联网贷款业务发展与自身风险偏好、风险管理能力相适应。

互联网贷款业务涉及合作机构的,授信审批、合同签订等核心风控环节应当由商业银行独立有效开展。

第九条 地方法人银行开展互联网贷款业务,应主要服务于当地客户,审慎开展跨注册地辖区业务,有效识别和监测跨注册地辖区业务开展情况。无实体经营网点,业务主要在线上开展,且符合中国银行保险监督管理委员会其他规定条件的除外。

在外省(自治区、直辖市)设立分支机构的,对分支机构所在地行政区域内客户开展的业务,不属于前款所称跨注册地辖区业务。

第十条 商业银行应当建立健全借款人权益保护机制,完善消费者权益保护内部考核体系,切实承担借款人数据保护的主体责任,加强借款人隐私数据保护,构建安全有效的业务咨询和投诉处理渠道,确保借款人享有不低于线下贷款业务的相应服务,将消费者保护要求嵌入互联网贷款业务全流程管理体系。

第十一条 中国银行保险监督管理委员会及其派出机构(以下简称银行业监督管理机构)依照本办法对商业银行互联网贷款业务实施监督管理。

第二章 风险管理体系

第十二条 商业银行应当建立健全互联网贷款风险治理架构,明确董事会和高级管理层对互联网贷款风险管理的职责,建立考核和问责机制。

第十三条 商业银行董事会承担互联网贷款风险管理的最终责任,应当履行以下职责:

(一)审议批准互联网贷款业务规划、合作机构管理政策以及跨区域经营管理政策;

(二)审议批准互联网贷款风险管理制度;

(三)监督高级管理层对互联网贷款风险实施管理和控制;

(四)定期获取互联网贷款业务评估报告,及时了解互联网贷款业务经营管理、风险水平、消费者保护等情况;

(五)其他有关职责。

第十四条 商业银行高级管理层应当履行以下职责:

(一)确定互联网贷款经营管理架构,明确各部门职责分工;

(二)制定、评估和监督执行互联网贷款业务规划、风险管理政策和程序,合作机构管理政策和程序以及跨区域经营管理政策;

(三)制定互联网贷款业务的风险管控指标,包括但不限于互联网贷款限额、与合作机构共同出资发放贷款的限额及出资比例、合作机构集中度、不良贷款率等;

(四)建立互联网贷款业务的风险管理机制,持续有效监测、控制和报告各类风险,及时应对风险事件;

(五)充分了解并定期评估互联网贷款业务发展情况、风险水平及管理状况、消费者保护情况,及时了解其重大变化,并向董事会定期报告;

(六)其他有关职责。

第十五条 商业银行应当确保具有足够的资源,独立、有效开展互联网贷款风险管理,确保董事会和高级管理层能及时知悉风险状况,准确理解风险数据和风险模型的作用与局限。

第十六条　商业银行互联网贷款风险管理制度应当涵盖营销、调查、授信、签约、放款、支付、跟踪、收回等贷款业务全流程。

第十七条　商业银行应当通过合法渠道和方式获取目标客户数据,开展贷款营销,并充分评估目标客户的资金需求、还款意愿和还款能力。商业银行应当在贷款申请流程中,加入强制阅读贷款合同环节,并设置合理的阅读时间限制。

商业银行自身或通过合作机构向目标客户推介互联网贷款产品时,应当在醒目位置充分披露贷款主体、贷款条件、实际年利率、年化综合资金成本、还本付息安排、逾期清收、咨询投诉渠道和违约责任等基本信息,保障客户的知情权和自主选择权,不得采取默认勾选、强制捆绑销售等方式剥夺消费者意愿表达的权利。

第十八条　商业银行应当按照反洗钱和反恐怖融资等要求,通过构建身份认证模型,采取联网核查、生物识别等有效措施识别客户,线上对借款人的身份数据、借款意愿进行核验并留存,确保借款人的身份数据真实有效,借款人的意思表示真实。商业银行对借款人的身份核验不得全权委托合作机构办理。

第十九条　商业银行应当建立有效的反欺诈机制,实时监测欺诈行为,定期分析欺诈风险变化情况,不断完善反欺诈的模型审核规则和相关技术手段,防范冒充他人身份、恶意骗取银行贷款的行为,保障信贷资金安全。

第二十条　商业银行应当在获得授权后查询借款人的征信信息,通过合法渠道和手段线上收集、查询和验证借款人相关定性和定量信息,可以包括但不限于税务、社会保险基金、住房公积金等信息,全面了解借款人信用状况。

第二十一条　商业银行应当构建有效的风险评估、授信审批和风险定价模型,加强统一授信管理,运用风险数据,结合借款人已有债务情况,审慎评估借款人还款能力,确定借款人信用等级和授信方案。

第二十二条　商业银行应当建立人工复核验证机制,作为对风险模型自动审批的必要补充。商业银行应当明确人工复核验证的触发条件,合理设置人工复核验证的操作规程。

第二十三条　商业银行应当与借款人及其他当事人采用数据电文形式签订借款合同及其他文书。借款合同及其他文书应当符合《中华人民共和国合同法》《中华人民共和国电子签名法》等法律法规的规定。

第二十四条　商业银行应当与借款人约定明确、合法的贷款用途。贷款资金不得用于以下事项:

(一)购房及偿还住房抵押贷款;

(二)股票、债券、期货、金融衍生产品和资产管理产品等投资;

(三)固定资产、股本权益性投资;

(四)法律法规禁止的其他用途。

第二十五条　商业银行应当按照相关法律法规的要求,储存、传递、归档以数据电文形式签订的借款合同、信贷流程关键环节和节点的数据。已签订的借款合同及相关数据应可供借款人随时调取查用。

第二十六条　授信与首笔贷款发放时间间隔超过 1 个月的,商业银行应当在贷款发放前对借款人信用状况进行再评估,根据借款人特征、贷款金额,确定跟踪其信贷记录的频率,以保证及时获取其全面信用状况。

第二十七条　商业银行应当按照借款合同约定,对贷款资金的支付进行管理与控制,贷款支付应由具有合法支付业务资质的机构执行。商业银行应加强对支付账户的监测和对账管理,发现风险隐患的,应立即预警并采取相关措施。采用自主支付方式的,应当根据借款人过往行为数据、交易数据和信用数据等,确定单日贷款支付限额。

第二十八条　商业银行应遵守《个人贷款管理暂行办法》和《流动资金贷款管理暂行办法》的受托支付管理规定,同时根据自身风险管理水平、互联网贷款的规模和结构、应用场景、增信手段等确定差异化的受托支付限额。

第二十九条　商业银行应当通过建立风险监测预警模型,对借款人财务、信用、经营等情况进行监测,设置合理的预警指标与预警触发条件,及时发出预警信号,必要时应通过人工核查作为补充手段。

第三十条　商业银行应当采取适当方式对贷款用途进行监测,发现借款人违反法律法规或未按照约定用途使用贷款资金的,应当按照合同约定提前收回贷款,并追究借款人相应责任。

第三十一条　商业银行应当完善内部审计体系,独立客观开展内部审计,审查评价、督促改善互联网贷款业务经营、风险管理和内控合规效果。银行业监督管理机构可以要求商业银行提交互联网贷款专项内部审计报告。

第三十二条　互联网贷款形成不良的,商业银行应当按照其性质及时制定差异化的处置方案,提升处置效率。

第三章　风险数据和风险模型管理

第三十三条　商业银行进行借款人身份验证、贷前调查、风险评估和授信审查、贷后管理时,应当至少包含借款人姓名、身份证号、联系电话、银行账户以及其他开展风险评估所必需的基本信息。如果需要从合作机构获取借款人风险数据,应通过适当方式确认合作机构的数据来源合法合规、真实有效,对外提供数据不违反法律法规要求,并已获得信息主体本人的明确授权。商业银行不得与违规收集和使用个人信息的第三方开展数据合作。

第三十四条　商业银行收集、使用借款人风险数据应当遵循合法、必要、有效的原则,不得违反法律法规和借贷双方约定,不得将风险数据用于从事与贷款业务无关或有损借款人合法权益的活动,不得向第三方提供借款人风险数据,法律法规另有规定的除外。

第三十五条　商业银行应当建立风险数据安全管理的策略与标准,采取有效技术措施,保障借款人风险数据在采集、传输、存储、处理和销毁过程中的安全,防范数据泄露、丢失或被篡改的风险。

第三十六条　商业银行应当对风险数据进行必要的处理,以满足风险模型对数据精确性、完整性、一致性、时效性、有效性等的要求。

第三十七条　商业银行应当合理分配风险模型开发测试、评审、监测、退出等环节的职责和权限,做到分工明确、责任清晰。商业银行不得将上述风险模型的管理职责外包,并应当加强风险模型的保密管理。

第三十八条　商业银行应当结合贷款产品特点、目标客户特征、风险数据和风险管理策略等因素,选择合适的技术标准和建模方法,科学设置模型参数,构建风险模型,并测试在正常和压力情境下模型的有效性和稳定性。

第三十九条　商业银行应当建立风险模型评审机制,成立模型评审委员会负责风险模型评审工作。风险模型评审应当独立于风险模型开发,评审工作应当重点关注风险模型有效性和稳定性,确保与银行授信审批条件和风险控制标准相一致。经评审通过后风险模型方可上线应用。

第四十条　商业银行应当建立有效的风险模型日常监测体系,监测至少包括已上线风险模型的有效性与稳定性,所有经模型审批通过贷款的实际违约情况等。监测发现模型缺陷或者已不符合模型设计目标的,应当保证能及时提示风险模型开发和测试部门或团队进行重新测试、优化,以保证风险模型持续适应风险管理要求。

第四十一条　商业银行应当建立风险模型退出处置机制。对于无法继续满足风险管理要求的风险模型,应当立即停止使用,并及时采取相应措施,消除模型退出给贷款风险管理带来的不利影响。

第四十二条　商业银行应当全面记录风险模型开发至退出的全过程,并进行文档化归档和管理,供本行和银行业监督管理机构随时查阅。

第四章 信息科技风险管理

第四十三条　商业银行应当建立安全、合规、高效和可靠的互联网贷款信息系统,以满足互联网贷款业务经营和风险管理需要。

第四十四条　商业银行应当注重提高互联网贷款信息系统的可用性和可靠性,加强对互联网贷款信息系统的安全运营管理和维护,定期开展安全测试和压力测试,确保系统安全、稳定、持续运行。

第四十五条　商业银行应当采取必要的网络安全防护措施,加强网络访问控制和行为监测,有效防范网络攻击等威胁。与合作机构涉及数据交互行为的,应当采取切实措施,实现敏感数据的有效隔离,保证数据交互在安全、合规的环境下进行。

第四十六条　商业银行应当加强对部署在借款人一方的互联网贷款信息系统客户端程序(包括但不限于浏览器插件程序、桌面客户端程序和移动客户端程序等)的安全加固,提高客户端程序的防攻击、防入侵、防篡改、抗反编译等安全能力。

第四十七条　商业银行应当采用有效技术手段,保障借款人数据安全,确保商业银行与借款人、合作机构之间传输数据、签订合同、记录交易等各个环节数据的保密性、完整性、真实性和抗抵赖性,并做好定期数据备份工作。

第四十八条　商业银行应当充分评估合作机构的信息系统服务能力、可靠性和安全性以及敏感数据的安全保护能力,开展联合演练和测试,加强合同约束。

商业银行每年应对与合作机构的数据交互进行信息科技风险评估,并形成风险评估报告,确保不因合作而降低商业银行信息系统的安全性,确保业务连续性。

第五章　贷款合作管理

　　第四十九条　商业银行应当建立覆盖各类合作机构的全行统一的准入机制,明确相应标准和程序,并实行名单制管理。

　　商业银行应根据合作内容、对客户的影响范围和程度、对银行财务稳健性的影响程度等,对合作机构实施分层分类管理,并按照其层级和类别确定相应审批权限。

　　第五十条　商业银行应当按照合作机构资质及其承担的职能相匹配的原则,对合作机构进行准入前评估,确保合作机构与合作事项符合法律法规和监管要求。

　　商业银行应当主要从经营情况、管理能力、风控水平、技术实力、服务质量、业务合规和机构声誉等方面对合作机构进行准入前评估。选择共同出资发放贷款的合作机构,还应重点关注合作方本充足水平、杠杆率、流动性水平、不良贷款率、贷款集中度及其变化,审慎确定合作机构名单。

　　第五十一条　商业银行应当与合作机构签订书面合作协议。书面合作协议应当按照收益和风险相匹配的原则,明确约定合作范围、操作流程、各方权责、收益分配、风险分担、客户权益保护、数据保密、争议解决、合作事项变更或终止的过渡安排、违约责任以及合作机构承诺配合商业银行接受银行业监督管理机构的检查并提供有关信息和资料等内容。

　　商业银行应当自主确定目标客户群、授信额度和贷款定价标准;商业银行不得向合作机构自身及其关联方直接或变相进行融资用于放贷。除共同出资发放贷款的合作机构以外,商业银行不得将贷款发放、本息回收、止付等关键环节操作全权委托合作机构执行。商业银行应当在书面合作协议中明确要求合作机构不得以任何形式向借款人收取息费,保险公司和有担保资质的机构除外。

　　第五十二条　商业银行应当在相关页面醒目位置向借款人充分披露自身与合作机构信息、合作类产品的信息、自身与合作各方权利责任,按照适当性原则充分揭示合作业务风险,避免客户产生品牌混同。

　　商业银行应在借款合同和产品要素说明界面等相关页面中,以醒目方式向借款人充分披露合作类产品的贷款主体、实际年利率、年化综合资金成本、还本付息安排、逾期清收、咨询投诉渠道、违约责任等信息。商业银行需要向借款人获取风险数据授权时,应在线上相关页面醒目位置提示借款人详细阅读授权书内容,并在授权书醒目位置披露授权风险数据内容和期限,确保借款人完成授权书阅读后签署同意。

　　第五十三条　商业银行与其他有贷款资质的机构共同出资发放互联网贷款的,应当建立相应的内部管理制度,明确本行与合作机构共同出资发放贷款的管理机制,并在合作协议中明确各方的权利义务关系。商业银行应当独立对所出资的贷款进行风险评估和授信审批,并对贷后管理承担主体责任。商业银行不得以任何形式为无放贷业务资质的合作机构提供资金用于发放贷款,不得与无放贷业务资质的合作机构共同出资发放贷款。

　　商业银行应当按照适度分散的原则审慎选择合作机构,制定因合作机构导致业务中断的应急与恢复预案,避免对单一合作机构过于依赖而产生的风险。

　　第五十四条　商业银行应当充分考虑自身发展战略、经营模式、资产负债结构和风险管理能力,将与合作机构共同出资发放贷款总额按照零售贷款总额或者贷款总额相应比例纳入限额管理,并加强共同出资发放贷款合作机构的集中度风险管理。商业银行应当对单笔贷款出资比例实行区间管理,与合作方合理分担风险。

第五十五条　商业银行不得接受无担保资质和不符合信用保险和保证保险经营资质监管要求的合作机构提供的直接或变相增信服务。商业银行与有担保资质和符合信用保险和保证保险经营资质监管要求的合作机构合作时应当充分考虑上述机构的增信能力和集中度风险。商业银行不得因引入担保增信放松对贷款质量管控。

第五十六条　商业银行不得委托有暴力催收等违法违规记录的第三方机构进行贷款清收。商业银行应明确与第三方机构的权责,要求其不得对与贷款无关的第三人进行清收。商业银行发现合作机构存在暴力催收等违法违规行为的,应当立即终止合作,并将违法违规线索及时移交相关部门。

第五十七条　商业银行应当持续对合作机构进行管理,及时识别、评估和缓释因合作机构违约或经营失败等导致的风险。对合作机构应当至少每年全面评估一次,发现合作机构无法继续满足准入条件的,应当及时终止合作关系,合作机构在合作期间有严重违法违规行为的,应当及时将其列入本行禁止合作机构名单。

第六章　监督管理

第五十八条　商业银行首次开展互联网贷款业务的,应当于产品上线后 10 个工作日内,向其监管机构提交书面报告,内容包括:

(一)业务规划情况,包括年度及中长期互联网贷款业务模式、业务对象、业务领域、地域范围和合作机构管理等;

(二)风险管控措施,包括互联网贷款业务治理架构和管理体系,互联网贷款风险偏好、风险管理政策和程序,信息系统建设情况及信息科技风险评估,反洗钱、反恐怖融资制度,互联网贷款合作机构管理政策和程序,互联网贷款业务限额、与合作机构共同出资发放贷款的限额及出资比例、合作机构集中度等重要风险管控指标;

(三)上线的互联网贷款产品基本情况,包括产品合规性评估、产品风险评估,风险数据、风险模型管理情况以及是否符合本办法相关要求;

(四)消费者权益保护及其配套服务情况;

(五)银行业监督管理机构要求提供的其他材料。

第五十九条　银行业监督管理机构应当结合日常监管情况和商业银行风险状况等,对商业银行提交的报告和相关材料进行评估,重点评估:

(一)互联网贷款业务规划与自身业务定位、差异化发展战略是否匹配;

(二)是否独立掌握授信审批、合同签订等核心风控环节;

(三)信息科技风险基础防范措施是否健全;

(四)上线产品的授信额度、期限、放款控制、数据保护、合作机构管理等是否符合本办法要求;

(五)消费者权益保护是否全面有效。

如发现不符合本办法要求,应当要求商业银行限期整改、暂停业务等。

第六十条　商业银行应当按照本办法要求,对互联网贷款业务开展情况进行年度评估,并于每年 4 月 30 日前向银行业监督管理机构报送上一年年度评估报告。年度评估报告包括但不限于以下内容：

（一）业务基本情况；

（二）年度业务经营管理情况分析；

（三）业务风险分析和监管指标表现分析；

（四）识别、计量、监测、控制风险的主要方法及改进情况，信息科技风险防控措施的有效性；

（五）风险模型的监测与验证情况；

（六）合规管理和内控管理情况；

（七）投诉及处理情况；

（八）下一年度业务发展规划；

（九）银行业监督管理机构要求报告的其他事项。

第六十一条　互联网贷款的风险治理架构、风险管理策略和程序、数据质量控制机制、管理信息系统和合作机构管理等在经营期间发生重大调整的，商业银行应当在调整后的 10 个工作日内向银行业监督管理机构书面报告调整情况。

第六十二条　银行业监督管理机构可以根据商业银行的经营管理情况、风险水平和互联网贷款业务开展情况等对商业银行与合作机构共同出资发放贷款的出资比例及相关集中度风险、跨注册地辖区业务等提出相关审慎性监管要求。

第六十三条　银行业监督管理机构可以通过非现场监管、现场检查等方式，实施对商业银行互联网贷款业务的监督检查。

银行业监督管理机构开展对商业银行互联网贷款业务的数据统计与监测、重要风险因素评估等工作。

第六十四条　商业银行违反本办法规定办理互联网贷款的，银行业监督管理机构可根据《中华人民共和国银行业监督管理法》责令其限期改正；逾期未改正，或其行为严重危及商业银行稳健运行、损害客户合法权益的，应采取相应的监管措施。严重违反本办法的，可根据《中华人民共和国银行业监督管理法》第四十五条、第四十六条、第四十七条、第四十八条规定实施行政处罚。

第七章　附　则

第六十五条　商业银行经营互联网贷款业务，应当依照本办法制定互联网贷款管理细则及操作规程。

第六十六条　本办法未尽事项，按照《个人贷款管理暂行办法》《流动资金贷款管理暂行办法》等相关规定执行。

第六十七条　外国银行分行参照本办法执行。除第六条个人贷款期限要求外，消费金融公司、汽车金融公司开展互联网贷款业务参照本办法执行。

第六十八条　本办法由中国银行保险监督管理委员会负责解释。

第六十九条　本办法自公布之日起施行。

第七十条　过渡期为本办法实施之日起 2 年。过渡期内新增业务应当符合本办法规定。商业银行和消费金融公司、汽车金融公司应当制定过渡期内的互联网贷款整改计划,明确时间进度安排,并于办法实施之日起 1 个月内将符合本办法第五十八条规定的书面报告和整改计划报送银行业监督管理机构,由其监督实施。

附录 2

关于网络借贷法律制度的修改建议

网络借贷中介机构业务活动管理条例

第一章 总 则

第一条【立法目的】为规范网络借贷中介机构业务活动,保护出借人、借款人、网络借贷中介机构及相关当事人合法权益,促进网络借贷行业健康发展,更好满足中小微企业和个人投融资需求,现制定本条例。

第二条【适用范围】在中国境内从事网络借贷中介业务活动,适用本条例,法律、行政法规另有规定的除外。

本条例所称网络借贷是指个体和个体之间通过互联网平台实现的直接借贷。个体包含自然人、法人及其他组织。网络借贷中介机构是指依法设立,专门从事网络借贷中介业务活动的金融中介公司。该类机构以互联网为主要渠道,为借款人与出借人(即贷款人)实现直接借贷提供信息和增信等服务。

本条例所称地方金融监管部门是指各省级人民政府承担地方金融监管职责的部门。

第三条【业务原则】网络借贷中介机构按照依法、诚信、自愿、公平的原则为借款人和出借人提供服务,维护出借人与借款人合法权益,不得直接或间接归集资金,不得非法集资,不得损害国家利益和社会公共利益。

借款人与出借人遵循借贷自愿、诚实守信、责任自负、风险自担的原则承担借贷风险。网络借贷中介机构承担客观、真实、全面、及时进行信息披露的责任,在其增信服务范围内承担借贷违约风险。

第四条【管理原则】按照鼓励创新、防范风险、趋利避害、健康发展的总体要求和依法监管、适度监管、分类监管、协同监管、创新监管的监管原则,落实各方管理责任。国务院银行保险监督管理机构及其派出机构负责制定网络借贷中介机构业务活动监督管理制度,并实施行为监管。各省级人民政府负责本辖区网络借贷中介机构的机构监管。工业和信息化部负责对网络借贷中介机构业务活动涉及的电信业务进行监管。公安部牵头负责对网络借贷中介机构的互联网服务进行安全监管,依法查处违反网络安全监管的违法违规活动,打击网络借贷涉及的金融犯罪及相关犯罪。国家互联网信息办公室负责对金融信息服务、互联网信息内容等业务进行监管。

第二章 备案管理

第五条【备案效力】开展网络借贷中介业务,应当向监督管理部门备案登记。未经备案登记,任何单位和个人不得经营网络借贷中介业务。国家法律、行政法规另有规定的除外。

第六条【备案程序】拟开展网络借贷中介服务的网络借贷中介机构及其分支机构,应当在领取营业执照后,于 10 个工作日以内携带有关材料向工商登记;注册地方金融监管部门备案登记。

地方金融监管部门负责为网络借贷中介机构办理备案登记。地方金融监管部门应当在网络借贷中介机构提交的备案登记材料齐备时予以受理,并在各省(区、市)规定的时限内完成备案登记手续。备案登记不构成对网络借贷中介机构经营能力、合规程度、资信状况的认可和评价。

地方金融监管部门有权根据本条例和相关监管规则对备案登记后的网络借贷中介机构进行评估分类,并及时将备案登记信息及分类结果在官方网站上公示。

第七条【电信许可前置】网络借贷中介机构在完成备案登记前,应当按照通信主管部门的相关规定申请相应的电信业务经营许可;未按规定申请电信业务经营许可的,地方金融监管部门不得为其办理备案登记。

网络借贷中介机构备案登记、评估分类等具体细则另行制定。

第八条【备案条件】网络借贷中介机构备案应当符合下列条件:

(一)符合《中华人民共和国公司法》的规定,在中华人民共和国境内依法设立的公司;

(二)具有与业务规模相适应的自有资本,实缴资本不低于人民币 5000 万元;

(三)股东信誉良好,最近 3 年无重大违法违规记录;

(四)拟任董事、监事、高级管理人员熟悉与网络借贷业务相关的法律法规,具有履行职责所需的从业经验和管理能力,其中至少具有一名三年以上金融行业从业经历的高级管理人员和至少一名三年以上信息技术行业从业经历的高级管理人员;

(五)网络借贷平台的网址、域名已经取得电信主管部门的网站备案手续;

(六)具有相应的网络借贷信息技术安全保护设施;

(七)具有完备的风险管理与内部控制制度;

(八)法律、行政法规或国务院银行保险监管管理部门规定的其他条件。

第九条【任职资格限制】除《中华人民共和国公司法》等法律规定的不得担任董事、监事、高级管理人员等的情形外,有下列情形之一的,不得担任网络借贷中介机构的实际控制人、董事、监事、高级管理人员:

(一)因贪污、贿赂、侵占财产、挪用财产、背信犯罪或者破坏社会主义市场金融秩序,被判处刑罚的;

(二)因采用非法手段催收债务或者泄露客户信息受到过行政处罚的;

(三)被列入法院系统失信被执行人名单的

第十条【变更登记】网络借贷中介机构备案登记事项发生变更的,应当在 5 个工作日以内向工商登记注册地方金融监管部门报告并进行备案信息变更。

第十一条【档案共享】地方金融监管部门在完成备案登记后,应当根据相关备案登记信息,建立本辖区网络借贷中介机构档案,并将档案信息与本辖区银行保险监督管理部门进行共享,为后续日常管理提供依据。

第十二条【备案注销】经备案的网络借贷中介机构拟终止网络借贷信息中介服务的,应当在终止业务前提前至少 10 个工作日,书面告知工商登记注册地地方金融监管部门,并办理备案注销。

经备案登记的网络借贷中介机构依法解散或者依法宣告破产的,除依法进行清算外,由工商登记注册的地方金融监管部门注销其备案。

第三章　业务规则与风险管理

第十三条【中介机构义务】网络借贷中介机构应当履行下列义务:

(一)依据法律法规及合同约定为出借人与借款人提供直接借贷信息的采集整理、甄别筛选、网上发布,以及资信评估、借贷撮合、融资咨询、在线争议解决等相关服务;

(二)对出借人与借款人的资格条件、信息的真实性、融资项目的真实性、合法性进行必要审核;

(三)采取措施防范欺诈行为,发现欺诈行为或其他损害出借人利益的情形,及时公告并终止相关网络借贷活动;

(四)持续开展网络借贷知识普及和风险教育活动,加强信息披露工作,引导出借人以小额分散的方式参与网络借贷,确保出借人充分知悉借贷风险;

(五)按照法律法规和网络借贷有关监管规定要求报送相关信息,其中网络借贷有关债权债务信息要及时向有关数据统计部门报送并登记;

(六)妥善保管出借人与借款人的资料和交易信息,不得删除、篡改,不得非法买卖、泄露出借人与借款人的基本信息和交易信息;

(七)依法履行客户身份识别、可疑交易报告、客户身份资料和交易记录保存等反洗钱和反恐怖融资义务;

(八)配合相关部门做好防范查处金融违法犯罪相关工作;

(九)按照相关要求做好互联网信息内容管理、网络与信息安全相关工作;

(十)国务院银行保险监督管理机构、工商登记注册地省级人民政府规定的其他义务。

第十四条【禁止性业务】网络借贷中介机构不得从事或者接受委托从事下列活动:

(一)为自身或变相为自身融资;

(二)直接或间接接受、归集出借人的资金;

(三)平台自身或采取其他方式为出借人提供担保或者承诺保本保息;

(四)发放贷款,但法律法规另有规定的除外;

(四)将融资项目的期限进行拆分;

(五)自行发售理财等金融产品募集资金,代销银行理财、券商资管、基金、保险或信托产品等金融产品;

(六)不得开展类资产证券化业务或实现以打包资产、证券化资产、信托资产、基金份额等形式的债权转让行为,但经银行保险监督管理部门批准,或符合法律法规要求,具备相关业务资质的除外;

（七）除法律法规和网络借贷有关监管规定允许外，与其他机构投资、代理销售、经纪等业务进行任何形式的混合、捆绑、代理；

（八）虚构、夸大融资项目的真实性、收益前景，隐瞒融资项目的瑕疵及风险，以歧义性语言或其他欺骗性手段等进行虚假片面宣传或促销等，捏造、散布虚假信息或不完整信息损害他人商业信誉，误导出借人或借款人；

（九）向借款用途为投资股票、场外配资、期货合约、结构化产品及其他衍生品等高风险的融资提供信息中介服务；

（十）从事股权众筹等业务；

（十一）法律法规、网络借贷有关监管规定禁止的其他活动。

第十五条【客户实名制】参与网络借贷的出借人与借款人应当为网络借贷中介机构核实的实名注册用户。

第十六条【借款人义务】借款人应当履行下列义务：

（一）提供真实、准确、完整的用户信息及融资信息；

（二）提供在所有网络借贷中介机构未偿还借款信息；

（三）保证融资项目真实、合法，并按照约定用途使用借贷资金，不得用于出借等其他目的；

（四）按照约定向出借人如实报告影响或可能影响出借人权益的重大信息；

（五）确保自身具有与借款金额相匹配的还款能力并按照合同约定还款；

（六）借贷合同及有关协议约定的其他义务。

第十七条【借款人禁止性规定】借款人不得从事下列行为：

（一）通过故意变换身份、虚构融资项目、夸大融资项目收益前景等形式的欺诈借款；

（二）同时通过多个网络借贷中介机构，或者通过变换项目名称、对项目内容进行非实质性变更等方式，就同一融资项目进行重复融资；

（三）在网络借贷中介机构以外的公开场所发布同一融资项目的信息；

（四）已发现网络借贷中介机构提供的服务中含有本条例第十条所列内容，仍进行交易；

（五）法律法规和网络借贷有关监管规定禁止从事的其他活动。

第十八条【出借人资质】参与网络借贷的出借人，应当具备投资风险意识、风险识别能力、拥有非保本类金融产品投资的经历并熟悉互联网。

第十九条【出借人义务】参与网络借贷的出借人应当履行下列义务：

（一）向网络借贷中介机构提供真实、准确、完整的身份等信息；

（二）出借资金为来源合法的自有资金；

（三）了解融资项目信贷风险，确认具有相应的风险认知和承受能力；

（四）自行承担借贷产生的本息损失；

（五）借贷合同及有关协议约定的其他义务。

第二十条【债务催收】网络借贷中介机构应当以合法、适当方式为逾期借款人提供还款提醒服务。非存款类放贷组织采用外包方式进行债务催收的，应建立相应的业务管理制度，明确外包机构选用标准、业务培训、法律责任等，不得约定仅按欠款回收金额提成的方式支付佣金。

网络借贷中介机构和外包机构进行债务催收时,不得有下列行为:

(一)使用或威胁使用暴力或其他违法行为来损害他人的身体、名誉或者财产;

(二)侮辱、诽谤或者以其他方式干扰他人正常工作和生活;

(三)使用误导、欺诈、虚假陈述等手段,迫使借款人清偿债务;

(四)向公众公布拒绝清偿债务的借款人名单,法律、行政法规另有规定除外;

(五)向债务人、担保人以外的其他人员进行催收;

(六)其他以不合法、不公平或不正当手段催收债务的行为。

第二十一条【线上经营】网络借贷中介机构在互联网、固定电话、移动电话等电子渠道以外的物理场所只能进行信用信息采集、核实、贷后跟踪、抵质押管理等风险管理及网络借贷有关监管规定明确的部分必要经营环节。

第二十二条【借款限额】网络借贷金额应当以小额为主。网络借贷中介机构应当根据本机构风险管理能力,控制同一借款人在同一网络借贷中介机构平台及不同网络借贷中介机构平台的借款余额上限,防范信贷集中风险。

同一自然人在同一网络借贷中介机构平台的借款余额上限不超过人民币 20 万元;同一法人或其他组织在同一网络借贷中介机构平台的借款余额上限不超过人民币 100 万元;同一自然人在不同网络借贷中介机构平台借款总余额不超过人民币 100 万元;同一法人或其他组织在不同网络借贷中介机构平台借款总余额不超过人民币 500 万元。

第二十三条【网络安全】网络借贷中介机构应当按照国家网络安全相关规定和国家信息安全等级保护制度的要求,开展信息系统定级备案和等级测试,具有完善的防火墙、入侵检测、数据加密以及灾难恢复等网络安全设施和管理制度,建立信息科技管理、科技风险管理和科技审计有关制度,配置充足的资源,采取完善的管理控制措施和技术手段保障信息系统安全稳健运行,保护出借人与借款人的信息安全。

网络借贷中介机构应当记录并留存借贷双方上网日志信息,信息交互内容等数据,留存期限为自借贷合同到期起 5 年;每两年至少开展一次全面的安全评估,接受国家或行业主管部门的信息安全检查和审计。

网络借贷中介机构成立两年以内,应当建立或使用与其业务规模相匹配的应用级灾备系统设施。

第二十四条【募集期限制】网络借贷信息中介机构应当为单一融资项目设置募集期,最长不超过 20 个工作日。

第二十五条【征信管理】网络借贷活动信息应当纳入征信系统,网络借贷中介机构应建立完善的借款人信用评估机制。国家征信系统、信用数据库和反欺诈数据平台,应当允许网络借贷中介机构接入,网络借贷中介机构从征信系统、信用数据库和反欺诈数据平台获得的信息,不得泄露,不得用于与网络借贷无关的任何活动。

第二十六条【信息共享】网络借贷中介机构应当加强与金融信用信息基础数据库运行机构、征信机构、互联网金融行业协会大数据信息平台等的业务合作与信息共享,依法提供、查询和使用有关金融信用信息。

第二十七条【借款利率与费用标准】借款人支付的本金和利息应当归出借人所有,网络借贷利率规定不得超过银行保险监督委员会的规定。

网络借贷中介机构应当与出借人、借款人另行约定费用标准和支付方式,具体收费办法或收费标准,由银行保险监督委员会会同物价部门统一制定。

网络借贷中介机构与出借人以服务费用等收费形式规避网络借贷利率监管上限规定的,超过利率监管上限的部分无效。

第二十八条【风险控制制度】网络借贷中介机构应当建立风险控制制度,风险控制制度至少包括下列内容:

(一)实现平台系统的自主访问控制,使系统用户具有自我保护的能力;

(二)增强系统的安全保护功能;

(三)获取融资者基本情况的功能;

(四)对融资信息进行风险分析及揭示的功能;

(五)对融资约定事项进行提示和督促;

(六)其他需要风险控制的情形。

第二十九条【电子签名与认证】各方参与网络借贷中介机构业务活动,需要对出借人与借款人的基本信息和交易信息等使用电子签名、电子认证时,应当遵守法律法规的规定,保障数据的真实性、完整性及电子签名、电子认证的法律效力。

网络借贷中介机构使用第三方数字认证系统,应当对第三方数字认证机构进行定期评估,保证有关认证安全可靠并具有独立性。

第三十条【数据备份】网络借贷中介机构应当采取适当的方法和技术,记录并妥善保存网络借贷业务活动数据和资料,做好数据备份。保存期限应当符合法律法规及网络借贷有关监管规定的要求。借贷合同到期后应当至少保存 5 年。

第三十一条【退出公示】网络借贷中介机构暂停、终止业务时应当至少提前 10 个工作日通过官方网站等有效渠道向出借人与借款人公告,并通过移动电话、固定电话等渠道通知出借人与借款人。网络借贷中介机构业务暂停或者终止,不影响已经签订的借贷合同当事人有关权利义务。

第四章　出借人与借款人保护

第三十二条【出借人自主权】未经出借人授权,网络借贷中介机构不得以任何形式代出借人行使决策。

第三十三条【出借人风险管理】网络借贷中介机构应当向出借人以醒目方式提示网络借贷风险和禁止性行为,并经出借人确认。

网络借贷中介机构应当对出借人的年龄、财务状况、投资经验、风险偏好、风险承受能力等进行尽职评估,不得向未进行风险评估的出借人提供交易服务。

网络借贷中介机构应当根据风险评估结果对出借人实行分级管理,设置可动态调整的出借限额和出借标的限制。

第三十四条【信息保护】网络借贷中介机构应当加强出借人与借款人信息管理,确保出借人与借款人信息采集、处理及使用的合法性和安全性。

网络借贷中介机构及其资金存管机构、其他各类外包服务机构等应当为业务开展过程中收集的出借人与借款人信息保密,未经出借人与借款人同意,不得将出借人与借款人提供的信息用于所提供服务之外的目的。

在中国境内收集的出借人与借款人信息的储存、处理和分析应当在中国境内进行。除法律法规另有规定外,网络借贷中介机构不得向境外提供境内出借人和借款人信息。

第三十五条【资金存管】网络借贷中介机构应当实行自身资金与出借人和借款人资金的隔离管理,并选择符合条件的银行业金融机构作为出借人与借款人的资金存管机构。

第三十六条【纠纷解决】出借人与网络借贷中介机构之间、出借人与借款人之间、借款人与网络借贷中介机构之间等纠纷,可以通过以下途径解决:

(一)自行和解;

(二)请求行业自律组织调解;

(三)向仲裁部门申请仲裁;

(四)向人民法院提起诉讼。

第三十七条【职业放贷人禁止】出借人、其他组织或个人从事或者主要从事发放贷款业务,或者以发放贷款为日常业务活动,必须经过国务院有关部门依法批准。

第五章 增信业务

第三十八条【风险备用金】网络借贷中介机构开展增信业务,可以按照借款人信用等级等标准在借款人的服务费中提取一定比例的款项金额,作为风险备用金,对因借款人违约而给出借人造成的本金和利息损失给予适当补偿。

第三十九条【风险备用金信托账户管理】网络借贷中介机构应当选择符合条件的信托机构,以专门信托账户形式对风险备用金进行保管。风险备用金所有权归属网络借贷中介机构所有出借人,信托机构根据本条例和信托协议的规定,管理风险备用金账户,偿付出借人逾期应收赔付金额。

第四十条【风险备用金赔付规则】缴纳风险备用金的借款人逾期还款超过 30 日,信托机构可以从风险备用金账户中提取相应资金偿付出借人逾期应收赔付金额,赔付金额以风险备用金账户中的资金总额为限。

出借人逾期应收赔付金额包括逾期债权的本金和利息。当风险备用金账户不足以清偿全部赔付金额时,优先偿付逾期债权本金。风险备用金账户对出借人逾期应收赔付金额的偿付,按照债权逾期的先后顺序进行分配。风险备用金账户资金不足以偿付同一借款合同项下数位出借人逾期应收赔付金额时,按照债权比例偿付分配;数笔借款合同于同日到期,风险备用金账户当期余额不足以支付该日所有出借人逾期应收赔付金额时,出借人按照各自逾期应收赔付金额占当期所有出借人逾期应收赔付金额总额的比例进行偿付分配,不足部分由新补充的账户资金优先偿付。

第四十一条【风险备付金资金维持】风险备用金账户对出借人逾期应收赔付金额进行偿付后,网络借贷中介机构即取得对应债权,其后所受债务人清偿之本金、利息和罚息,应当归入风险备用金账户;该债权存在抵押、质押或其他形式担保的,网络借贷中介机构处置抵押物、质押物或行使其他担保权利的所得,一并归属风险备用金账户。

第四十二条【债权受让和资格受让】网络借贷中介机构可以与出借人约定,在借款人逾期违约时,出借人将债权或部分转让给网络借贷中介机构或其他第三人。

网络借贷中介机构可以与出借人约定,委托网络借贷中介机构向借款人追偿逾期债权,在扣除必要费用后,实现债权利益归属出借人。

第四十三条【第三方担保】网络借贷中介机构可以选择具备融资性担保资质的第三方担保公司,根据担保协议的约定,为借款人的借款项目提供担保,担保协议内容及其效力应符合法律、行政法规的效力性规定。

第四十四条【信用保证保险】网络借贷中介机构可以与财产保险公司合作,为借贷双方提供信用保证保险业务。信用保证保险业务应符合法律、行政法规以及国务院保险业监督管理机构的规定。

第六章　资金存管

第四十五条【资金存管法律关系】网络借贷中介机构应当委托符合条件的商业银行,作为借款人、出借人和担保人等进行投融资活动形成的专项借贷资金的存管人。存管人按照法律法规规定和合同约定,履行网络借贷资金存管专用账户的开立与销户、资金保管、资金清算、账务核对、提供信息报告等职责的业务。存管人开展网络借贷资金存管业务,不对网络借贷交易行为提供保证或担保,不承担借贷违约责任。

网络借贷中介机构开展网络借贷资金存管业务,应指定唯一一家存管人作为资金存管机构。在网络借贷资金存管业务中,除必要的披露及监管要求外,网络借贷中介机构不得用"存管人"做营销宣传。

第四十六条【资金存管机构资质】在中华人民共和国境内依法设立并取得企业法人资格的商业银行,作为存管人开展网络借贷资金存管业务应符合以下要求:

(一)明确负责网络借贷资金存管业务管理与运营的一级部门,部门设置能够保障存管业务运营的完整与独立;

(二)具有自主管理、自主运营且安全高效的网络借贷资金存管业务技术系统;

(三)具有完善的内部业务管理、运营操作、风险监控的相关制度;

(四)具备在全国范围内为客户提供资金支付结算服务的能力;

(五)具有良好的信用记录,未被列入企业经营异常名录和严重违法失信企业名单;

(六)国务院银行保险监督管理机构要求的其他条件。

第四十七条【存款人技术条件】存管人的网络借贷资金存管业务技术系统应当满足以下条件:

(一)具备完善规范的资金存管清算和明细记录的账务体系,能够根据资金性质和用途为委托人、委托人的客户(包括出借人、借款人及担保人等)进行明细登记,实现有效的资金管理和登记;

(二)具备完整的业务管理和交易校验功能,存管人应在充值、提现、缴费等资金清算环节设置交易密码或其他有效的指令验证方式,通过履行表面一致性的形式审核义务对客户资金及业务授权指令的真实性进行认证,防止委托人非法挪用客户资金;

(三)具备对接网络借贷信息中介机构系统的数据接口,能够完整记录网络借贷客户信

息、交易信息及其他关键信息,并具备提供账户资金信息查询的功能;

(四)系统具备安全高效稳定运行的能力,能够支撑对应业务量下的借款人和出借人各类峰值操作;

(五)国务院银行保险监督管理机构要求的其他条件。

第四十八条【存款人职责】在网络借贷资金存管业务中,存管人应履行以下职责:

(一)存管人对申请接入的网络借贷中介机构,应设置相应的业务审查标准,为委托人提供资金存管服务;

(二)为委托人开立网络借贷资金存管专用账户和自有资金账户,为出借人、借款人和担保人等在网络借贷资金存管专用账户下分别开立子账户,确保客户网络借贷资金和网络借贷信息中介机构自有资金分账管理,安全保管客户交易结算资金;

(三)根据法律法规规定和存管合同约定,按照出借人与借款人发出的指令或业务授权指令,办理网络借贷资金的清算支付;

(四)记录资金在各交易方、各类账户之间的资金流转情况;

(五)每日根据委托人提供的交易数据进行账务核对;

(六)根据法律法规规定和存管合同约定,定期提供网络借贷资金存管报告;

(七)妥善保管网络借贷资金存管业务相关的交易数据、账户信息、资金流水、存管报告等包括纸质或电子介质在内的相关数据信息和业务档案,相关资料应当自借贷合同到期后保存 5 年以上;

(八)存管人应对网络借贷资金存管专用账户内的资金履行安全保管责任,不应外包或委托其他机构代理进行资金账户开立、交易信息处理、交易密码验证等操作;

(九)存管人应当加强出借人与借款人信息管理,确保出借人与借款人信息采集、处理及使用的合法性和安全性;

(十)法律、行政法规、规章及其他规范性文件和存管合同约定的其他职责。

第四十九条【存管合同】存管合同至少应包括以下内容:

(一)当事人的基本信息;

(二)当事人的权利和义务;

(三)网络借贷资金存管专用账户的开立和管理;

(四)网络借贷信息中介机构客户开户、充值、投资、缴费、提现及还款等环节资金清算及信息交互的约定;

(五)网络借贷资金划拨的条件和方式;

(六)网络借贷资金使用情况监督和信息披露;

(七)存管服务费及费用支付方式;

(八)存管合同期限和终止条件;

(九)风险提示;

(十)反洗钱职责;

(十一)违约责任和争议解决方式;

(十二)其他约定事项。

第五十条【业务接口规范】委托人和存管人应共同制定供双方业务系统遵守的接口规范,并在上线前组织系统联网和灾备应急测试,及时安排系统优化升级,确保数据传输安全、顺畅。

第五十一条【账务核对】资金对账工作由委托人和存管人双方共同完成,每日日终交易结束后,存管人根据委托人发送的日终清算数据,进行账务核对,对资金明细流水、资金余额数据进行分分资金对账、总分资金对账,确保双方账务一致。

第五十二条【存管人信息披露义务】存管人应按照存管合同的约定,定期向委托人和合同约定的对象提供资金存管报告,披露网络借贷信息中介机构客户交易结算资金的保管及使用情况,报告内容应至少包括以下信息:委托人的交易规模、借贷余额、存管余额、借款人及出借人数量等。

第五十三条【业务清算处置】委托人暂停、终止业务时应制定完善的业务清算处置方案,并至少提前 30 个工作日通知地方金融监管部门及存管人,存管人应配合地方金融监管部门、委托人或清算处置小组等相关方完成网络借贷资金存管专用账户资金的清算处置工作,相关清算处置事宜按照有关规定及与委托人的合同约定办理。

第五十四条【委托人信息提供义务】委托人需向存管人提供真实准确的交易信息数据及有关法律文件,包括并不限于网络借贷中介机构当事人信息、交易指令、借贷信息、收费服务信息、借贷合同等。存管人不承担借款项目及借贷交易信息真实性的审核责任,不对网络借贷信息数据的真实性、准确性和完整性负责,因委托人故意欺诈、伪造数据或数据发生错误导致的业务风险和损失,由委托人承担相应责任。

第五十五条【存管中立性】商业银行担任网络借贷资金的存管人,不应被视为对网络借贷交易以及其他相关行为提供保证或其他形式的担保。存管人不对网络借贷资金本金及收益予以保证或承诺,不承担资金运用风险,出借人须自行承担网络借贷投资责任和风险。

第五十六条【收费标准】存管人应根据存管金额、期限、服务内容等因素,与委托人平等协商确定存管服务费,不得以开展存管业务为由开展捆绑销售及变相收取不合理费用。

第五十七条【责任承担】借款人、出借人、网络借贷中介机构、资金存管机构、担保人等应当签订资金存管协议,明确各自权利义务和违约责任。

资金存管机构对出借人与借款人开立和使用资金账户进行管理和监督,并根据合同约定,对出借人与借款人的资金进行存管、划付、核算和监督。

资金存管机构承担实名开户和履行合同约定及借贷交易指令表面一致性的形式审核责任,但不承担融资项目及借贷交易信息真实性的实质审核责任。

资金存管机构应当按照网络借贷有关监管规定报送数据信息并依法接受相关监督管理。

第五十八条【资金存管业务管理】中国银行业协会依据本条例及其他有关法律法规、自律规则,对商业银行开展网络借贷资金存管业务进行自律管理。

中国互联网金融协会依据本条例及其他有关法律法规、自律规则,对网络借贷中介机构开展网络借贷资金存管业务进行自律管理。

第七章　信息披露

第五十九条【信息披露义务】网络借贷中介机构应当在其官方网站上向公众披露网络借贷信息中介机构备案信息、组织信息以及审核信息。

网络借贷中介机构应当在其官方网站上建立业务活动经营管理信息披露专栏,定期以公告形式向公众披露年度报告、法律法规、网络借贷有关监管规定。并向公众披露咨询、投诉、举报联系电话、电子邮箱、通信地址。

网络借贷信息中介机构应当在每月前5个工作日内,向公众披露截止于上一月未经网络借贷信息中介机构撮合交易信息。

第六十条【披露内容】网络借贷中介机构应当在其官方网站上向出借人充分披露借款人基本信息、融资项目基本信息、风险评估及可能产生的风险结果、已撮合未到期融资项目资金运用情况等有关信息。

披露内容应符合法律法规关于国家秘密、商业秘密、个人隐私的有关规定。

第六十一条【特殊事项披露】网络借贷信息中介机构或其分支机构发生下列情况之一的,网络借贷信息中介机构应当于发生之日起48小时内将事件的起因、目前的状态、可能产生的影响和采取的措施向公众进行披露。

(一)公司减资、合并、分立、解散或申请破产;

(二)公司依法进入破产程序;

(三)公司被责令停业、整顿、关闭;

(四)公司涉及重大诉讼、仲裁,或涉嫌违法违规被有权机关调查,或受到刑事处罚、重大行政处罚;

(五)公司法定代表人、实际控制人、主要负责人、董事、监事、高级管理人员涉及重大诉讼、仲裁,或涉嫌违法违纪被有权机关调查,或受到刑事处罚、重大行政处罚,或被采取强制措施;

(六)公司主要或者全部业务陷入停顿;

(七)存在欺诈、损害出借人利益等其他影响网络借贷信息中介机构经营活动的重大事项。

第六十二条【中介服务】网络借贷中介机构应当聘请会计师事务所定期对本机构出借人与借款人资金存管、信息披露情况、信息科技基础设施安全、经营合规性等重点环节实施审计,并且应当聘请有资质的信息安全测评认证机构定期对信息安全实施测评认证,向出借人与借款人等披露审计和测评认证结果。

网络借贷中介机构应当引入律师事务所、信息系统安全评价等第三方机构,对网络信息中介机构合规和信息系统稳健情况进行评估。

网络借贷中介机构应当将定期信息披露公告文稿和相关备查文件报送工商登记注册的地方金融监管部门,并置备于机构住所供社会公众查阅。

第六十三条【信息披露制度】网络借贷信息中介机构应当建立健全信息披露制度,指定专人负责信息披露事务,确保信息披露专栏内容可供社会公众随时查阅。

网络借贷信息中介机构应当对信息披露内容进行书面留存,并应自披露之日起保存五年以上。

第六十四条【高管忠实、勤勉义务】网络借贷中介机构的董事、监事、高级管理人员应当忠实、勤勉地履行职责,保证披露的信息真实、准确、完整、及时、公平,不得有虚假记载、误导性陈述或者重大遗漏。

借款人应当配合网络借贷中介机构及出借人对融资项目有关信息的调查核实,保证提供的信息真实、准确、完整。

网络借贷信息披露具体细则另行制定。

第八章　市场退出

第六十五条【生前遗嘱】网络借贷中介机构应当制定恢复与处置计划,报送地方金融监管部门,并在其官方网站上进行披露。

恢复与处置计划应当包括触发条件、存量项目处置、资金清算方案、应急预案等。

第六十六条【生前遗嘱执行】网络借贷中介机构退出网络借贷中介行业的,应当在退出前,按照恢复与处置计划妥善处理已撮合存续的借贷业务。

网络借贷中介机构清算事宜按照有关法律法规的规定办理。网络借贷中介机构清算时,出借人与借款人的资金分别属于出借人与借款人,不属于网络借贷中介机构的财产,不列入清算财产。

第六十七条【退出程序】网络借贷中介机构退出的一般程序为:

(一)成立退出工作领导小组;

(二)制定退出计划和退出方案;

(二)向地方金融监管部门与行业协会报送退出计划及退出方案;

(四)地方金融监管部门与行业协会提出指导意见;

(五)执行退出方案,按照计划稳妥推进退出工作;

(六)每周向行业协会汇报退出情况,并就疑难问题及时与行业协会沟通;

(七)落实出借人资金清退工作,全部结清存量项目;

(八)全面终止网络借贷中介业务。

第六十八条【退出管理】网络借贷中介机构退出工作领导小组应及时与地方金融监管部门以及行业协会建立联系机制,提供各类风险隐患信息,反馈退出过程中存在的问题,商讨制定合理有效的处置措施。网络借贷中介机构应向地方金融监管部门与行业协会报备退出计划书、存量项目清单和清收情况、出借人信息以及财务审计报告。

第六十九条【退出公示】网络借贷中介机构在风险可控的前提下,应选择适当的时机向出借人发布退出公告,披露以下内容:

(一)退出原因;

(二)退出方案;

(三)退出时间表;

(四)不良资产处置方案;

(五)出借人资产清偿方案;

(六)投诉协商处理渠道。

第七十条【出借人利益保护】网络借贷中介机构应制定明确的出借人资产清偿方案,妥善清理存量项目,通过邮件、短信等方式,将项目到期时间、还款金额、项目是否逾期等相关情况告知出借人。对于存在不良资产漏洞的项目,网络借贷中介机构应根据实际情况,将不良资产清理后剩余的资金,按出借人出资额比例予以清退。

第七十一条【不良资产处置】网络借贷中介机构应根据平台实际情况对不良资产进行分类处置,最大限度保障出借人合法利益。

(一)网络借贷中介机构应加强与第三方不良资产管理处置公司合作,将不良资产整合打包出售给第三方不良资产管理处置公司,最大限度回收资金填补不良资产漏洞;

(二)网络借贷中介机构应加强与律师事务所、会计事务所等第三方中介服务机构合作,对退出方案进行合规分析和法律风险提示,对资产、负债进行评估,形成合规性报告、审计报告和资产评估报告,协助资产评估变现、组织参与资金清退等工作;

(三)不良资产压力过大的网络借贷中介机构可通过并购重组、债权转让、破产清算等方式积极筹措资金,同时建立出借人权利保护委员会,公平、公开、透明地补偿出借人损失。

第九章　监督管理

第七十二条【监管机构】国务院银行保险监督管理机构及其派出机构负责制定统一的规范发展政策措施和监督管理制度,负责网络借贷中介机构的日常行为监管,指导和配合地方人民政府做好网络借贷中介机构的机构监管和风险处置工作,建立跨部门跨地区监管协调机制。

各地方金融监管部门具体负责本辖区网络借贷中介机构的机构监管,包括对本辖区网络借贷中介机构的规范引导、备案管理和风险防范、处置工作。

第七十三条【自律管理】中国互联网金融协会从事网络借贷行业自律管理,并履行下列职责:

(一)制定自律规则、经营细则和行业标准并组织实施,教育会员遵守法律法规和网络借贷有关监管规定;

(二)依法维护会员的合法权益,协调会员关系,组织相关培训,向会员提供行业信息、法律咨询等服务,调解纠纷;

(三)建立会员之间网络借贷信息共享机制;

(三)受理有关投诉和举报,开展自律检查;

(四)成立网络借贷专业委员会;

(五)法律法规和网络借贷有关监管规定赋予的其他职责。

第七十四条【重大事件报告制度】网络借贷中介机构应当在下列重大事件发生后,立即采取应急措施并向工商登记注册的地方金融监管部门报告:

(一)因经营不善等原因出现重大经营风险;

(二)网络借贷中介机构或其董事、监事、高级管理人员发生重大违法违规行为;

(三)因商业欺诈行为被起诉,包括违规担保、夸大宣传、虚构隐瞒事实、发布虚假信息、签订虚假合同、错误处置资金等行为。

地方金融监管部门应当建立网络借贷行业重大事件的发现、报告和处置制度,制定处置预案,及时、有效地协调处置有关重大事件。

地方金融监管部门应当及时将本辖区网络借贷中介机构重大风险及处置情况信息报送省级人民政府、国务院银行保险监督管理机构和中国人民银行。

第七十五条【特殊事项报告制度】除本条例第七条规定的事项外,网络借贷中介机构发生下列情形的,应当在 5 个工作日以内向工商登记注册地地方金融监管部门报告:

(一)因违规经营行为被查处或被起诉;

(二)董事、监事、高级管理人员违反境内外相关法律法规行为;

(三)国务院银行保险监督管理机构、地方金融监管部门等要求的其他情形。

第七十六条【审计报告】网络借贷中介机构应当聘请会计师事务所进行年度审计,并在上一会计年度结束之日起 4 个月内向工商登记注册地方金融监管部门报送年度审计报告。

第七十七条【其他金融业务监管】网络借贷中介机构开展与网络借贷相关的其他金融业务,应当遵守法律、行政法规和国务院金融监督管理机构的相关规定。

第十章 法律责任

第七十八条【责任规范适用】网络借贷中介机构的行为,违反本条例有关规定的,依照本条例执行;本条例未规定的,依照有关法律、行政法规的规定执行。

第七十九条【非法集资、欺诈的法律责任】网络借贷中介机构违反法律规定从事非法集资活动或欺诈的,按照相关法律、行政法规处理;构成犯罪的,依法追究刑事责任。

第八十条【未经备案的法律责任】违反本条例规定,未经备案登记擅自开展网络借贷中介业务的,由银行保险监督管理机构及其派出机构予以取缔或者责令停止经营,并处 50 万元以上 100 万元以下的罚款,有违法所得的,没收违法所得;构成犯罪的,依法追究刑事责任。

第八十一条【违反禁止性规定的法律责任】网络借贷中介机构开展网络借贷业务违反本条例第十三条、十五条规定,实施禁止性行为之一的,由地方金融监管部门责令限期改正,并予以警告;情节严重的,予以通报,并处二十万以上五十万元以下罚款;涉嫌犯罪的,依法移送司法机关追究刑事责任。

第八十二条【违反审慎经营规则的法律责任】网络借贷中介机构违反审慎经营规则,或者未按本条例规定报送重大信息的,由地方金融监管部门责令限期改正;逾期不改正的,处十万元以下罚款;情节严重的,处十万元以上五十万元以下罚款;情节特别严重或对金融秩序造成严重危害的,地方金融监管部门可以上报银行保险监督管理机构,由银行保险监督管理机构做出撤销备案登记或暂停营业的处罚决定。

第八十三条【违反信息披露义务的法律责任】网络借贷中介机构违反本条例规定,未履行信息披露义务的,或者提供虚假、隐瞒重要事实的,由地方金融监管部门责令改正;未造成不良后果的,责令改正并给予警告;情节严重或者造成不良后果的,处十万元以下罚款;情节特别严重或者造成严重后果的,处十万元以上五十万元以下罚款。

第八十四条【非法放贷法律责任】任何组织或个人未经批准从事或者主要从事发放贷款业务,或者以发放贷款为日常业务活动的,由银行保险监督管理机构依法取缔,并处累计发放贷款金额或者注册资本金额(以较高者为准)3倍罚款;情节严重的,并处累计发放贷款金额或者注册资本金额(以较高者为准)5倍罚款;构成犯罪的,依法追究刑事责任。

第八十五条【高管法律责任】网络借贷中介机构违反法律、行政法规及本条例的有关规定,地方金融监管部门可以对有关董事、监事、高级管理人员和其他直接责任人员给予警告或通报;造成重大社会风险的,由银行保险监督管理机构可以禁止有关人员从事网络借贷和其他金融业务,期限为三年至五年,相关违法行为纳入诚信档案。

网络借贷中介机构任免、变更董事、监事、高级管理人员违反法律、行政法规和本条例有关规定的,地方金融监管部门可以处一万元以上五万元以下罚款,该任免、变更决议无效。

第八十六条【不配合检查监督的法律责任】网络借贷中介机构拒绝或者不配合依法检查监督或者调查的,由地方金融监管部门予以警告;情节严重的,对单位处十万以上三十万元以下罚款,对个人处三万元以上十万元以下罚款;情节特别严重的,予以通报批评,并对单位处三十万以上五十万元以下罚款,对个人处十万元以上三十万元以下罚款。构成违反治安管理行为的,由公安机关依法处罚;构成犯罪的,依法追究刑事责任。

第八十七条【撤销备案、吊销许可证】网络借贷中介机构严重违法,不予撤销备案登记或吊销有关行政许可将严重危害金融秩序、损害公众利益的,由银行保险监督管理机构或其他行政许可审批部门予以撤销备案登记或吊销行政许可。

第八十八条【救济措施】网络借贷中介机构和其他当事人对银行保险监督管理机构及其派出机构、地方金融监管部门的行政处罚不服的,有权申请行政复议或者提起行政诉讼。

第八十九条【违法监管】银行保险监督管理机构及其派出机构、地方金融监管部门从事网络借贷监督管理工作的人员有下列行为之一的,依法给予行政处分;构成犯罪的,依法追究刑事责任:

实施备案登记不符合法定条件或程序的;

违反规定进行监督、检查、调查的;

(三)妨碍或者干扰网络借贷中介机构正常经营的;

(三)索取或者收受网络借贷中介机构贿赂的;

(四)滥用职权、玩忽职守,对违法行为不依法进行查处,或者牟取不正当利益的;

(五)泄露或者利用因行使职权知悉的商业秘密或者个人隐私的;

(六)违反规定对网络借贷中介机构和相关人员实施行政处罚的;

(七)其他违反规定履行职责、不履行或未及时履行法定职责的行为。

地方金融监管部门存在未依照本条例规定报告重大风险和处置情况、未依照本条例规定向国务院银行保险监督管理机构提供行业统计或行业报告等违反法律法规及本条例规定情形的,应当对有关责任人依法给予行政处分;构成犯罪的,依法追究刑事责任。

第十一章　附　则

第九十条【特殊网络借贷中介机构】银行保险监督管理机构批准设立的其他金融机构和省级人民政府批准设立的融资担保公司、小额贷款公司等投资设立具有独立法人资格的网络借贷中介机构,设立条例另行制定。

第九十一条【行业协会】中国互联网金融协会网络借贷专业委员会按照本条例和协会章

程开展自律并接受相关监管部门指导。

　　第九十二条【实施细则】国务院银行保险监督委员会和省级人民政府可以根据本条例制定实施细则,并报国务院备案。

　　第九十三条【本数规则】本条例所称不超过、以下、以内,包括本数。

后　记

　　本书是我在浙江大学光华法学院读博期间参与导师李有星教授主持的国家哲学社会科学基金重点项目"互联网融资法律制度创新构建研究"(15AFX020)和浙江省哲学社会科学规划优势学科重大项目"我国民间金融市场治理的法律制度构建及完善"(14YSXK01ZD)所形成的研究成果。互联网金融经过2013年的启蒙，2014年的野蛮生长，在2015年进入了大资本时代。据统计，2015年中国互联网金融投融资市场发生的投融资案例共计402起，获得融资的企业有370家，融资金额约为944亿元人民币，相较于2014年，互联网金融市场投融资规模增长达600%以上。互联网融资以P2P网贷与股权众筹为代表，而互联网融资法律规范体系存在网络借贷中介机构法律定位偏差、股权众筹发展缺乏制度依据、互联网融资监管模式不完善等问题。创新互联网融资法律制度是我国发展多层次资本市场、防范金融风险、保护投资者权益和完善我国金融法律体系的应然需求。因此，本书主要探讨互联网融资法律制度构建，以P2P网贷为研究视角，从网贷中介机构市场准入、经营范围、风险控制、市场退出、监管体制等方面具体展开研究。

　　书稿完成之际，感谢导师李有星教授在写作过程中给予了悉心指导与帮助，提供了很多宝贵的建议。感谢师兄陈飞、胡晓治，李杭敏、朱悦、侯凌霄、王琳、潘政、柯达、游通等师弟师妹的帮助与陪伴。感谢浙江大学出版社的马一萍老师和吴伟伟老师为本书稿的出版做出的辛勤工作。同时，本书的出版获得了浙江理工大学人文社会科学学术专著出版资金的支持，在此一并致谢！

　　虽然P2P网贷平台现已归零，但从该金融创新实践中获得的一些经验教训,可以为将来互联网金融创新产品的法律规制路径提供借鉴,这也是我撰写本书的初衷。当然,由于研究内容涉及的问题太多,文中论述及观点不一定准确,不足之处,敬请批评指正,我将不断学习改进。

金幼芳

2021 年 5 月于杭州玉泉

图书在版编目(CIP)数据

互联网融资法律制度创新构建研究 / 金幼芳著. —
杭州:浙江大学出版社,2021.6
ISBN 978-7-308-21211-3

Ⅰ.①互… Ⅱ.①金… Ⅲ.①互联网络－应用－融资
－金融法－研究－中国 Ⅳ.①D922.282.4-39

中国版本图书馆 CIP 数据核字(2021)第 057852 号

互联网融资法律制度创新构建研究

金幼芳 著

策划编辑	吴伟伟	
责任编辑	马一萍	
责任校对	陈逸行	
封面设计	雷建军	
出版发行	浙江大学出版社	
	(杭州市天目山路 148 号 邮政编码 310007)	
	(网址:http://www.zjupress.com)	
排 版	浙江时代出版服务有限公司	
印 刷	广东虎彩云印刷有限公司绍兴分公司	
开 本	710mm×1000mm 1/16	
印 张	16	
字 数	279 千	
版 印 次	2021 年 6 月第 1 版 2021 年 6 月第 1 次印刷	
书 号	ISBN 978-7-308-21211-3	
定 价	68.00 元